U0535648

万物

民众的愤怒

THE POPULIST TEMPTATION
Economic Grievance and Political Reaction in the Modern Era

[美] 巴里·埃森格林（Barry Eichengreen） 著
张亚光 娄德兰 译

图书在版编目（CIP）数据

民众的愤怒 /（美）巴里·埃森格林著；张亚光，娄德兰译. -- 北京：中信出版社，2024.7
书名原文：The Populist Temptation: Economic Grievance and Political Reaction in the Modern Era
ISBN 978-7-5217-6430-7

Ⅰ.①民… Ⅱ.①巴… ②张… ③娄… Ⅲ.①经济史－西方国家 Ⅳ.①F150.9

中国国家版本馆CIP数据核字（2024）第095749号

THE POPULIST TEMPTATION
Copyright © 2018, Barry Eichengreen
Simplified Chinese translation copyright © 2024 by CITIC Press Corporation
ALL RIGHTS RESERVED
本书仅限中国大陆地区发行销售

民众的愤怒
著者：　　［美］巴里·埃森格林
译者：　　张亚光　娄德兰
出版发行：中信出版集团股份有限公司
　　　　　（北京市朝阳区东三环北路27号嘉铭中心　邮编　100020）
承印者：　三河市中晟雅豪印务有限公司

开本：880mm×1230mm　1/32　　印张：11.5　　　　字数：237千字
版次：2024年7月第1版　　　　　印次：2024年7月第1次印刷
京权图字：01-2020-5010　　　　 书号：ISBN 978-7-5217-6430-7
　　　　　　　　　　　　　　　　定价：79.00元

版权所有·侵权必究
如有印刷、装订问题，本公司负责调换。
服务热线：400-600-8099
投稿邮箱：author@citicpub.com

导读一

比较历史分析：英、美、德如何应对民粹主义的挑战

复旦大学国际关系与公共事务学院教授

陈　云

一、民粹主义的警告

世界正遭遇民粹主义的逆袭——在全球化的餐桌旁，民粹主义正虎视眈眈，打算随时掀翻整张桌子。它从发展中国家蔓延到发达国家，从政治学蔓延到社会学、心理学，已经成为一个跨地域、跨学科的研究对象，说"这是一个民粹主义的时代"也不为过吧。

从可持续发展的角度看，所有国家都是"发展中国家"——发达国家，不过是处在较高阶段。全球化时代，生产要素和商品市场越来越一体化，人员流动加剧，治理问题已成为全球串联性问题，谁也无法独善其身。这是一个共同责任的时代，应对民粹主义，同样如此。

加州大学伯克利分校经济学教授巴里·埃森格林在 2018 年出版了这本《民众的愤怒》（*The Populist Temptation*：*Economic Grie-*

vance and Political Reaction in the Modern Era，Oxford University Press，2018)。2016年发生了两件大事：一是唐纳德·特朗普在大选中击败传统美国政治精英的代表——希拉里·克林顿，成为美国总统，二是英国公投脱欧。我猜测，这是作者写下这本书的刺激因素。巴里教授的专长是经济史，他担任过国际货币基金组织高级顾问，2002年获美国经济史协会乔纳森·休吉斯奖，并在2010—2011年任美国经济史协会主席。

在这本书中，作者回顾了美国和欧洲主要国家的民粹主义历史，梳理了民粹主义产生的经济、社会和政治土壤。作者敏锐地观察到：历史上带有反精英、独裁主义和本土主义倾向的激进政治运动有时会成功，有时却会失败，这是为什么？他的结论大致可以概括为：（1）民粹主义是一种经济后果，是不公正的分配导致的大众非理性情绪的爆发；民粹主义具有深远的政治后果，那就是反精英、反体制，从而导致治理绩效的进一步下滑。（2）从历史维度看，导致分配不公的因素有二：技术革命和全球贸易。两者都会对全球就业格局产生冲击和替代，造成收入格局的变化（恶化）。另外，用工方式的大幅改变使得工会力量被严重削弱（工会参加率下降），这也不利于收入差距的改善。

这本书分为十三章，第一章阐述了民粹的本质，第二章至第四章回顾了近代以来英、美、德三国的民粹主义历史，第五章至第十二章是国别比较，深入讨论了一些更加细致的问题。最后一章是总结和展望。这本书既有纵向比较，也有横向比较，对比较政治经济学、历史制度主义研究者来说，是一本十分有益的读物。

另外，民粹主义也是一种社会意识形态，和宗教、文化习俗、民族主义等观念体系息息相关，民粹主义诉求背后，隐藏着一个庞大的观念体系。因此，这本书对观念史的研究也有裨益。

人是政治的目的，人也是经济的目的。然而，曾几何时，计量经济学和计量政治学大行其道——活生生的人被淹没在大数据中，已经很久了。打个比方，我们的社会一直就是座活火山，只是它有休眠期。安静的表象下面，是无数鲜活的个体。民粹主义的爆发，就像火山爆发，熔浆崩裂。民粹主义是一个警告：产业革命和全球化以来，获利者和受损者之间的裂痕是否在加大，共识是否在减少？

二、历史比较和发现

美国和欧洲的近代史对民粹主义并不陌生。或者说，欧美各国的近代史就是和民粹主义斗争的历史。

作者把近代英、美、德三国的民粹主义历史划分为三个阶段：19世纪90年代到20世纪初，20世纪30年代以及二战后。作者刻画了不同阶段美、英、德三国民粹主义的具体表现，以及由此展开的攻防战。从结论上看，英美两国通过改良主义政策，较好地遏制了民粹主义势头的发展，两国秉持的都是自由主义路线；而德国看似以超前的福利制度安抚了人心，但是国家主义的体制为后来的纳粹主义抬头埋下了伏笔，值得警惕。

1. 美国故事：反民粹一波三折，精英政治最终"破防"？

第一阶段：威廉·詹宁斯·布赖恩和三K党上下呼应。

19世纪90年代至20世纪初期,是第二次产业革命的兴盛期。全球商业化浪潮高涨,推动了20世纪初的全球金融化浪潮。美国是以电力为代表的第二次工业革命的重要基地,最大受益者无疑是银行家、资本家。美国作家李曼·弗兰克·鲍姆在《绿野仙踪》(1900年)中描写的稻草人是受困农民的化身,而铁皮人则是他同病相怜的小伙伴——产业工人。工业化早期的美国,大公司主导下的劳动环境十分恶劣,劳资协定被任意修改,这引发了19世纪80年代声势浩大的工会运动,以及后来的捣毁机器运动。这一时期的民粹运动也影响了《排华法案》(1882年)的制定。

对这个时期的美国,作者重点刻画了一个民粹政治人物和一个民粹组织:前者是三次代表民主党竞选总统的威廉·詹宁斯·布赖恩(1860—1925年),后者是臭名昭著的三K党。

布赖恩律师出身,能言善辩,三次代表民主党出马竞选总统,均未成功。1913年,伍德罗·威尔逊总统(1856—1924年,政治学者出身,国际主义者、国联倡议者)上任后任命他为国务卿。后来布赖恩因在参加一战等问题上与威尔逊总统意见不合而辞职。1925年,他作为反进化论的基督教原教旨主义者,参与了著名的"猴子审判"(作为原告方律师),起诉在学校讲授进化论的教师斯科普斯。一般来说,美国民主党人代表进步主义,共和党人偏保守主义,但在工业化早期的美国,情况看来不是这样。

当时,民主党专注于限制政府的权力,共和党专注于扩大对制造型企业的关税保护,忽视了劳工权利。不满现状的美国人成立了人民党(1891年),政纲是本土优先、反移民。人民党成立后便参加了1892年总统选举，声势大涨；1896年，人民党支持民主党候选人、民粹人物布赖恩。不过，这次选举后，民粹势力基本偃旗息鼓，原因是主流政党（共和党、民主党）开始积极回应劳工诉求，顶住了民粹主义的进攻。共和党与民主党两党合作推动了旨在限制大公司权力的《谢尔曼法》和《克莱顿反垄断法》。西奥多·罗斯福总统（1858—1919年，"老罗斯福总统"）致力于反垄断，威尔逊总统鼓励国会制定新税法，用累进税制来解决收入不平等问题。主流政治家的倾听和行动，对遏制民粹主义起到了作用。

再来说说美国的三K党。它是本土主义的代表，1866年，在南北战争中被击败的前南方军退伍老兵成立了这个组织，影响力在20世纪20年代到达顶峰。三K党攻击移民、天主教徒、犹太人以及黑人，号称捍卫新教价值观，行为模式十分暴力。一般认为，美国三K党成员来自落后阶层，长期受困于经济上的不安全感和垂死的小镇生活，心理上无法适应现代社会。尽管三K党人数一度增长到了400万，但该党从未成为有影响的政治力量。

不得不说，经济景气帮助阻止了美国的民粹浪潮。在"咆哮的20年代"（Roarin' 20s，指欧美国家普遍经济繁荣的20世纪20年代，文化艺术等也呈现巨大活力），大多数美国人的工资增长了，失业率下降至3%。美国家庭的收音机、留声机或福特汽车越来越普遍。

第二阶段：休伊·朗、查尔斯·考夫林神父搭档双簧。

1929年的大萧条发生后，失业率上升至25%，反移民癔症、孤立主义的沃土开始形成。这个时期带有民粹主义色彩的是曾任路易斯安那州州长的民主党籍政治人物休伊·朗（1893—1935年）和他的合作者——密歇根州皇家橡树市的电台布道者查尔斯·考夫林神父（1891—1979年）。朗是一个有争议的政治人物，他的口号是"人人皆是无冕的君主"。朗任州长期间作风霸道，政策劫富济贫。他一度和富兰克林·罗斯福（1882—1945年，"小罗斯福总统"）有过合作，后来两人分道扬镳。1935年，朗遭暗杀而亡。他的合作者考夫林神父主持电台的布道活动，非常善于利用电台进行演说，具有很大的煽动性，听众数量一度达到惊人的数千万（和唐纳德·特朗普有的一比）。1936年后，因为言语越来越极端，人们逐渐失去了对他的兴趣。

富兰克林·罗斯福代表正统精英开展了回击。他利用联邦政府在一战期间扩展起来的行政力，化解各种矛盾。《农业调整法案》解决了农民对农产品低价的担忧。农村电力管理局和田纳西河流域管理局为贫困社区带去电力。《瓦格纳法案》规定公司必须与工会谈判决定工资福利。另外，还制定了失业保险和社会保险制度，解决了工人的后顾之忧。1935年，罗斯福提出征收"富人税"，尽管后来被国会削减，但可看作长期努力的第一步。此外，《格拉斯－斯蒂格尔法案》要求商业银行剥离高风险的证券承销活动，《证券交易法》则提高了金融市场的监管透明度。

第三阶段：约瑟夫·麦卡锡粉墨登场。

二战后，美国的福利制度进一步扩大。相对于20世纪20年代，收入最高的1%的人所占的财富比例下降了。这是20世纪30

年代后实施各项福利政策的结果。1965年以后，美国在联邦层面加紧教育立法和教育资助（在以前，教育一般被认为是州的权力和义务），通过了《初等和中等教育法》（1965）、《高等教育法》（1965）、《成人教育法》（1966）、《职业教育法》（1968）等，整个20世纪六七十年代，联邦层面的教育立法多达50多项（留意：联邦对教育不是直接管理，而是通过拨款间接施加影响），教育的普及增强了社会流动性。在世界经济蓬勃发展的前景下，企业主愿意优先考虑劳资关系，更公平地分享利润。

这个时期的民粹主义诱因来自国际环境，也就是冷战。代表人物是民粹主义者、共和党参议员约瑟夫·麦卡锡（1908—1957年）。20世纪50年代，冷战引发美国人对共产主义的普遍担忧，麦卡锡的一系列演说使他成为当时最耀眼的公众人物。麦卡锡称，美国国务院、政府机构、大学里"渗透了大量共产党人"，麦卡锡主义诞生。在美国经济蒸蒸日上的这个时期，麦肯锡把"阶级斗争"的矛头从"华盛顿的精英"转向莫斯科，引发了民众对"第五纵队"的恐慌。不过，本书作者认为麦肯锡并不成功，美国的政治主流没有发生偏离。

进入21世纪，"9·11"事件以后，反恐成为美国的头等大事。美国对来自特定宗教和特定地区的移民的审查更加严格。整个社会又开始弥漫着某种民粹主义情绪。近年来，又加上了中美关系变动，民粹情绪再度发酵，终于在2016年迎来特朗普这位民粹主义总统，这是"美国精英政治'破防'"的一个历史性事件。之后，特朗普在2020年大举中落选，政治精英们扳回一局。但特朗普远未退场,他的政治遗产影响至今。比如2022年6月24日,美国最高法院在堕胎权问题上推翻了1973年的罗伊案判决(当时,最高法院以7∶2的投票,确认女性对堕胎拥有决定权,这一权利受美国宪法保护),认为该事项不属于宪法权利,应由各州自行决定。这个新判决的出台和特朗普在任期间任命的三位保守派大法官直接相关。不要忘记,基督教原教旨主义披着"重视美国传统价值观"的外衣亮相,在美国不是新鲜事(参考上文提及的"猴子审判")。

2. 英国故事:社会福利和参政权扩容双管齐下

英国是以蒸汽机为代表的第一次工业革命(始于18世纪后半期)的发源地。英国经济学家、古典国际贸易理论创始人大卫·李嘉图(1772—1823年)在《政治经济学及赋税原理》第三版中增加了一章"论机器",分析了"机器对社会不同阶级利益的影响"。李嘉图依然支持大机器生产,但认为工人的传统技能可能会被大机器生产淘汰而失业,他们的生活水平无法与先前持平,应采取对策。

英国政治精英们的回应是:社会福利和参政权扩容双管齐下。两者都体现了英国改良主义的政治传统:层层推进。具体如下:

第一,完善社会福利制度。快速的工业化、商业化侵蚀了传统的社会支持系统。16世纪就有的《济贫法》在1834年得到大幅修订,前提是受助人自身必须努力工作。劳合·乔治任首相期间完成了一系列改革。1911年的《国民保险法》下,国家开始公费支持国民健康保险和失业保险。另外,皇家委员会(1905年成立)

对工人阶级现状展开调查。韦布夫妇（悉尼·韦布和比阿特丽斯·韦布夫妇，费边主义者，伦敦政治经济学院创始人）花了4年写了两份报告，为1942年的贝弗里奇方案提供了依据。该法案为二战后的英国福利国家奠定了基础。

社会保障的充实消除工人面对技术变革和全球竞争时的不安全感。尽管有德国和美国那样的竞争对手，一直到1913年，英国都是最大的工业品出口国。20世纪30年代大萧条发生后，英国也没有先发制人地转向贸易保护主义。作者认为，英国的体制具有改良主义色彩，可塑性强，由此也产生了很强的社会凝聚力。

第二，参政权扩容。这也是一个波浪式推进的过程，充分体现了英国改良主义的传统。1832年的选举法修订扩大了投票权，加强了中产阶级的政治话语权，选民人数从50万扩大到81.3万。1832年改革也引发了温和的英国宪章运动，这场运动以1838年发行的一本小册子《人民宪章》命名。运动促成了1867年的第二次选举法改革，法案大大降低了财产限制，选民人数翻倍。虽然未至于成年男性都有普选权，但工业革命后势力蒸蒸日上的产业工人基本上都获得了选举权。紧接着1884年，费边社在英国成立，目标是改善所有英国人的状况。费边社成员在1895年建立了伦敦政治经济学院，也参与了英国工党的创建（1900年）。早期成员中包括萧伯纳、赫伯特·威尔斯等名人，上面提及的韦布夫妇是费边社主要领导人。费边主义者不是民粹主义者，他们毫无疑问是社会精英。

一战后，工党政府成立（1924年，1929—1931年），保守党支持者天真的幻想破灭。二战后的首次大选，工党取得压倒性胜利，势力继续扩大。从社会氛围看，民众希望更多社会改革，消除贫富不均和失业。不少人对1945年大选中保守党落败、丘吉尔失去首相职位耿耿于怀。丘吉尔在二战中厥功至伟，落选是意想不到的结局。不过，这何尝不是英国式改良主义的成功呢？工党势头上升，有助于政治势力的平衡。

从历史上看，英国在体制和政策两个层面积极回应，防止了民粹主义式的社会反抗。但2016年的英国，形势似乎有点不一样。民粹势力动员下的英国，公投脱欧，舆论哗然。鼓动脱欧的独立党领导人法拉奇在公投后宣布辞去党主席职务（声称目的已经达到）。这无疑是英国精英政治的一场滑铁卢。不过，值得注意的是，根据2020年英国伯明翰大学、伦敦大学等四所大学的联合调查结果，脱欧后英国人的反移民态度普遍软化，这说明人们对脱欧期间排外的社会舆论氛围有了警觉和反思（参见《民粹主义悖论：英国脱欧如何软化反移民态度》，2020年5月）。英国的政治文化反对极端主义，这种舆情变化体现了集体纠偏意识。

3. 德国故事：国家主义的光和影

德国是社会福利制度的先驱者。德意志帝国早在19世纪80年代就开创了医疗保险、意外保险和养老保险，早于英美。英国在20世纪初才建立社会保险制度，美国更是要迟至20世纪30年代。其他国家在社会福利制度上或多或少都借鉴了德国的经验。

值得关注的是：德国是一个后发资本主义国家，它的国家建设带有鲜明的国家主义色彩，包括在福利制度建设上。一方面，它确实有效遏制了左翼激进运动在德国的崛起；另一方面，它也巩固了国家主义模式，对后来德国走向军国主义，发动一战、二战有直接影响。

回到正题：为什么德国成为社会福利制度的"早熟国家"？这就要说到奥托·冯·俾斯麦（1815—1898年）的国家战略了。他担任帝国首相长达20年（1871—1890年），亲手主持了帝国一系列大政方针的设计。

俾斯麦是个国家主义者。在完成德意志民族国家的统一，克制住死对头法国之后，俾斯麦的目光转向了国内建设。他思考的问题很多：如何和国外产品竞争？如何克制各种新兴的、激进的政治力量的崛起？俾斯麦的对策是：第一，通过贸易保护主义实现德国的工业化；第二，通过社会福利安抚产业工人人心；第三，通过观念塑造获取民众对帝国的向心力。

第一，贸易保护主义。德国是后发工业国，在赶超过程中，社会不稳定性比英美大很多。1873年股市崩盘，引发了一场经济危机。民众在失业、经济放缓和外国竞争等一系列问题上忧心忡忡，民族主义情绪上升。俾斯麦听取德国农场主对全球化的反对意见，以及实业家对不公平的外国竞争的抱怨，采取了国家主义式的政府干预，德国成为唯一对农业和制造业产品征收关税的国家。

第二，社会福利遏制激进运动。与此同时，德国也是一个由国家强制推行社会保险制度的国家。1844年的西里西亚织布工暴动，引发强烈关注。德国诗人海因里希·海涅写下《西里西亚纺织工人之歌》。1875年，全德工人联合会与竞争对手社会民主工人党合并，成立社会主义工人党，1890年更名为社会民主党，势头猛长。1871年，德意志帝国实行男性公民普选制，社会党成为热门之选。在这种情况下，俾斯麦推行了一系列社会福利制度，目的是让工人渴望稳定，来抵御激进主义政治运动。

就德意志的习俗来说，1807年普鲁士废除农奴制之前，领主们承认他们对农奴的义务。19世纪70年代以前，德意志各领邦主要依靠传统习俗助贫。与此同时，教会也会援助贫困的信徒，手工业行会援助行会成员（比如，17世纪的普鲁士采矿业就出现了矿工疾病保险协会，1854年德国正式通过《采矿、钢铁、盐业等矿业工人联合法》），福利和救济手段极其分散、有限。

俾斯麦本人是第六代容克贵族，我们可以合理推测，俾斯麦有足够的信念认为，统一的德意志民族国家形成以后，原来的贵族义务应该被国家义务所取代。俾斯麦的福利政策包括：1871年《雇主责任法案》，规定即使工人受伤不是雇主的直接责任，雇主也有救助责任。1883年制定世界上第一部《疾病保险法》，1884年制定《工厂事故保险法》，1889年制定《伤残和养老保险法》，等等。在俾斯麦福利政策的延长线上，1911年德国议会制定《帝国保险法》，为包括农业工人在内的所有人提供健康保险，为老年人和残疾人提供补助，统一了社会保险的监管和经办机构。

俾斯麦的观点和当时德国流行的新历史学派观点一脉相承。1881年威廉一世的《皇帝文告》也突出了国家的福利职能，这一诏书后来被称为"德国社会保险事业的大宪章"。

第三,帝国向心力建设:文化斗争、反击左翼社会运动、反犹主义。俾斯麦的另一个课题是如何打造国家凝聚力、向心力。德国位于欧洲的心脏地带,本来是个多元文化的汇集地。在国家主义者俾斯麦看来,这不利于帝国凝聚力的培育。他发起了针对罗马天主教的"文化斗争"(1871—1877年),目的是削弱宗教对教育的控制,加强帝国中央政府的作用,双方最后妥协。1878年,俾斯麦开始围剿左派,制定《反社会党人非常法》,打压社会民主党。同时,他也塑造德国人的狭隘民族认同,新帝国成了反犹沃土。按现代标准,犹太人既是宗教上的少数派,也是少数种族。他试图将德国人民遭受痛苦的责任转嫁到其他人身上,助长了反犹情绪。相比之下,英国也有威尔士人、苏格兰人以及棘手的爱尔兰人,地区间的政治、宗教分歧也很严重,但英国采取的是自治和包容政策。

种种力量汇流在一起,德国对全球化和工业革命的压力做出了独特反应。其中既包括贸易保护主义,也包括社会福利的超前发展,还包括文化建设。国家主义成功的反面,也有很大的副作用(德国将在20世纪30年代希特勒上台后,尝到这杯苦酒)。事实上,对于俾斯麦的评价,二战前一直比较正面,后来人们认识到,俾斯麦的国家主义与后来的纳粹主义之间有历史关联,值得警惕和反思。

希特勒对德国统治权的攫取和掌控,充分利用了国家主义的制度漏洞(如德国宪法赋予首相在紧急状态下的特权等)、经济恐慌和反犹民粹主义。在希特勒看来，反犹主义（对犹太人的种族灭绝）是提升帝国向心力的手段，是大规模对外战争的铺垫，两者相辅相成。恐怖政治也使得"元首"的地位牢不可破。

相比之下，英美应对大萧条后的经济危机的手段有二：一是采用以积极财政政策为核心的凯恩斯主义（约翰·梅纳德·凯恩斯，1883—1946年，英国经济学家），填补市场有效需求的不足；二是对德国最早开创的福利制度的借鉴，从而抵制住了民粹主义的进攻，并击溃了德国纳粹主义对全世界的进攻（颇具讽刺意味）。

时间到了20世纪80年代，为了治理凯恩斯主义留下的"滞胀"问题，在撒切尔夫人和里根的领导下，英美两国开展了大刀阔斧的"新自由主义"改革，生产要素的流动加速，国际分工和国际贸易进一步深化，移民大量增加。

2016—2017年，民粹主义领导人在欧美独领风骚。民粹主义支持者认为现有体制陷入了麻痹、失灵。比如边境失控，非法移民进入美国，制造了包括治安犯罪在内的各种问题，工会制度也失去了作用，医药公司的定价权越来越大。这是美国政坛翻天——特朗普上台，以及英国脱欧的大背景。如何应对？

三、国别比较和发现

除了历史比较，作者还通过国别比较，提出了许多有意思的问题。下面撷取一二，感兴趣的读者可以自行研读：

美国福利制度滞后的原因（第五章）。美国的福利国家道路坎坷（参考"奥巴马医改"），这不是因为美国缺钱，而是文化和观念的差异所致。国家主义的德意志模式在美国根本行不通。在美国的政治文化中（参考《联邦党人文集》），政府是"必要的恶"，"小政府"是共识。作者认为，美国社会福利的推行情况不如欧洲国家，根本原因在于南方与北方、黑人与白人之间的历史鸿沟，谁都不愿意政府拥有很大的权力。

德法民粹主义比较（第六章）。法西斯主义在20世纪30年代的法国为何不成气候？尽管它的民粹主义领导人莫斯利与墨索里尼一样有着军人气质和铁腕形象，同时也掌握了娴熟的演讲技巧，但他的活动从未闹出什么太大的动静。为什么？

政治调和背后的结构性因素（第七章）。作者认为，20世纪50年代到70年代中期是一个政治调和的时代。这一时期，20个发达经济体——美国、加拿大、澳大利亚、日本和16个欧洲国家的极左翼和右翼政党的得票率低于1939年之前的水平，也不如1975年之后的表现。没有哪个反体制民粹政党组建了政府，也没有民粹领导人担任要职。为什么？

中美贸易的影响（第八章）。20世纪90年代以后，新兴国家的出口快速增长。随着中国加入世界贸易组织，美国制造业的就业率显著下降，分配不平等越发明显。有学者认为，中国因素对美国产生了显著而持久的分配效应以及调整成本。一些突然受中国竞争影响的行业的工资和就业率在十多年里一直低迷，受困于这些行业的工人很难在其他行业找到稳定的工作。与此同时，福利增长快于经济增长的时代已经结束。这是治理的挑战，也意味着民粹主义升温的危险。

特朗普的"成功"背后（第九章）。特朗普本来是毫无希望参加总统选举的。他通过出格的表演，强化"反精英人设"，成功吸引到不少支持者。作者认为，特朗普对美联储的批判、对移民的排斥，照搬了民粹主义的老剧本，毫无新意。特朗普的政治人格非常可疑——比如，他到底亲民还是亲商？很难琢磨。作者分析了特朗普支持者的区域分布——不同地域受全球化和技术替代的影响是不同的，英国的情况也是如此。2016年发生的两件大事：特朗普上台和英国公投脱欧，都与此有关。这提醒我们，要关注地域差距，而不只是总体上的不平等指数的变动。

移民问题发酵的德国（欧盟）（第十章）。在欧洲，英国脱欧，德、法、奥、意等国民粹主义政党崛起，都和欧盟一体化背景下国际移民的大量涌现密切相关。由于其他国家乐于援引欧盟规则允许的7年豁免条款限制移民自由流动，反过来使得德国的外国移民数量远超预期。而且移民具有路径依赖性——早期的移民流向哪儿，后来的移民就跟到哪儿。就德国内部来说，民主德国和联邦德国在多元主义、人道主义和移民问题上的认知也存在差距。以上这些因素都对德国民粹势力的崛起产生了影响。至于英国人对脱欧的态度，作者指出：外籍居民的比例和该地区的脱欧支持率相关——那些对移民了解最少的地区，对移民的恐惧最大。这点颇具启发意义。

不平等和不信任相互助长，如何打破恶性循环（第十一章）？如果财富差距不是来自个人能力，而是来自继承、家庭关系和接受精英教育的机会，那么人们的不公平感会非常强烈，进而破坏社会信任。如果政府得不到民众信任，也就无法推行减少不平等的政策，不平等继续加剧，进一步侵蚀信任和团结。如何打破恶性循环？什么样的政治制度能够有效地应对民粹主义的挑战？作者讨论了联邦制、总统制的长处和局限性。

欧盟体制的挑战（第十二章）。如果经济困境、不平等和移民是民粹主义的主要触发因素，那欧盟可谓占全了这三点。近年来，民粹主义势力在各欧盟成员国表现活跃——欧盟是一个精英项目，民粹主义势力将欧盟作为反对标的，是很自然的事。

那么，欧盟的前景如何？共同的文化、历史和经济利益是最常提及的欧盟凝聚力因素。受过良好教育的中上阶层对此认同感强。进入21世纪的全球竞争，单个欧洲国家会因为规模太小而变得无足轻重，这也是欧盟团结的要素。补充一点，2022年初俄乌冲突爆发后，共同的安全需要提供了另外一个欧盟团结的视角。

然而在欧盟体制下，围绕财政政策和移民政策，始终存在大量争议。欧盟权力机构的架设和投票机制并不完善，导致欧盟在成员国的不同意见面前常常左右为难。另外，欧盟内部存在不同板块。北欧国家种族和宗教同质性较高，后来加入的东欧国家多少有些异质性。东欧国家过渡到民主体制的时间较短，摩擦成本高于其他地区。作者指出，欧尔班·维克托领导的匈牙利和雅罗斯瓦夫·卡钦斯基领导的波兰是两个典型。

展望未来，美国和欧洲相比，谁的民粹主义风险更大（第十三章)？作者认为是美国，因为欧洲有"社会民主主义"这个中间道路，而美国没有这个政治传统。另外，欧洲由许多中小经济体组合而成，规模远没有美国那么大。它们需要政府在危机中发挥作用，进行风险对冲，而美国人比较自信，对政府有根深蒂固的不信任。

四、结语

就像作者说的那样：虽然银行家、政治家要为经济衰退负责，但是民粹主义却忽视事物的复杂性（收入分配、关税问题等，都是复杂系统中的一个子系统），简单粗暴地把矛头指向某个特定团体（精英或者移民），他们是情绪的发泄者，破坏力强，建构能力差——事实上，他们从未建构起有效的制度和机制。他们很少深思熟虑，参与讨论，而是急于把精英拉下马，踩一脚。

被民粹主义拱上台的领导人的经济政策具有破坏性和毁灭性，对政治机构极具腐蚀性，他们驱使大众仇视外国移民、技术官僚和知识分子。他们往往也是宗教和文化的极端保守主义者，反对多元和包容。

这本书的英文书名直译为"民粹主义的诱惑"，但事实上，民粹主义者普遍焦虑、恐慌、愤怒，民粹主义并不"诱人"。我们的发展道路上与其说存在"民粹主义的诱惑"，不如说存在"民粹主义的陷阱"。根据前面的分析，这个陷阱由三大场域构成：分配不平等的经济场域（生存压力）、排他和排外的心理场域（认知和归因），以及反体制、反精英的政治场域（后果），三者恶性循环，形成陷阱，甚至黑洞。

从历史经验看，遏制民粹主义的关键在于精英集团的政策回应能力和制度重构能力。福利制度的充实、参政权的扩容，以及观念体系的现代化，三者缺一不可。

拯救民粹主义者的，不可能是民粹主义，而是不断进化的精英主义。

导读二

民粹主义的前世今生

北京大学国家发展研究院政治经济学长聘副教授
席天扬

马克思在《路易·波拿巴的雾月十八日》开篇写道:"黑格尔在某个地方说过,一切伟大的世界历史事变和人物,可以说都出现两次。他忘记补充一点:第一次是作为悲剧出现,第二次是作为笑剧出现。"在马克思看来,拿破仑三世在1848年革命之后掌权的剧本,是对于拿破仑·波拿巴1799年发动的雾月政变的拙劣模仿。而拿破仑三世的成功上台,部分原因在于1848和1799年的巴黎在经济、社会和政治结构上的相似性。这个逻辑同样适用于解释民粹主义思潮在当代西方政治的周期性涌现。

自从2008年全球金融危机以来,西方世界历经了多轮经济动荡和衰退,并在其社会矛盾中酝酿了汹涌的政治思潮,以反精英、反建制为普遍诉求的民粹主义思潮也催化了一起又一起政治极端事件。从特朗普胜选到英国脱欧,从极右翼政党登堂入室到强人政治的兴起,以往西方精英看来遥远的危险正在切近,套用一句列宁的名言，"有时候几十年里什么也不会发生，有时候几周里就发生了几十年的事情"。

面对既有的认知系统的崩裂，当人们捡起旧世界的碎片，试图整顿心情重新出发，也要问一句：这一切是怎么开始的？又将走向何方？

在美国加州大学伯克利分校教授、经济史学家巴里·埃森格林看来，21世纪初开始发生的经济衰退和民粹主义，既不是旧时代的挽歌，更不是新世界的序曲，而是一个既有主题以不同调式在不同乐章的再现。这种历史呈现不尽如马克思所言是不断退化的模仿，却可能是黑格尔所谓通过不断扬弃达到螺旋式上升的历史过程。在此"否定之否定"逻辑支配下，极右翼成为法西斯主义在21世纪欧洲的回响：为了缓解国家主义的冲突和威胁、致力于缔造欧洲团结而形成的欧盟，因其超主权的制度安排和庞大的官僚机构而被人诟病，成为维护本地化利益和传统欧洲价值的政治势力的攻击目标。由此我们也可以理解，为什么特朗普执政期间在宣扬其政治理念时，会跳过里根而回溯到19世纪的民主党总统安德鲁·杰克逊：他不仅在白宫办公室悬挂杰克逊的肖像，更宣称其所推崇的"美国优先"原则来自这位前总统。无论是富兰克林·罗斯福还是里根，都把全球事务作为美国政府的优先项。特朗普主张"美国优先"，并把全球化冲击视作头等敌人，就必须和建制派的叙事保持距离。

作为国际政治经济的权威学者，埃森格林在国际货币体系和金融史等领域，留下了诸多经典。他对于民粹主义的论说更是一幅西方世界自拿破仑战争以来的波澜壮阔的历史画卷。在埃森格林的笔下，技术变革和经济的兴衰催生不同行业与阶层的起落，随之产生的种种进步、扰动、失落、矛盾、冲突、反抗和狂热，在全球化的历史步伐中与分配政治和民族认同相互裹挟，最终转化为一张张愤怒的选票和"政治素人"的粉墨登场。

太阳照常升起，世界悄然改变。

民粹主义在多大程度上能够改变西方世界政治经济的格局，终究是一个充满争议的问题。西方思想史上的民粹主义缺乏一个内在自洽的逻辑体系和一以贯之的政策主张；与其说这是一种理论或者理念，不如说它代表了不同历史背景下的思潮、事件和政治运动的共同特征。这个特征就是强调以人民为本，主张以民众的意志决定政策的根本依据。埃森格林把民粹主义界定为"一种具有反精英主义、独裁主义和本土主义倾向的政治运动"。而populist（民粹主义者）的拉丁文词根populus的含义正是"人民"。可以说，不同时代和语境下的民粹主义思潮对于现实的诊断和政策药方千差万别，唯有基于"人民"的叙事是这些思潮的共同特征。

问题在于，"主权在民"正是自启蒙时代以来西方世界的国家理论的根基，而非民粹主义者的首创。以代议制民主为主要特征的现代西方民主制度正是建立在政府的权力来自人民，对人民负责这一基本假设之上。从这个意义上来说，强调"以人民为本"不能从根本上否认民主制度的合法性。

既然无法否认民主政治本身的价值，就只能反其道而行之，批评代议制民主辜负了人民的信任——指控精英通过操纵政策议程架空了人民主权，严重伤害了民众的利益。而要说服民众认识到这一点，在现实世界就需要有足够数量的利益严重受损的民众——无论这种伤害来自技术、制度、政策还是外部世界的竞争。

另一个理论难题在于，people（人民）一词在英文中既是单数，又是复数。西方民主理论中的主权来自作为单数名词的"人民"，而在现实政治中，受到政策影响并对于政策施加影响的"人民"却是由无数偏好、能力、信仰各异的个体组成。正如书中所言，民粹主义的兴起往往伴随着经济衰退和分配冲突，以及全球化和技术变革导致的冲突。根据分配冲突的原因，民粹主义者的具体政策诉求也不尽相同，从主张扩大公共支出、加强再分配和对富人征税的力度，到反对贸易自由化、限制外来移民，民粹主义的政治光谱同时覆盖了西方传统政治中的左右两极，"不仅包括反精英的左翼民粹主义运动，也涵盖敌视外国人和少数族裔的右翼民粹主义运动"。

比如，近年来美国政治中无论是自由放任主义者、茶党，还是特朗普支持者及其本人，都对金融资本和美联储的货币政策持强烈批评态度。和20世纪30年代民主党人休伊·朗及其支持者考夫林神父的观点一致，当代民粹主义者认为监管当局对于金融业过于宽松，而让普通人承担了过多的风险。无独有偶，在美国历史上，安德鲁·杰克逊在19世纪30年代对于合众国第二银行特许权进行了否决，而杰斐逊和汉密尔顿也围绕合众国第一银行展开辩论，民粹主义的政策已经成为西方历史上无可回避的政治遗产。

民粹主义同样模糊了西方政治经济的左右分野。在2016年美国总统选举中，特朗普的很多支持者来自中西部受全球化激烈冲击的"锈带"区制造业工人。制造业工人支持特朗普的一个重要原因是后者在贸易政策上的强硬主张，而特朗普上任后对于包括欧盟伙伴在内的世界各国强征关税也算是"兑现"了之前的竞选承诺。在意大利、希腊等国，传统左翼社会主义政党的支持者转而支持极右翼民粹主义政党。与对于金融业的敌对态度类似，民粹主义对贸易政策的影响在历史上也不是无迹可寻。导致20世纪惨烈关税战的法案《斯穆特－霍利关税法案》就是在共和党总统胡佛任期内通过的。

2017年以后，日趋频繁的中美贸易摩擦和西方舆论不断升级的所谓的"中国威胁论"，使得国人对于西方民粹主义的影响有了更直观的感受。针对所谓的"中国冲击"的政策话语中充溢着对于"他者"的敌视，以及对于自身优势地位弱化的政治焦虑。这种焦虑也表现为对于不同宗教和语言背景的移民的排斥。埃森格林指出，基于民族认同政治的民粹主义情绪在历史上并不鲜见。一战之后，美国政府通过《移民法案》加快了限制外来移民的步伐，三K党针对少数族裔的暴力也在同一时间达到顶峰。往前回溯到19世纪80年代，美国政府通过《排华法案》限制中国劳工的进入，缓解本地劳工的不满。

历史似曾相识，往事并不如烟。

民粹主义政治家和某些民众在民族认同和排外主义上的共振，反映了更深层的信念危机。埃森格林指出，民粹主义思潮在美国具有广泛市场,来源于一种根深蒂固的对政府的不信任感,"美国人特有的对政府的反感和对个人主义的执念是有物质根源的。……对个人主义的推崇源于丰富的自然资源和起到'安全阀'作用的国境线,这使得许多美国人实际上有可能靠自己的努力出人头地"。而个人主义能否构成一个社会的底层原则,取决于个人掌控命运的能力。在这个意义上,个人主义也是一柄双刃剑。当经济繁荣、收入稳定、民众对未来充满信心,国民会把繁荣和福祉归因于个人自由和奋斗。反之,当技术变革或者全球化引发结构性冲击,造成失业和收入下降,被替代和利益受损的人群更倾向于把萧条的责任归因于政府政策而不是个人行为,因为"政府就是问题本身,而不是解决问题的方案"。

埃森格林在书中提及一个耐人寻味的故事:"据说有选民在一次市政厅会议上警告南卡罗来纳州的代表罗伯特·英格利斯,'让你的政府别插手我的医疗保险',但这位选民并不知道医疗保险是一个政府项目。"这个故事的趣味在于揭示了民粹主义的深层政治吊诡:谁能阻止强大的官僚集团去干预个人事务呢?当然是比官僚集团更加强势的"强人"了。按照这个逻辑,"强人"绕开西方民主的决策程序和法治规则去进行变革,却可能被视为对于腐败的官僚和利益集团的反制,是对于民主价值和个人自由的捍卫。

而在欧洲,对于移民的文化排斥、全球化冲击以及欧债危机所引发的经济和社会问题,导致了对于个人主义的怀疑和向传统价值的回归,法国"国民阵线"正是这种潮流在西欧的代表。欧洲的民粹主义同样不是新事物。奥克肖特于1958年在哈佛大学的系列讲座《近代欧洲的道德与政治》中就曾经深刻地剖析了个人主义和集体主义道德观的分野，指出"不想享受个性自由，并非是远古年代的遗迹，而是一种'近代'特性，正如近代欧洲的个性观是从共同体道德观的残片中孕育出来的那样"。两次世界大战之间的极端政治思潮印证了关于集体主义的现代性论断：欧洲法团主义试图为不确定性和个人主义负面影响提供一种解决方案，却在某种程度上推动了法西斯主义的诞生。

民粹主义能够赢得未来吗？本书从宏大的历史视角提供了启迪。正如作者所展示的那样，包括俾斯麦、西奥多·罗斯福、威尔逊和富兰克林·罗斯福在内的一些政治家，都曾面临重大社会转型的挑战，他们的政策回应在某种程度上也颇具民粹主义色彩。然而不同于德、意在两次世界大战之间的政局走向，上述政治家成功地驾驭了民粹主义的思潮，并通过理性化、制度化和建设性的回应，缓解了分配矛盾，带来了长期的稳定和繁荣。这或许说明，在民粹主义发展的历史长河中，只有深具智慧和美德的政治家才能成功地驾驭风浪，不断远航。

导读三

民粹主义的历史结束了吗

北京大学社会学系助理教授

张　哲

进入 21 世纪的第二个 10 年，人们惊异地发现，全球化并没有如同大家畅想的那样一路高歌猛进。与之相反，民族主义和民粹主义的幽灵开始在西方大国的上空飘荡，且不时酝酿出震慑人心的政治风暴。其中最典型的事件莫过于英国脱欧，以及特朗普当选美国总统。尤其后者，"为什么会是特朗普"几乎变成了横亘在所有社科学者和新闻媒体面前的一道必答题。

好在人们可以使用的思想资源并不匮乏。皮凯蒂指出资本回报率高于经济增长率带来了巨大的贫富差距，J. D. 万斯谈论阿巴拉契亚山区的价值观衰落，以及意味深长的"乡下人的悲歌"，福山则在"历史的终结"之后重新检视人类社会的"政治秩序与政治衰败"，并着重提出了身份政治在新世纪的重大影响。这本书的作者埃森格林选择回到民粹主义本身的历史中去寻找答案。

当人们谈论民粹主义，通常将它与不负责任的政治煽动、乌合之众的盲从混为一谈。无论左翼还是右翼,无论体制内精英还是民间意见领袖,都喜欢抛出"民粹主义"的指控来攻击政治对手。可究竟什么是民粹主义?它缘何而来?为何在有些情形下民粹主义的政治领袖和风潮得到了遏制,而在另外一些时候它却能大获全胜,甚至从根本上颠覆既有的政治秩序?

本书将讨论并回答上述问题。它的英文书名为 *The Populist Temptation*: *Economic Grievance and Political Reaction in the Modern Era*,(可直译为"民粹主义的诱惑:现代世界中的经济怨愤与政治反应")。作者埃森格林作为加州大学伯克利分校经济学教授,在探讨民粹主义时并没有陷入微观的政治经济模型或是以计量经济学的方式来分析其特质,也没有展开过多政治哲学的规范性议题,而是对民粹主义做出了一个相对宽泛的定义之后,直接纵身跃入历史长河,通过一系列的历史事件来帮助读者理解民粹主义。

埃森格林开门见山地定义了这本书探讨的民粹主义:一种具有反精英主义、独裁主义和本土主义倾向的政治运动——它可以有多种变体,以不同的方式将这些倾向结合在一起。这个定义并不超出人们通常对民粹主义的理解:民粹主义者将社会划分为精英群体和普通民众,这二者的立场和根本利益都是对立的。在这样的叙事中,精英阶层沆瀣一气,把控了主流政治和经济制度,损害了普通民众的利益,所以民粹主义者要代表民众、带领民众推翻腐朽黑暗的精英统治;民粹主义运动对技术官僚和现行政治体制充满敌意,因此倾向于建立公投等形式的直接民主,反对代议制,并不介意去支持直接与民众对话的政治强人甚至独裁者。

与此同时，同样由于民粹主义强调精英与普通民众的二元对立，它也特别在意民众本身的同质性，于是很容易反对多元民主，尤其是倡导保护少数群体权利的代议制——少数族裔、外来移民、宗教的少数派甚至性少数群体，都被视作威胁"民众"纯洁性的敌人。于是，民粹主义通常也持有本土主义的立场。

这本书对民粹主义的历史分析范围主要集中在西方世界，尤其以美国、英国和德国为主，间或也有其他欧洲地区的故事贯穿其中，其主要内容包括民粹主义煽动者所引起的动荡及其所处国家的政治制度或领导人的不同反应。并非所有经济困难时期都会产生民粹主义反抗，也并非所有民粹主义反抗都能成功。从19世纪早期英国的卢德分子到俾斯麦在德国发起的"文化战争"，从两次世界大战期间的社会动荡、劳动力市场混乱到特朗普色彩斑斓又粗鄙不堪的政治风格，作者从不同的历史事件中分析并试图回答，为何在有些情形下，安全感缺失和社会不平等的加剧会激起民粹主义的政治反弹，而在另外一些时刻，社会整体却有惊无险。埃森格林指出，诚如人们所想，当经济表现不佳、不平等加剧、社会流动性下降时，人们的怨恨、绝望、被排斥会导致民粹主义崛起；但是，并非所有的经济不满都会导致民粹主义带来的政治和社会动荡，只有当经济困难是普通民众与精英阶层的利益分歧所导致的，且当权者放任自流、未能从根本上对这种经济困难予以恰当回应时，民粹主义的动荡才会真实发生。

埃森格林的这部著作是从经济角度出发寻找民粹主义的答案，然而他想要强调的并非笼统的经济表现，而是关于分配的争论、人们对于未来的预期,以及政治机构是否能够对民众的怨念和不安全感做出恰当回应。面对民粹主义浪潮,政府并非总是束手无策。例如,希特勒利用大萧条时期人们对经济的不满成功夺权并创立了第三帝国,但美国总统罗斯福使用"新政"促进了经济安全和共同繁荣,成功抵制了民粹主义思潮在美国的泛滥。作者认为,即便民粹主义运动的领袖休伊·朗没有被暗杀,他依然无法最终取得与罗斯福竞争的胜利。当然,埃森格林也承认民族认同的作用,由于"移民和少数族裔侵害了一个同质的、界定清晰的本土民众群体",民粹主义者会诉诸民族主义,批评多样性、平等权利和开放边界等政策,并鼓吹重建主体人群过去的荣光。但是,他仍然坚持经济力量的主导作用,强调只有在极为不利的经济背景下,民族认同的力量才会足够强大,才有可能让民粹主义者以此发挥作用。作者甚至坚定地宣称,如果21世纪的政治家未能做出类似的政策改革(为劳工提供充足的保险和福利政策、将经济增长和民粹主义相联系),则要么是缺乏勇气而被政府内的保守派所吓倒,要么就是在简单的逻辑判断上发生了错误。

尽管这本书为民粹主义的历史做出了详尽、深刻的综合叙述,但由于其定义相对宽泛,在具体某些人物、某些运动是否为民粹主义的讨论中不免存在主观任意之嫌。例如,芝加哥大学的康斯坦丁·索宁就批评这本书说,根据埃森格林对民粹主义的定义,罗斯福在民粹主义记分牌上比威廉·詹宁斯·布赖恩得分要高得多,毕竟,罗斯福打破了美国150年来竞选第三个总统任期的先例,还试图剥夺或极大削弱最高法院的职能。然而埃森格林把布赖恩归类为民粹主义者,却为罗斯福开脱,将其置于遏制民粹主义的队列当中。实际上,也有学者对民粹主义做出相对严格的定义以避免"人人都是民粹主义者"的情况出现。普林斯顿大学知名政治学家扬-维尔纳·米勒就认为,民粹主义本质上是一种身份政治和道德化的想象,其界定性特征并非反精英、排外主义或威权人格,而是一种对"人民"代表性的垄断——民粹主义者宣称他们(且只有他们)才能代表"真正的人民",而这种虚构的、统一的"人民"永远正义、道德纯洁,与腐败和道德败坏的精英相对抗。

此外,这本书主要倚靠经济视角的分析方法也并非毫无争议。尽管作者提及了种族主义、南北内战对于美国分配政策的影响,却未能深入探讨其作为身份政治的特质,即人们出于偏见与歧视,出于对承认与尊严的追求,其行为往往是经济理性难以解释的。作者在书中多处提及美国的种族多样性带来的问题:许多美国白人反对公共服务是因为他们认为公共服务主要是黑人在使用,而白人纳税者感到他们被迫通过缴税来负担支出,这并不公平,于是他们就想尽办法降低公共物品的投资并反对相关分配政策。也就是说,作者意识到了种族多样性可能带来社会的分裂,这种多样性降低了美国人提供公共物品的意愿,导致社会保险受限,经济保障水平也随之下降。作为对比,作者还论及了北欧国家种族和宗教同质性较高的"优势"。然而作者却似乎未能解答,如果种族多样性与经济分配之间的关系如此简单直接,为何在联邦制的美国,种族多样性较高的东西海岸却是民主党铁票仓,普遍支持由政府主导的二次分配和社会福利政策,反倒是种族多样性较低的美国南方、中西部地区反对福利国家，甚至把政府当作问题本身？如果后续研究者想在本书的基础上继续拓展研究民粹主义，经济视角以外的身份政治可能会是有益的补充和对话。

当然，作为一名美国学者，埃森格林对美国民粹主义相关的历史分析最为充分，而且在这本书末尾处的评说已经打破了经济视角的桎梏。一方面，作者认为美国最直接地面临民粹主义的风险。美国独特的个人主义和市场原教旨主义意识形态其来有自——源自殖民地时期的对政府的敌意和不信任就已深植北美。同时，由于美国特殊的地理位置，不存在外部强敌的生存威胁，因此人们一直未能建立起对一个强大政府的迫切需求。反而在南北分化和内战的过程中，由于南方白人反抗联邦介入其社会生活，这种对联邦政府管控的反抗进一步强化。另一方面，作者也认为，美国的政治体系在抵御民粹主义威胁时也有独特的优势。因为这个制度允许它比其他国家更快、更深刻地进行改革，而不会破坏一种竞争性的制衡。作者甚至还以特朗普执政时期的美国举例，认为其正在经历一场民主体制内部的快速政治变革。这本书的英文原著出版于2018年，今天，我们不由得为作者的乐观捏一把冷汗。美国的政治体制能否快速回应民粹主义的思潮还未可知。联邦调查局突袭了前总统特朗普的海湖庄园，民主党的支持者欢呼雀跃，而保守派的民众和议员通过不同形式表达自己的不满，甚至自比"国内恐怖分子"或是政治犯。民粹主义的历史还远未结束，这本书带给我们的启发和思考将紧密伴随我们当下的政治观察。

导读四

为何西方更容易形成民粹主义浪潮

中国人民大学国际关系学院国际政治系副教授

梁雪村

民粹主义是近年来世界政治和地区研究的热点议题。这种空前热度催生了数量颇丰的学术研究与时事观察，其中大部分将以英国脱欧和特朗普当选为标志性事件的民粹主义视为一种"当代现象"。换句话说，当下探讨民粹主义的时间框架高度局限在后冷战时代，甚至是2008年全球金融危机之后。巴里·埃森格林的作品《民众的愤怒》，很大程度上打破了这种"当代史内视障"。埃森格林任教于加州大学伯克利分校经济学系，是国际经济政策史这一研究领域的奠基之人，曾担任国际货币基金组织的高级政策顾问，因对1929—1933年大萧条的研究而名噪一时。[1]

现有研究已经充分揭示，民粹主义至少部分地根源于全球化

---

[1] *Golden Fetters: The Gold Standard and the Great Depression, 1919–1939* (Oxford University Press, 1992).

导致的分配不均和社会极化。国际市场的拓展伴随着国与国之间的残酷竞争,英国经济学家达德利·西尔斯很早便指出:在我们的时代,世界各个地区的利益不兼容已不容忽视,一个国家的问题得到解决,另一个国家的问题可能会因此加剧。不仅如此,全球资本主义秩序并不能在国家内部导致"雨露均沾"的效果,一些群体会不成比例地受益,而另一些群体则会遭受绝对的损失。[①]例如本书中提到的,在英国的案例中,移民对现有工人的平均工资影响不大,但对工资分配有显著影响:低工资工人有所损失,而中高工资工人有所提高。尽管从整体来看,移民现象对移民本身和移民接收国都有益处,应被视为一种正面力量,但这种宏观的正效应远不足以消解移民对特定群体的冲击,尤其在这一群体也是进口竞争的主要受害者的情况下。

《民众的愤怒》总结和继承了现有的研究发现,却并不满足于对当代政治经济现象的局部观察,它系统地回顾了工业革命之后西方政治经济制度的渐次演化,集中讨论了生产力和生产关系的发展、技术进步、社会秩序改变和全球化如何催生了民粹主义的激进力量,以及民粹主义的反向压力导致了哪些制度的长期变化。相比聚焦于当代的民粹主义顽疾,作者更为关切在近现代资本主义的整个发展进程中,"为什么民粹主义的鼓动在某些时候被边缘化,而在其他时候却没有?"

[①] 这被称为"斯托尔珀-萨缪尔森定理",源自 Wolfgang Stolper and Paul Samuelson, "Protection and Real Wages," *Review of Economic Studies* 9 (1941): 58–73。

首先，这种极富洞见的历史视角，为读者提供了观察民粹主义的长焦镜头，它勾勒出那些通常被认为只有在现代才发挥了决定作用的变量，像技术、贸易和移民问题。实际上，这些变量与民粹主义之间的关联并不是一个当代现象。书中提到，在1880—1890年的美国，收入最高的1%的群体，他们所占有的财富比例出现了急剧的上升，在20世纪到来之际，美国经济已经被卡内基、范德比尔特、摩根和洛克菲勒等庞大家族所主导，他们通过超大型企业所利用的新技术积累了巨大的财富，而且这些企业的运作不受反垄断法或其他监管的限制。因此，美国在冷战后出现的中产阶级收入停滞、超级阶层资产暴涨，也不应被看作特异性事件。

美国在20世纪上半叶通过复杂的内外政策调整，纠正了这种分配极化的趋势，其中涉及的多重政治力量的博弈非常值得被当代人所了解。民粹主义在这一长期的制度斗争过程中扮演了重要的角色，例如它促使了1917年美国以国家安全为由通过了《移民法案》，对进入美国的移民进行更为严苛的筛选。这一历史过程的回溯，为分析当前西方国家普遍出现的收紧移民政策的倾向，提供了良好的参照系。

其次，作者以民粹主义为线索，凭借对西方经济史的洞悉，将超长时间跨度上看似相互独立的案例成功地整合到可比较的制度分析之中，例如："斯温暴动"、三K党、麦卡锡主义。尽管诱因是多样的，但被民粹主义深深吸引的群体，往往在经济上存在强烈的不安全感，迷恋业已逝去的生活方式，无法适应科技的进步或外部的竞争。作者认为："针对经济变革的错位和技术工人经济地位的恶化而做出的暴力反应,远非现代社会独有的现象。"同样,为了应对这种饱含破坏力的"思乡病",不同经济体的当权者在各个历史时期做出了种种制度层面的调整,例如:《济贫法》、美联储、工会、德国福利制度。因此,民粹主义在历史上所扮演的角色并不完全像今天大多数观察家所认为的那样完全负面。福利主义的故乡德意志,基于对民粹主义和工人革命的恐惧,出台了1871年《雇主责任法案》等系列措施,在一定时期内成功应对了全球化和迅速工业变革带来的混乱,并最终被其他国家作为范本,从中选择性地建立起各自的社会保障制度,其影响不可谓不深远。

这一历史分析的另一个重要启示是,民粹主义并不是民主的产物,民粹主义力量在民主远未成为西方世界主流政治制度之前就已经广泛存在,并呈现出阶段性爆发的态势。相反,民粹主义是民意不能有效转化为政治和社会政策的产物。马克思曾指出,当一个社会集团不能有效自主地表明自己的利益时,它经常会支持一个专制的领导人,后来这种现象经常被称为民粹主义。因此,开放的社会辩论、公正的选举以及充分的代表性能系统性地避免马克思所说的这种情况。如果公民能够有效地表明自身利益,并将其转化为政府政策,民粹主义的大规模泛滥就不容易出现。埃森格林在本书中说,精英往往了解某些阶层的利益遭到持续的侵蚀,但精英是全球化的受益者,他们经常不情愿为了应付这种糟糕局面而推动实质性的变革。例如,欧洲一体化一直是一个由技术官僚设计执行的精英项目,各国议会和公众极少有参与的机会,因此它的缺陷极容易滋生基层的民粹主义。

再次,作者在整本书中,反复呼吁将制度以及形成制度的环境作为观察的焦点。他认为,影响收入分配变化的不完全是技术、贸易和移民问题,也是制度问题。左右制度发展的因素是复杂的,例如历史经验和心理惯性,直到20世纪70年代中期,大萧条的教训还在影响着政策制定;1930年,挪威、瑞典等国家能够在国内达成旨在加强稳定的框架协议,有赖于这些国家较小的规模、开放的经济体以及同质化的社会;近年来希腊民粹主义推举出的不是英、法、意、匈那样的右翼力量,而是激进左翼联盟党,因为后者受益于希腊共产党留下的反法西斯和反独裁的牢固传统。这类分析有利于加深人们对制度如何演化、如何发挥作用这一经典社会科学问题的理解,摆脱抽象地、外科手术式地看待制度细节的思维盲区,后者常常导致有害的制度迷信。

最后,作者在这本书里讨论了相当多的前沿话题,例如基本收入计划、补贴工资和工作、对机器人征税,非常值得读者参与这些新兴方案的时代之论。在关于如何应对民粹主义挑战的问题上,作者提出限制高管薪酬、反对"居住隔离"、资助公立大学等系列措施。讨论到民粹主义的重灾区——欧盟——的未来时,作者坚决主张,当跨国溢出效应较小时,应尊重国家各自的偏好。此外,作者还特别指出,不管哪种措施的出台,从根本上都有赖于更为稳固的政治和社会团结,而这恰恰是很多西方国家当下严重缺乏的。这一点尤其需要引起后发国家的重视,尽量避免在经济增长过程中摧毁来之不易的内部团结。

未来世界各国的政治议程都将紧紧围绕全球性的开放秩序与局部地区的政治、社会需求之间的张力来展开。公民个体作为经济活动的最基本单位，是生存于具体的、特定的政治和社会环境中的，这决定了全球化所制造的全球问题无法绕开地方性的政治设定来解决。在此意义上，埃森格林的这部作品有着不可替代的价值。

参考文献

Barry Eichengreen, *The Populist Temptation: Economic Grievance and Political Reaction in the Modern Era* (Oxford: Oxford University Press, 2018).

Dudley Seers, *The Political Economy of Nationalism* (New York: Oxford University Press, 1983).

Dani Rodrik, *The Globalization Paradox: Democracy and the Future of the World Economy* (NewYork: W. W. Norton, 2011).

Erik Grimmer–Solem, *The Rise of Historical Economics and Social Reform in Germany, 1864–1894* (Clarendon Press, 2003).

Harold D. Clark, Matthew Goodwin and Paul Whiteley, *Brexit: Why Britain Voted to Leave the European Union* (Cambridge: Cambridge University Press, 2017).

William Franko and Christopher Witko, *The New Economic Populism: How States Respond to Economic Inequality* (Oxford: Oxford University Press, 2018).

［美］约翰·朱迪斯著：《民粹主义大爆炸：经济大衰退如何改变美国和欧洲政治》，马霖译，北京：中信出版社，2018 年。

梁雪村：《民粹主义：一个欧洲问题?》，载于《欧洲研究》，2015 年第 6 期，第 42-57 页。

中文版序言

2016年，唐纳德·特朗普当选美国总统，英国全民公投决定脱欧。这两起事件给经济和政治体系带来了冲击，且清楚地表明，西方正在发生一些新的、重要的、看似史无前例的事情。

《民众的愤怒》试图理解这些发展。理解它们的一种方法是了解民粹主义的历史。就目前而言，我将民粹主义定义为具有反精英、独裁和本土主义倾向的政治运动。不同的民粹主义领导者和不同的追随者，以不同的方式将这些倾向结合起来。例如，左翼民粹主义者通常表现出反精英的倾向，右翼民粹主义者则表现出排外的偏见。

2016年，震撼西方世界的政治地震至少在某种程度上符合这一框架。例如，特朗普受欢迎的核心原因是他发表了具有煽动性的反移民言论。此外，特朗普对民主政治规范表现出反常的漠视，这也是民粹主义政客的另一个典型特征。甚至在2021年1月6日（美国国会山骚乱）事件和他指控反对党（民主党）窃取了2020年总统选举结果之前，他就已经这样做了。但与此同时，特朗普还试图将自己定位为对所谓由美国政治和知识精英组成的"深层政府"的批评者。

那么,特朗普究竟是左翼民粹主义者还是右翼民粹主义者?鉴于他毕业于常春藤联盟大学,是一位商业巨头,也是收入和财富排名前1%的人,将他描述为右翼民粹主义者更合适。

英国脱欧更为复杂。在脱欧运动中,右翼民粹主义分子大肆宣扬英国正在被移民大军"入侵"。但与此同时,从布鲁塞尔(欧盟)的精英技术官僚手中"夺回"国家经济政策和政治命运控制权的愿望,也是脱欧派的一个重要论点。因此,这一案例并不完全符合左翼与右翼民粹主义的范畴,脱欧运动的领军人物奈杰尔·法拉奇也没有展现出典型民粹主义领袖所特有的个人魅力。不过,鉴于英国脱欧运动以本土主义和反精英为重点,它仍然符合民粹主义的标准。

正如我在《民众的愤怒》一书中所指出的,这类反体制、非主流运动由来已久,从19世纪早期英国的卢德派(他们反对工业化,甚至有时采取暴力行径),到19世纪晚期美国的人民党(他们批评商业化、金融化和大企业,并广泛批评移民,尤其是中国移民)。换句话说,特朗普和英国脱欧的支持者并不像时有所闻的那样前所未有。事实上,只有在这一历史背景下才能了解他们和他们所支持的观点。民粹主义运动在欧洲和拉丁美洲其他国家扎根的情况也是如此。

对于中国读者而言,为什么要关心这个问题?因为了解在美国、英国和西方其他国家获得支持的民粹主义运动和政治家,是否主要针对移民,或者他们是否更普遍地排外,从而使他们不仅敌视中国人，也敌视中国的投资和中国的出口；了解他们是普遍敌视全球化（因为全球一体化是一个精英项目），还是只批评全球化的某些方面，如炒作所谓的"中国冲击论"（21世纪初中国加入世界贸易组织后，西方国家从中国进口的商品激增），这对在发展中走向世界的中国，皆是非常重要的。

中国仍然致力于全球化，而这些答案对全球化的未来有重要影响。此外，它们还对中国与西方之间的经济和政治关系，以及这些关系今后将如何发展产生重要影响。

巴里·埃森格林

加利福尼亚大学伯克利分校，2024年5月

前　言

　　民粹主义看似是一种新现象，其实历史由来已久。美国如此——民粹主义的骚动在19世纪即已出现，欧洲亦如此——那里不乏具有超凡魅力的领袖人物，他们反对当权政治，同时具有独裁主义和民族主义倾向。从墨索里尼到梅塔克萨斯，他们在20世纪二三十年代操控大权，民众为之拜服。当然，这些人是否应当被认定为民粹主义者还有待商榷。卡里斯马（魅力型权威）的存在，部分原因来自民众的拥戴和追随（正如马克斯·韦伯提醒我们的那样），[1]但从更根本上讲，取决于人们对民粹主义的概念是否有清晰的理解。就美国、英国和欧洲大陆正在发生的某些社会现象来说，选民对政治体制的抵制、针对外国人和少数族裔的民族主义与种族主义观点，以及大众对魅力型权威领袖的渴望，都不是新鲜事物。

　　通过回顾美国和欧洲的历史，我希望厘清民粹主义产生的经济、社会和政治背景，探寻防止民粹主义生长的最有效对策。我试图寻找某些问题的答案，譬如，为什么带有反精英、独裁主义和本土主义倾向的激进政治运动有时会成功，而有时却会失败。

我需要了解，为什么在某些情况下政治中间派能够稳定局面，而在另一些情况下极端分子占上风。

对历史进行比较，会带给我们很多启发，也容易让我们陷入偏误。对极端案例的关注会导致夸大其本身，连相似之处也可能会被夸大。历史已经走过了20世纪30年代。我希望人们在承认差异性的同时，反思和剖析民粹主义者受到遏制的案例以及民粹主义领导人与民粹主义运动篡夺政权的教训，使今天的人们能够绕开那些最危险的陷阱。

答案如何，事关重大。民粹主义领导人的经济政策往往具有破坏性和毁灭性，民粹主义者们对政治机构的影响极具腐蚀性。他们鼓动的情绪通常使追随的乌合之众表现出最坏的一面。民粹主义让民众反对知识分子，让本国人反对外国人，让占多数的民族、宗教和种族群体反对少数群体。它在本质上是分裂性的。它危险地助长了好战的民族主义。

本书叙述的历史表明，民粹主义是在经济动荡不安、民族认同感面临威胁、现有政治制度反应滞后的综合作用下产生的，但经济和政治改革可以平息反对者的不满，从而遏止民粹主义的生长。政策制定者的首要任务是尽其所能重振经济增长，使"老有所终，壮有所用"，让年轻人相信他们的生活将会和父母一样好，让老年人感到自己操劳一生后能够得到尊重和回报。换句话说，在经济繁荣时期，民粹主义是很难有所作为的。

同样重要的是，社会经济增长的成果应当由社会大众广泛分享。要确保那些由于技术进步和国际竞争而失业的人获得社会支持和帮助，使他们有所依靠。人们首先要知道，在市场竞争、全球化和技术变革中，一定既有输家，也有赢家。经济学家其实早就熟知这个道理，却又总是轻易遗忘。人们其次要明白，陷入经济厄运不一定是受害者自己的问题。政府可以实施某些项目去补偿被顶替工作机会的人们，并通过提供教育、培训和社会服务来帮助他们适应新环境。类似的组合解决方案不算新奇，不过，即使这些做法已是政治常识，它们仍然不可或缺。

常识和现实是两回事。现代社会在上述领域所表现出的反应能力极度匮乏。在补偿被顶替工作机会的人们并帮助其适应新环境的问题上，人们围绕解决方案是否可取争论不休，难以达成政治上的共识，资金是否充足也令政治家挠头。民粹主义对社会不满的第二个根源为政治体系的功能失调。选举制度、立法机构、公务员制度和法院，包括公民社会和第四等级（新闻媒体及其政治影响），这些相关制度结构决定了政府的反应能力，这是衡量公民是否有发言权的最终标准。政治体制是政治稳定的关键因素，也是决定社会追求经济发展和公平分配成果的能力的关键因素。如果设计得当，政治体制会激励选民和候选人向政治中间派靠拢。它们有助于为现行政策培养社会和政治共识，从而促进经济和政治的稳定。但是，当政治机构无法兑现自己的诺言时，它们也可能引发不满，并引起政治上的反应。

问题在于，政治制度是不能够随意改动的。制度在被设计出来的时候，就注定很难被改变，这主要是为了防止玩家在游戏进行到一半时改变规则。因此，制度的传承反映了历史存在的必要性。例如，美国特殊的历史，特别是自由州和蓄奴州之间的历史划分，构成了现行选举人团制度和两院制立法机构的渊源。参议院制度增强了乡村地区的话语权，凸显了乡村与城市的鸿沟，这一现象在2016年特朗普当选美国总统这一事件中显得尤为突出。将划定国会选区界线的权力下放给州立法机构之后，出现了安全选区的概念，这些选区的居民几乎没有转向中间派的动机。作为历史制度的遗留物，被政治手段制度化的种族主义限制了社会不同人群间的互信，使各方在公共产品的提供上很难达成一致。路径依赖是美国社会保障不如其他发达经济体的原因之一，这使其特别容易受到那些因技术变化和全球化而失业的人的强烈反对。

想要对这些机构进行改革，说起来容易做起来难。当然，有困难并不意味着无法实现。20世纪初，参议院直选和允许选民绕过腐败的州议会进行公投等政治改革，平息了民粹主义的骚动。近年，美国各州试图通过将选区的划分授权给独立委员会来解决选区划分不公的问题。不过，考虑到美国的历史和目前的政治体制，对选举人团等制度展开根本性变革依然遥不可及。

如果说美国面临的挑战来自独特的民族认同感，那么欧洲面临的挑战则是欧洲统一体认同感的缺失。欧盟是欧洲在不到一个世纪的时间里对三场战争回应的产物。表面上看，欧盟是一个经济体，其促进稳定和增长的框架可以防止20世纪30年代大萧条灾难的再次发生，并消除反建制、独裁专制和民族主义的反抗。但在更深层次上，这是一个政治项目，用于明确那些为整个欧洲做出决策的代表的责任。通过创建单一市场，欧盟将凸显在共同欧洲空间里共享监督和治理的必要性。一个真正的单一市场将需要反垄断（或竞争）的权力，以防止垄断权的滥用。它同样需要反补贴（或反国家援助）的权力，以防止成员国对本国头部企业的偏袒，确保公平竞争。要完成这些任务，就需要建立代表欧洲的权力机构。通过这些欧洲机构的建立和共享治理的日常进程，加深一体化，最终形成共同的欧洲统一体身份认同。

实际上，欧洲统一体身份认同很难有所推进，也源于各国更加根深蒂固的民族认同。如果无法形成一致的认同，人们就不愿意将重要的特权让渡给欧洲机构，也不愿意将重要事务授权给欧洲议会（即全体欧盟国家选出的代表机构）。关键决策是由欧洲国家元首在政府间谈判中做出的，并以欧洲理事会或欧元集团的形式举行会议。在这个过程中，各国之间的分歧非但没有缓和，反而被激化了。这些分歧的加剧导致欧盟成员国难以就促进公平增长的政策达成一致，从而为民粹主义政客提供了滋生的经济土壤。而在实践中有意愿授权给欧盟委员会的实体，例如欧盟的原行政体系，其各成员国则会被认为是不负责任的技术官僚。这并非毫无道理，因为欧盟缺乏一个可以让有关官僚对自己的行为完全负责的政治体制。

人们可以想象如何修改这些政治安排，例如加强欧洲议会的权力并直接选举欧盟委员会的主席成员。不过，即便欧盟的历史比美国历史短，路径依赖仍然阻碍了欧盟的发展。欧盟的制度不仅是欧洲特殊历史的产物，而且还根植于一系列国际条约，条约的修改需要获得缔约方的一致同意，这比让美国3/4的州同意修改宪法、改变选举人团制度的可能性还要小。缺乏完成上述改革的可能性，再加上其支持者面临的难以摆脱的历史阴影，使得欧盟成为民粹主义的主要目标。

本书阐述的这些主题，受到了欧洲民粹主义的兴起、英国脱欧派推动脱欧成功以及特朗普当选的启发。不过，其中许多想法在我早期的作品中就已经出现了。在1992年出版的《金色的羁绊：黄金本位与大萧条》一书中，我描述了导致20世纪30年代经济和社会崩溃的政策选择，并将根源追溯到导致政府不稳定、政策不正当和不一致，以及政治反应的政治体制。在2007年出版的《1945年以来的欧洲经济：协调的资本主义及其他》一书中，我试图揭示欧盟的历史起源、欧洲身份的特性和局限性，以及混合经济的兴衰。我在2015年出版的《镜厅：大萧条、大衰退，我们做对了什么，又做错了什么》一书旨在展示政治如何为金融危机搭建舞台，金融危机又如何助长政治极端主义，以及历史如何塑造更好或更坏的应对措施。

本书与我早期作品的不同之处在于，虽然答案多数基于经济角度阐发，但问题本身更多的是政治性的。这些答案从根本上也具有历史意义。从历史的角度来看待发展，本书不仅关注深层的经济和政治结构，而且将注意力引向历史的偶然性——偶然性事件、个性和人的能动性。我意识到，历史观点也助长了某种宿命论：它认为由历史沿袭下来的政治安排、社会结构和经济制度使一些国家更容易受到民粹主义的影响，从而使它们没有多少余地做出建设性的回应。作为一个自认相当乐观的人，我尽最大的努力抵制这种宿命论，并针对美国和欧洲应该如何应对民粹主义威胁提出了一些想法。

感谢乔舒亚·勒斯蒂格，我受他编辑的杂志《当代历史》的委托撰写了一篇关于美国民粹主义历史的文章，这篇文章为本书的其余部分提供了灵感。感谢《当代历史》允许我转载那篇早期文章的材料。在写作过程中，我收到了许多有益的建议，不少人既是我的合作者，也是我的朋友，我从他们那里学到了很多东西。其中有塔姆·巴尤米、赛思·迪奇克、克里斯蒂安·杜斯特曼、迈克尔·海恩斯、马修·贾雷姆斯基、戴维·莱布隆格、阿育王·莫迪、安德烈·萨皮尔、吉多·塔贝利尼、吉尔维·泽奥加。感谢詹尼·托尼奥洛和尼古拉斯·迪姆斯代尔提供的国别信息，感谢阿莎·谢卡尔·巴拉德瓦杰协助整理了数据和制作了图表。我的编辑戴维·麦克布赖德和牛津大学出版社的两位匿名审阅人提供了宝贵的建议。安德鲁·怀利使本书的发行工作顺利推进。艾莉森·赖斯-斯威斯帮助准备了索引，更重要的是，她让我的工作和生活没有后顾之忧。研讨会的读者给予了热烈的反馈，尤其是那些来自柏林美国研究院、加利福尼亚大学戴维斯分校、比利时驻华盛顿领事馆和欧洲央行的读者，我对他们表示由衷的感谢。

本书再次献给米歇尔，感谢她所有的爱和支持。

目 录

第一章　民粹本原　_ 1
第二章　美国纵览　_ 19
第三章　卢德派与工人　_ 39
第四章　俾斯麦模式　_ 59
第五章　走向联合　_ 75
第六章　直面失业　_ 95
第七章　调和时代　_ 115
第八章　物是人非　_ 135
第九章　特朗普的"成功"　_ 153
第十章　断裂边缘　_ 173
第十一章　围堵遏制　_ 193
第十二章　欧洲再见　_ 215
第十三章　前景展望　_ 235
注释　_ 249
译后记　_ 307

第一章

民粹本原

对民粹主义的定义十分复杂，不由让人想起波特·斯图尔特法官关于色情作品鉴别的论断："我看到它时才能识别出来。"令人尴尬的是，民粹主义并没有统一的定义。民粹主义是一个多维度的现象，每个维度又包含多种观点。"一个人掌握什么样的学术工具，就会给出什么样的定义……"政治经济学家彼得·怀尔斯在半个世纪前写道。[1]

在本书中，我把民粹主义看作一种具有反精英主义、独裁主义和本土主义倾向的政治运动。民粹主义运动以不同的方式将这些倾向结合在一起，因此这种现象有不同的变体。特别值得一提的是，它不仅包括反精英的左翼民粹主义运动，而且涵盖敌视外国人和少数族裔的右翼民粹主义运动。[2]

民粹主义者最常用的基本划分是，将社会分为精英群体和普通民众。[3]精英们控制着政府、商业和银行，通过更容易获得的教育服务、行政特权或公共部门的高层职位来重新塑造自己。尽管表面上有差异，但他们形成了一个统一战线。例如，通过家族和关系网的背景及利益来控制主要政党的行为特征是高度一致的。由此可见，在民粹主义的概念中，精英们所主张的政策也几乎没有差别。民粹主义者往往借助"精英"的概念来强化自己的观点，例如他们声称主流政治是精英的阴谋，其政策导向的结果并不利于老百姓的利益。"政客们发了大财，工作机会却消失了，工厂也倒闭了。当权派保护的是他们自己，而不是我们国家的公民。他们的成就与你无关。"特朗普总统在就职演说中这样说。

普通民众可能缺乏精英阶层的教育，但他们具有基本的常识，民粹主义政客对他们的感染力可以通过集体传统、宗教和团体的影响力传承下来。彼得·怀尔斯还有一句名言："美德存在于占压倒性多数的朴素群众和他们的集体传统中。"[4] "民粹主义政治学"就是受常识影响的共同意志转化为政策的过程。

然而，如何识别普通民众的构成者，在理论上说起来容易，在实践中相对困难。19世纪的美国农民抗争运动成员，包含中西部小麦种植者和南方棉花种植者，他们都面临着是否要与被剥夺了权利的工厂工人结盟的困境，反之，对工人们亦然。[5] 竞选时期的特朗普试图同时吸引被技术变革和全球化甩在后面的蓝领工人以及重视美国传统价值观衰退问题的中产阶级，从而扩大他的选民基础。

有一个破解类似模棱两可困境的方法，是将普通民众与某些人对立起来。在19世纪的美国，"某些人"指的是那些通过剥削诚实、勤劳的农场工人和工厂工人而获得巨大财富的商人、铁路大亨和产业资本家。"民众"的统一性和同一性，被进一步定义为排斥表面上的少数群体，如契约华工以及来自南欧、东欧的所谓新移民。民粹主义政客对集中的经济力量、移民、少数族裔和宗教少数群体的敌意，是这场运动的内在因素。

以这种方式看待社会会滋生出对技术官僚和政府机构的本能敌意。根据定义，技术官僚是精英阶层的成员，[6]他们利用通过特权获得的信息和相关的优先使用权来实现他们的目标。被技术官僚充斥的政府机构，由于其法定的独立性和程序的复杂性，是普通百姓可望而不可即的。民粹主义政客经常抨击央行管理者，指责他们是最技术官僚的技术官僚，并质疑其机构的独立性。联邦储备系统，连同其早期的美国先驱——合众国第二银行，一直是持民粹主义倾向的政客们最热衷批判的目标。从19世纪的安德鲁·杰克逊到20世纪的休伊·朗，再到21世纪的特朗普，都是如此。直至2016年关于英国是否应该退出欧盟的公投之前，英国独立党（UKIP）领导人奈杰尔·法拉奇同样通过批评欧盟技术官僚的职业操守和能力来吸引选民，要求将决策权还给英国人民。

因此，民粹主义倾向于直接民主，而不是代议制民主，因为精英阶层在选择代表的过程中影响力过大；倾向于举行公投，而不是授权给那些不尊重民众意愿的官员。在20世纪初，俄勒冈州、加利福尼亚州和其他西部的自治州率先采用了公投程序，公民可以请愿将问题置于选票上，然后以简单多数票通过，这是民粹主义对腐败、对被大公司与其他强势利益集团控制的政治体制的反抗。例如，由威廉·西蒙·乌伦倡导的俄勒冈州公投和倡议运动，很快就受到了这股潮流的影响。乌伦动员了农民联盟和工会（他是俄勒冈州政府的时任秘书长），支持1902年通过的公投法，以这种迂回的方式对抗腐败的政客、反应迟钝的精英和自我膨胀的铁路垄断——这些都是民粹主义的典型例子。[7]特朗普始终宣称，如果不是因为"普遍和广泛传播的"选民欺诈，他将赢得2016年总统选举的普选。重视民众的意愿，是特朗普的重要特点。[8]

在脱欧公投中，脱欧派的支持者以类似的理由为自己辩护：公投的结果反映了民众的意愿。[9]脱欧运动明显带有反精英、反权威的言论。经济学家和其他专业人士指出，离开欧盟，英国会付出巨大代价，脱欧的支持者们丝毫不以为意。[10]正如卡梅伦政府的司法大臣、脱欧的主要支持者迈克尔·戈夫在一次电视辩论中所说："人们已经受够了所谓的专家。"[11]

民粹主义也是一种政治风格。民粹主义候选人的人设是直言不讳，时刻准备对不愿意解决社会紧迫需求的当权派人士进行敲打。他们用刺耳的、标新立异的语言和策略来表达这种意图，将无视政治惯例的礼节作为展示独立与个性力量的一种方式，利用政治上的不正确和低级庸俗的语言来表明其目的的严肃性，更直接地与大众对话。在极端的情况下，候选人会毫不犹豫地不顾那些容易引起麻烦的事实或潜在危险，以表达他们强硬的态度。[12]

民粹主义政客经常依靠新技术绕过主流党派控制的传播渠道，直接向追随者传达他们的观点。迈克尔·康尼夫20年前在谈到拉丁美洲的民粹主义时写道："巧妙地利用……新媒体是……民粹主义者的一个重要特征。"[13]在20世纪20年代的拉丁美洲和30年代的美国，广播绕过了当权派的报刊，在传播民粹主义观点方面发挥了至关重要的作用。[14]民主党和人民党的候选人威廉·詹宁斯·布赖恩在1896年竞选美国总统时，史无前例地利用铁路这一革命性的运输和通信技术，直接面向民众发表了600多次演讲。布赖恩筹集的资金很少，很少使用小册子和其他传统的政治媒体，几乎没有借助民主党全国委员会的竞选支持。布赖恩对铁路的依赖颇具讽刺意味，因为他一直批评铁路是公司滥用垄断权力的典范。不过，没有关系，布赖恩的竞选活动同样史无前例地利用电报来宣传他的形象。他在1896年民主党全国代表大会上的"黄金十字架"演说引起了巨大轰动，很重要的原因就在于活动内容是由电报在全美范围内传递的，而没有依靠那些对他持敌对态度的报社记者和媒体的报道。[15]

布赖恩的策略与威廉·麦金利的策略形成了鲜明对比。作为共和党当权派的掌门人，麦金利占尽了优势。他成功利用了共和党及其全国委员会主席马克·汉纳（外号"美元"）雄厚的财力和组织资源。对像布赖恩这样的局外人来说，与一个资金雄厚的当权派候选人竞争，新技术是唯一的选择。如果说麦金利最终取得了胜利，那么布赖恩的方法则体现了民粹主义的特征。

后来到20世纪中叶，拉丁美洲和其他地方的民粹主义者再次绕过了传统的媒体渠道，利用小型飞机将他们的信息直接传递给民众。21世纪的新变化则是特朗普利用推特绕过传统的印刷媒体，直接与选民沟通。特朗普对推特的依赖，和另一位民粹主义的典范——委内瑞拉的乌戈·查韦斯，不谋而合。与此同时，有线电视频道、卫星广播脱口秀和其他右翼互联网网站破坏了主流政治和执政党对新闻传播与政治叙事的控制。这些新技术和新渠道使特朗普像他的民粹主义前辈一样，能够解除当权派媒体的干扰，使他们失去影响力。

民粹主义更深层的维度是其特有的经济政策。根据拉丁美洲的经验，鲁迪格·多恩布什和塞巴斯蒂安·爱德华兹将民粹主义视为一种强调分配的经济学理念，它同时降低了政府过度支出、通货膨胀和干预市场导致的经济不稳定风险。[16]虽然主流政治家同样会承诺提供更快的增长和更公平的纲领，但民粹主义者的诉求更有野心。民粹主义者的独特之处在于，他们直接回应了民众对增长和分配的关切，否认增长和分配存在约束条件，也无视专家们关于制约因素的种种意见。有人批评旨在刺激增长的宏大政策只会使人口膨胀，背负沉重债务，恶化国际收支平衡。民粹主义政客拒绝接受这种反对意见。民粹主义者认为，限制移民、针对劳工阶层选民重新分配收入和为经济增长提速之间并不存在冲突。在他们看来，这些制约因素是敌视他们经济和政治观点的势力杜撰的。

然而，支持增长不等于支持市场。无论是左翼民粹主义者还是右翼民粹主义者，都更倾向于政府干预市场，以推进他们的政策主张和个人立场。这有助于解释民粹主义偏爱的企业、个体为什么会和魅力型领袖及其政权结成联盟关系。

如果把拉丁美洲的民粹主义传统和特朗普总统进行比较，结论是一目了然的。在拉丁美洲国家和美国，人们都看到了明显促进经济增长的雄心，也看到了类似的对制约因素的无视。如果这一目标的可行性受到质疑，那么在拉丁美洲国家和美国，质疑者一定都是技术官僚和政治体制中敌视领导人及其追随者的顽固分子。如果目标无法实现，那么在拉丁美洲国家和美国，罪魁祸首一定都是外部势力，要么是国际货币基金组织，要么是来自中国和墨西哥的不公平竞争。在拉丁美洲民粹主义左翼政府（巴西的迪尔玛·罗塞夫）和右翼政府（阿根廷的克里斯蒂娜·费尔南德斯·基什内尔）中，放弃经济纯洁性并干预市场的理念和做法都很常见。同样，特朗普也利用其总统办公室的影响力来批评制造商将工作转移到国外，并重新启动有关政府采购飞机价格的谈判。

基于上述背景，了解民粹主义运动的起源是本章的写作意图之一。具体而言，我希望搞清楚民粹主义产生的经济和政治环境，以及最有效地遏制民粹主义的经济和政治对策。

我的做法是考察19世纪、20世纪民粹主义和前民粹主义运动及其政党的历史。重点是西方民主国家的民粹主义，尽管对这一问题的讨论不可能完全不受拉丁美洲民粹主义大量文献的影响。虽然拉丁美洲的民粹主义由来已久，但从特朗普的当选、英国脱欧公投以及整个欧洲对民粹主义政党的支持中可以看出，发达国家民粹主义情绪的高涨是近年才出现的。[17]为此，我打算集中研究美国和欧洲，先从19世纪末美国的民粹主义骚动开始，这可以说是近代以来最早的民粹主义运动，然后再论述20世纪发生的故事。

首先要剔除另一个有时被引用为民粹主义先锋行动的案例：俄国民粹派（Narodniks），他们试图在19世纪七八十年代组织俄国农民反抗。谷歌翻译简单地将 narod 翻译为"人民",将 narodniki 翻译为"民粹主义者"。根据现代的推测,一些人认为这一失败的农民起义与美国目前的社会运动有共同之处。[18]但是,俄国民粹派的领导人实际上是没有扎根农村的城市知识分子,他们排斥与民众息息相关的宗教,接受现代科学。而民粹主义者往往对现代科学持怀疑态度,因为科学赋予了技术官僚权力,使专家的地位合法化。因此,我认为俄国民粹派是一个完全不同的现象。[19]

最大的挑战在于将谁划分为民粹主义者。对民粹主义定义的分歧,几乎是不可避免的。即便是本书关于民粹主义的定义,即民粹主义是一种具有反精英、专制主义和本土主义倾向的政治运动,对具体个例也未必都适用,因为政治家可能会表现出其中的某些而非全部倾向。例如,威廉·詹宁斯·布赖恩是不是真的民粹主义者就存在争议,因为布赖恩虽然将自己定位为反精英人士,但并没有明显表现出经典民粹主义的专制主义和本土主义倾向。[20]

上文中描述的政治人物不一定都是民粹主义者。在某些情况下,我关心的是为什么政治机构的成员对民众的不满做出了积极的反应,遏制住了更猛烈的反对当政者的举措。富兰克林·罗斯福就是典型的例子。罗斯福和他的政治盟友通过经济金融改革来回应民众的不满,这些改革的目的是让经济重新运转起来。他推进了失业保险和社会保障,以解决民众对经济上缺乏保障的担忧。但假如罗斯福都不是精英阶层的成员,那么就没有谁更有资格成为精英了。他是一个富有乡绅的儿子,毕业于格罗顿中学和哈佛大学,曾在 1920 年与媒体大亨、俄亥俄州州长詹姆斯·考克斯同期成为民主党的副总统候选人。罗斯福既不是专制主义者，也不是本土主义者，[21]由于他有时用严厉的反商业言论缓解民众对经济困难和缺乏保障的焦虑，所以人们倾向于将他视为民粹主义者。[22]同样，特朗普究竟是一位民粹主义政客，还是仅仅是一位亲商的总统，也有待商榷。[23]

民粹主义运动和反体制运动也不一定相同。反体制运动及其领导人试图颠覆现行政治体制的运作，反对多元民主和国家的领土统一。[24]例如，纳粹、法西斯、专制主义用专制政权取代多元民主，将权力集中在一个不直接对民众负责的实体或团体手中。其他的例子包括分离主义和民族统一主义政党，它们试图用一个按地区、宗教或种族划分的小团体单独代表的政治制度来取代现行政治制度。

这样看来，民粹主义并不反体制。民粹主义政客及其追随者可以通过现行政治体制来推进他们所认为的民众利益。他们可以表达对法院的支持、对常设公务员的关注，以及对新闻自由的尊重。像布赖恩一样，他们可以尝试利用现有的政党和程序来推进他们的政治主张。正如查尔斯·波斯特尔在谈到布赖恩和他的追随者时写道，大多数人"寻求的是经济和政治改革，而不是推翻现行制度"。[25]

虽然民粹主义者不难通过政治制度实现自己的目的，但是民粹主义在实践中可能会助长反体制的倾向。民粹主义是一种把民众视为单一群体的、把民众的利益视为同质化的社会理论，所以民粹主义者对多元民主的观点不屑一顾，因为多元民主让不同的观点发出声音，寻求平衡不同群体的利益。由于民众对少数族裔和宗教少数群体的反对，民粹主义者无法容忍保护少数群体权利的代议制。[26]民粹主义强调强人政治，因而自然地倾向于专制，甚至是专制统治。民众的不满发酵时间越长，追随者就越愿意拥护具有这种倾向的领导人。

在我们看来，即使民粹主义运动的成员无意颠覆现行的多元化制度，其领导人也有可能通过削弱或规避对行政权力的制约来实现这一目的。他们认为政治体制是被俘获的，是不可救药的腐败。他们会通过削弱体制来增加其追随者的利益。即使拥有合法手段，如选举支持或被授权组建政府，他们也可能会推动立法或颁布紧急法令，废除代表机构的运作，如意大利的墨索里尼或委内瑞拉的尼古拉斯·马杜罗。他们可能会使用武力和暴力，至少没有拒绝这些手段，同时限制少数人的权利，否认敌对政治家和政府的合法性。[27]我在第六章中将指出，魏玛德国民众对经济不稳定和一连串无效政府的反应为纳粹的崛起创造了条件，这并不代表我将纳粹主义视为民粹主义，但我想借此说明，民粹主义的不满如果不加以解决，很可能会进一步发展成雪上加霜的事情。

为什么民粹主义运动在某些情况下会获得吸引力，而在其他情况下却没有？一个显著的变量是经济因素。经济表现不佳、增长缓慢或停滞，会助长人们对现状的不满。当这种不良表现发生在主流政党的眼皮底下时，它就会促进对民粹主义改变者的支持。不平等的加剧扩大了落后者的队伍，增加了他们对经济治理的不满。社会流动性的下降和替代方案的缺失加深了人们的绝望和被排斥感。当政治机构未能消除迅速的经济变化所带来的危机影响时，人们会觉得即使现在不缺乏机会，将来也必定缺乏机会。[28]

然而，这种经济上的不满并非在所有情况下都会引发民粹主义的反应。最有可能引发这种反应的，是普通民众与精英阶层利益分歧所导致的经济困难、相互排斥和缺乏基本的社会保障。银行和金融危机就是一个例子，其集合了民粹主义的典型特征。催生这些危机的金融家和财阀显然是精英阶层的成员，而且他们的财富被认为是以牺牲纳税人的利益为代价（即以牺牲人民的利益为代价）而产生的。因此，金融危机和政府对金融体系的救助经常会引起政治上的极端波动，以致民众对政治体制反感。[29]20世纪30年代的银行危机就产生了这样的效果，其他时代的银行危机也是如此，包括我们自己正在经历的这场危机。

此外，在两极分化、低信任度的社会中，民粹主义政客最擅长利用这些经济环境。在此情况下，不利条件很容易被归咎于外部力量，要么是精英，要么是移民和外国人，它们是民众天然的对立面。[30]民粹主义领导人更容易利用反移民、反外国人、反精英的情绪来使主流政党丧失民众支持。

非经济学家会反对说，民粹主义不仅仅是经济问题——它还涉及民族认同。法里德·扎卡里亚在描述特朗普现象时说："这不再是经济问题，多么愚蠢啊——我们的民族认同政治正在使我们两极化。"[31]民粹主义是移民、少数族裔和宗教少数群体对社会主流大多数人带来的挑战，是对曾经占主导地位的群体的传统、信仰和社会影响力下降的抗议，是对移民和少数族裔所带来的挑战的

第一章　民粹本原

反应，因为移民和少数族裔侵害了一个同质的、界定清晰的本土民众群体。民粹主义者试图利用这些感觉，重建基于曾经占主导地位的大多数人集体传统的光荣的、神话般的过去。他们诉诸民族主义作为这些观点的内核，批评主流政治家拥护多样性、开放边界和平等权利的举措脱离了民众。

强调民族认同政治的人有其道理。不过要知道，只有在不利的经济背景下，民族认同政治的力量才最为强大。曾经占主导地位的群体可以把他们的经济困境归咎于移民、外国人和少数族裔，而试图从他们的经济不满中捞取好处的民粹主义者可以发挥这些民族认同政治的作用。这样一来，民众在经济上的不满和民族认同政治就会相互滋生。

归根结底的问题是，为什么民粹主义的鼓动在某些时候被边缘化，而在其他时候却没有。例如，特朗普就取得了成功，而布赖恩则未能分散主流政客对权力的控制。在回答这个问题时，我们还是希望从经济角度出发寻找答案。就像经济形势的恶化会滋生对民粹主义运动的支持一样，经济条件的改善会限制这种支持。布赖恩在竞选活动中反对当时获得上层认可的金本位制，并把它描绘成对民众有害的经济引擎。[32]然而到1896年他在全美崭露头角的时候，通货紧缩已经超过了通货膨胀，金本位制的危害不存在了。这种变化可能是偶然的，也可能是货币体系运作的内在因素。[33]

同样，当休伊·朗在1934年与罗斯福决裂，准备发起左翼民粹主义的总统竞选时，美国经济在经历了4年的萧条之后坚定地走上了复苏之路。大萧条的"低谷"出现在1933年3—4月，罗斯福发布了银行休假令，后来决定让美国采用金本位制。1934年，复苏的第一年，美国的GDP（国内生产总值）增长率跃升到了令人印象深刻的10.9%，但失业率仍然高得令人发指，而最糟糕的1935年还没到来。然而毫无疑问的是，经济正在迅速改善，10.9%的增长是超乎寻常的。这种改善不论是由于更好的政策，还是因为触底反弹，都不是重点。经济的好转让人有理由认为，即便是在1935年，即使当时刚刚兴起的民粹主义运动的领袖朗没有死于暗杀者的冷枪之下，也无法阻止在位总统的连任。

诚然，特朗普的成功也有赖于这种背景。在他2016年当选时，美国经济已经连续扩张了7年，实际GDP比2008年金融危机的顶点高出15%。人们可以反对说，奥巴马在7年内将GDP提高15%的成就比不上罗斯福在一年内提高近11%的壮举。问题在于，罗斯福时期的收入增长被更广泛地分享。制造业的人均周收入，按生活成本计算，在1933—1934年增长了4%，而制造业的就业人数增长了14%。[34] 相比之下，在2016年，有很多人在讨论工人的实际时薪是如何停滞不前甚至下降的，这不是仅仅自金融危机以来而是数十年以来的情况，人们对收入分配顶端的人贪婪地积累财富而感到愤怒。2015年，美国人口普查局测算的家庭实际收入中位数比2007年的峰值低近2%，比20世纪末的水平低近3%。

这提醒我们，关于民粹主义成败的经济争论，既是关于总量的争论，也是关于分配的争论。与其说争论焦点是围绕过去的经济表现，不如说是关于对未来的预期以及政治机构是否做出了反应。19世纪末20世纪初，主流政治家和政党对民粹主义者的抱怨做出了回应，他们对铁路和利率进行了监管，最终，对联邦所得税和货币进行了改革，并制定了《联邦储备法》，布赖恩将这一最高成就描述为"人民的胜利"[35]，所有这些都给失望的选民带来了未来会更好的希望。20世纪30年代，罗斯福和国会针对民众的不满和劳工阶层的不安全感，重新立法设立了失业保险和社会保障。换句话说，《社会保障法》起到了实实在在的保障作用。

2008年金融危机后，奥巴马总统与国会共和党人之间的僵局不利于做出这种积极的反应。结果，危机后的复苏力不从心，监管改革更加有限。[36]具有讽刺意味的是，奥巴马领导下的改革措施《平价医疗法案》和《多德-弗兰克华尔街改革和消费者保护法》（以下简称《多德-弗兰克法案》）——第一部法案是为了解决医疗服务缺乏保障的问题，第二部法案旨在解决未来金融危机的风险，这两部法案都受到候选人特朗普的大力攻击，而他在2016年11月的选举中也因这些抨击得到了民众慷慨的回报。

特朗普的攻击和选民的反应，指向了民粹主义框架下经济和政治之间的根本矛盾，这在美国的国情下最为明显，但也是社会的普遍现象。经济进步，包括全球化和技术变革带来的进步，会带来风险。创造性破坏的进步会带来一些行业和个人被抛弃的风险。[37]因自身能力有限而无法为自己购买保险以应对这些意外情况，这些被替代的失业者依赖政府为他们提供职业培训和调整援助。

但长期以来，美国在这些事业上的投入少于其他发达国家，同时在限制创造性破坏方面做得较少。这一结果造成了明显的社会问题。民粹主义者对政府机构和职能的敌意，非但没有帮助缓解这种紧张关系，还不利于支持政府提供相应的社会保障和调整援助。民粹主义带来的身份认同政治特性使政府更难提供这些公共产品。种族分裂的社区减少了在集体产品上的支出，因为每一个资金紧张的群体都抵制为那些同时惠及其他群体的社会项目缴税。[38]在移民问题突出的社区以及美国等有种族和民族分裂历史的国家，类似的社会问题尤为严重。[39]民粹主义运动和政客只会进一步加剧这些群体间的差异。

具有讽刺意味的是，21世纪美国政治中日益凸显分歧的民粹主义转向，使美国越来越难以对经济缺乏保障问题做出建设性的政策反应。这种政策反应缺失的首要后果，就是民粹主义倾向的增长。两者的冲突给我们留下了一个令人不安的问题：如果不满的选民看不到自己的问题的解决方案，那么他们下一步该何去何从？

第二章
美国纵览

经济不平等和相互排斥，是 2016 年选举政治的基调。毫无疑问，在不远的将来亦是如此。从英国的脱欧公投和特朗普的总统竞选，到 2017 年 3 月荷兰选举中支持海尔特·维尔德斯的反移民自由党，再到极右翼国民阵线的玛丽娜·勒庞进入 2017 年法国总统选举的第二轮，种种现象表明，尽管选举所存在的故事背景和所在国家可能有所不同，但是这些反体制、反全球化、反移民的运动和政党的支持根源，在每一个案例中都是基本相同的。

这些案例中的一个共同点是，越来越多的社会阶层意识到自己已经被时代抛在了后面。人们目睹自己的工资停滞不前，工作越发没有保障。不平等的加剧意味着，这不仅是一个经济问题，GDP 和生产力的增长率的确降低了，而且是一个政治问题，因为这些收入的增加主要流向了富人。以上现象的形成究竟是由技术、贸易还是移民造成的，尚无定论。所以人们倾向于指责他们能指责的全部，并通过投票反对当权派政客和政党来发泄自己的愤怒。

与此相关的是，人们逐渐感觉到，以往社会和政府通过将其成员的偏好转化为政策的机制已经令社会大众失去了对社会结构变化的控制。譬如，民粹主义支持者认为：社会和政府丧失了对国家边界的管理，允许移民肆意妄为；他们已然对保障国家和个人安全无能为力，从而使得对恐怖主义和移民的恐惧融合在大众政治言论中；他们早就失去了创造良好的制造业就业机会的能力，反而"允许"中国通过"不公平的"贸易协议和"操纵货币"来获取这些就业机会。

尽管早期的经济和社会挑战正是通过集体机构来应对的，现在人们的感觉却是，当权者放任这些集体机构受到侵蚀。在美国，工会会员人数的减少可以追溯到里根总统时期，里根为了打破航空交通管制员联盟，削弱了这一组织，而它原先允许工人们推进就业保障和谋求收益公平分配。接受大公司竞选捐款的政客们支持放松管制，使制药公司、医疗保险公司和连锁医院能够按自己的意愿向顾客收取费用。由于移民或其他原因，地方社区变得更加多样化，失去了此前同心协力、互助互爱的氛围，为弱势成员提供的财政支出和心理支持也减少了。所有这些都让选民们感到无助，他们的命运不是由当地社区和政府决定的，而是由超越他们边界的无法控制的力量决定的，有些无从知晓，而有些昭然若揭。

这种新的民粹主义与19世纪的旧民粹主义有着众多相似之处。19世纪美国的民粹主义骚乱是一个复杂的现象，其动机是一系列的经济不满和社会关注。[1]许多民粹主义的言论都集中于贪婪的放债人和垄断的铁路，指责他们剥削勤劳的中西部农民，使他们在高额的利息和惨不忍睹的运输费用面前无能为力。当然，也有其他人，例如绿币党的农场主和矿主们认为问题的根源就是货币制度，主张用一个旨在提供更高价格的货币系统来取代金本位制。如果说这些不同的群体有一个共同之处，那就是商业化；商业化使农民和其他人受到他们无法控制的市场力量的影响，从而产生了更强烈的不安全感。[2]本地销售的产品如今被放到全球范围内定价，以致农民受到国际市场力量的影响，但他们对这些力量缺乏了解，更无力应对。内布拉斯加州农民种植小麦的收入现在取决于乌克兰大麦田的产量。海岛棉花的价格受尼罗河流域降雨量的影响。虽然电报就像如今的互联网一样，帮助农民获得了遥远国度的价格和产量的最新信息，但这些信息对消除不利影响并没有什么帮助。利息和运输费用在农民的困境中可能只起了次要作用，然而，比起远在天边的埃及棉花和乌克兰谷物种植者，将怒火发泄于近在眼前的铁路和银行，显然更容易些。同样，指责一个似乎对这些问题无能为力的政府也更容易做到。

正如弗兰克·鲍姆在《绿野仙踪》中所描述的那样，民粹主义盛行所揭示的不仅仅是农业的动乱。[3]稻草人是受困农民的化身，而铁皮人则是他坚定的伙伴，工人正在努力应对由拥有垄断权力的大公司主导的工业环境和任意更改的劳资协议。劳工骑士团是美国第一个有影响的工人组织，可能成立于1869年，但基本上是19世纪80年代的产物。它的发展使工人们感到他们的命运是由无名的市场力量决定的，而他们单枪匹马的行动犹如蚍蜉撼树一般。[4]

早期工人组织的活动，是建立在技术工人"共和"观念基础上的，用塞缪尔·龚帕斯的话说，他们把自己看作雇主"工作台上的伙伴"。[5]相比之下，劳工骑士团则为非技术工人发声，这些非技术工人与熟练技工或工厂主都没有什么共同点，而且熟练技工和工厂主都不觉得对他们有什么义务。用约翰·康芒斯在其开创性的研究——《美国劳工史》中的话来说，在劳工骑士团活动达到顶峰的19世纪80年代，美国正好进入了工业"暴力和动荡"的特殊10年。[6]在这10年里，工人们参与了罢工、抵制，甚至是破坏活动，因为他们试图重新掌握自己的命运，或者至少改变眼前的经济状况。[7]

这一时期，收入最高的1%的人所占的财富比例也急剧上升。彼得·林德特和杰弗里·威廉森在他们所著的《不平等的收益》一书中，记录了美国在19世纪70年代中期至世纪之交时期收入最高的1%的人的财富份额的上升情况。[8]1851年，托克维尔曾描述美国"在有历史记录以来……比世界上任何其他国家……更平等"。[9]不到50年后，经济被卡内基、范德比尔特、摩根和洛克菲勒等家族主导，这些强盗大亨通过超大型企业所利用的新技术积累了巨大的财富，而且这些企业的运作不受反垄断法或其他监管的限制。

巨额财富不是强盗大亨受人憎恨的唯一原因，还有其政治影响力——用历史学家T. J. 斯泰尔斯的话说，"他们可以左右一个无助的民主国家"。[10]在这种情况下，两个主要政党的政策纲领都不能让人放心：民主党专注于限制政府的作用，而共和党则专注于扩大对制造企业的关税保护。在农民群体看来，两个党派都没有充分回应自己对铁路运输费用、利息费用和通货紧缩的抱怨。

随着形势的发展，人民党于1891年成立，该党也被非正式地称为民粹党。在南方棉花种植者和中西部小麦种植者的支持下，人民党与工会以及主张在西部矿区各州自由铸造银币的人结成了不稳定的联盟，获得了1892年总统大选9%的选票。1896年，人民党与民主党融合，提名威廉·詹宁斯·布赖恩，其竞选纲领是"银币自由铸造"，旨在实现通货膨胀而非通货紧缩，猛烈抨击铁路和银行。布赖恩被看作一个正直的人，虽然他也有第二职业——佛罗里达州地产开发商乔治·梅里克的房地产推销员。[11] 与布赖恩一起竞选的民粹主义参政者玛丽·伊丽莎白·丽丝出版了一本书，书名为《文明不再是问题》，书中粗暴地谴责了黑人、亚洲人和犹太人。[12] 随着时间的推移，最初的边缘元素越来越多地主导了这场运动。汤姆·沃森是布赖恩的竞选伙伴，他在政治生涯开始时支持黑人公民权，后来却朝着种族主义和本土主义的方向发展，攻击黑人和犹太人，拥护白人至上主义。作为该党1904年的总统候选人，他呼吁南方的白人农民把自己没有分享到繁荣的原因归咎于黑人邻居的存在。[13]

这种不安全感和排斥感还表现在反移民的情绪上。当苏格兰-爱尔兰裔人群工资停滞不前时，他们发现自己正在与来自东欧和亚洲的新移民竞争，因此很容易将世界上所有的问题都归咎于移民。早在1882年，切斯特·阿瑟总统就签署了《排华法案》，禁止中国劳工移民，以应对本地工人的抗议。在为这项措施辩护时，他和其他人援引了一些种族主义的成见——比如，在华裔人口众多的加利福尼亚州，参议员约翰·米勒贬低中国工人"像机

第二章　美国纵览

器一样"。[14]同年，国会通过了一项一般性的移民法案，严厉限制其他"不受欢迎者"的入境。1907年，美国政府成功地向日本施压，限制向希望在美国工作的日本公民发放护照。本土主义、排外主义和经济困难在这些限制性政策的发展中所起的作用仍然难以区分。可以说，它们是捆绑在一起的。

虽然布赖恩在1896年落选，但民粹主义者的抱怨并没有被忽略。主流政治家自19世纪80年代起就明白，他们必须解决农民、矿工和工人的问题，否则就有可能输给更激进的政治分子。他们先采取的措施便是1887年通过的《州际商业法案》，该法案重新要求铁路运输费用是"合理和公正的"。美国大多数州都通过了限制利率的高利贷法，或者更积极地执行已有的相关法律。这些法律由州政客通过，并由地方官员执行，直接向他们所服务的选民负责。

从19世纪90年代开始，与两个主要政党都有联系的所谓进步派政治家，推动出台了旨在限制大公司肆意妄为的权力和解决政治腐败问题的措施。《谢尔曼法》和《克莱顿反垄断法》力图防止反竞争行为。揭发丑闻的记者通过揭露企业滥用职权和关注政治腐败，从另一个侧面促进了反垄断事业的发展。两个主要政党中具有改革意识的政治家都对政治现状提出了挑战。西奥多·罗斯福作为纽约市警察局局长，在竞选中声称反对腐败。1901年威廉·麦金利被暗杀后，罗斯福就任总统，他加大了铁路监管的范围和力度，开展了反垄断运动，赢得了"首席反垄断负责人"的绰号。[15]

伍德罗·威尔逊总统是体现这些进步理想的政治局外人。他鼓励国会通过征收累进所得税来解决不平等问题，这也是民粹主义者的另一个早期要求。鉴于威尔逊有着知识分子和普林斯顿大学校长的背景，人们并不认为他是一个典型的民粹主义者。然而，他在1912年的竞选活动以及随后的就职演说中警告称，"我们"，即美国人民，已经"供养出了一台巨大的机器，除了那些站在控制杆上的人，任何人都不可能有机会得到好处"，这正呼应了民粹主义的经典主题。[16]

对布赖恩等人提出的激进货币改革建议来说，反对白银自由流通的金融利益集团仍然是不可逾越的障碍。不过在这里，民粹主义的批判也显示了威力，甚至使金本位制的支持者相信，为了生存，必须改革货币制度。1900年的《金本位制法案》明确地关上了银币自由铸造的大门，但它也把小镇和城市银行所需持有的资本额减半。农民长期以来一直抱怨垄断力量和高信贷成本，这项改革鼓励了银行进入乡村市场和在乡村市场的竞争。国会接下来成立了国家货币委员会，并通过了1913年的《联邦储备法》，提供一种"弹性货币"，以满足民众的需求。[17]这种去中心化的央行（注意两个矛盾的形容词的并列）是一个尴尬的妥协。事实上，联邦储备银行就是为了解决民粹主义者和其他人士对于货币形势不稳定的抱怨，同时又不激起他们对集中的金融权力的怀疑而设立的机构。

尽管上述改革可能不是对民粹主义者不满的全面回应，但至少表明主流政治家在倾听。美国是少数几个拥有普选权（成年男性，并且实际上主要是白人的权利）的国家之一，这意味着美国的政治制度比大多数国家更容易回应民众的抱怨。还有一个偶然的事实是，由于第一章注释中提到的克朗代克河淘金热和西澳大利亚金矿的发现，物价不再下降，对农民有害的通货紧缩从19世纪90年代中期开始转变为通货膨胀。政策改革和运气等因素加在一起，足以遏制第三方的威胁。

美国参加一战打断了政治和经济的正常步伐，但这只是暂时的。1917年的《移民法案》以国家安全为由，对16岁以上的移民进行识字测试，并禁止"无政府主义者以及相信或主张用武力或暴力推翻美国政府的人"入境。1917年的法案完全排除了亚洲人，不过日本人除外，因为他们的移民已经受到限制，菲律宾人也除外，他们在美西战争后获得了美国公民的待遇。

对于一战期间亚洲移民是否以及如何威胁美国国家安全的问题其实没有清晰的答案。在1924年的《移民法案》争论中，这些问题更加明朗化了。1921年的一项临时法案根据1910年在美国出生的外国人口数量制定了配额，但19世纪最后10年和20世纪第一个10年的"新移民"大部分来自南欧和东欧。新移民中天主教教徒、东正教教徒和犹太人占了很大比例。在如今的刻板印象中，他们是宗族式的，难以同化，倾向于激进的政治，容易出现集团主义、无政府主义和恐怖主义。1921年，对尼古拉·萨科和巴尔托洛梅奥·万泽蒂的逮捕和定罪进一步坐实了这种偏见：他们被指控为意大利无政府主义者和革命暴力倡导者鲁奇·加里尼的追随者。根据1924年法案的规定，将配额所依据的出生日期推后到1890年，有助于更好地维护19世纪美国在种族和宗教上的同质性，从某种意义上实现和维护一个理想化的社会结构。排除亚裔移民的风潮也朝着同样的趋势发展。

在萨科和万泽蒂的家乡新英格兰之外，三K党是本土主义的集中体现，其规模在20世纪20年代达到顶峰。三K党攻击移民、天主教教徒和犹太人，以及美国黑人。它痛斥犯罪、不道德和所谓的非新教价值观。20世纪20年代的三K党比其19世纪的前身更集中于城市，更多地分布于北方和西部。三K党呼应了中下层白人工人的愿望，保护他们的经济地位不受东欧和南方乡村移民的侵蚀。用历史学家伦纳德·穆尔的话说，三K党的成员来自"美国社会的落后阶层，他们受困于经济上的不安全感、垂死的小镇生活方式，以及无法在心理上适应'现代社会'"。穆尔的结论是，"三K党似乎是普通白人新教徒的一种利益集团，他们认为自己的价值观应该继续占主导地位"，然而美国的其他非白人群体却越来越多。[18]

三K党成员在印第安纳州、科罗拉多州和俄勒冈州赢得了政治上的席位。[19]尽管三K党的成员人数增长到了400万，但是该党从未成为美国政治的主导力量。同样，也是经济条件的好转帮助阻止了这股潮流。"咆哮的20年代"是大多数美国人工资增长的时期。失业率在10年之期的尾声勉强下降到3%。当然，相对收益还是很重要的：有些人可以抱怨他们的情况不如其他人好，1920年后，收入最高的1%的人的收入份额又上升了一截。[20]虽然并非每个家庭都有收音机、留声机或福特A型车，但达到这一生活水准的家庭越来越多了。

随着大萧条的到来，高失业率和社会困境开始出现，人们对开放的市场经济更加怀疑，国际贸易首当其冲。当国会在1890年对《麦金利关税法案》进行辩论时，美国还是一个农产品出口国和工业品进口国。关税保护了美国的制造业，同时也加重了进口产品的农民和消费者的负担。这就是推动农民抗争的民粹派与麦金利所在的共和党决裂的根本原因。然而，在接下来的25年里，美国通过利用其自然资源，发展成为一个依靠燃料和原材料的、实现大规模生产方式的工业综合体，成为制造业的主要出口国。到了20世纪20年代，关税保护对美国制造商来说并不那么紧迫，因为他们现在已经有能力抵御外国竞争，而对中西部的小麦种植者来说，他们发现自己依然因加拿大、澳大利亚和阿根廷的生产扩张而受到低价的影响。

农民们的抗争以1930年的《斯穆特-霍利关税法案》告终，该法案的初衷是维护农民利益。因为一战刺激了其他国家扩大种植面积，从而压低了世界市场价格。1929年下半年的大萧条对工业和农业的破坏同样严重。人们倾向于认为，进口商品加剧了这些困难，甚至这些困难就是由进口导致的，这促使保护主义再次盛行。因此，赫伯特·胡佛总统于1930年签署的这项由国会提议的关税法案缺乏明确的经济逻辑：它对农产品和工业产品都提高了关税。该法案的主要作用不是偏袒某一行业，而是阻隔了美国与世界其他地区之间的贸易。[21]

近25%的失业率，就像美国在大萧条时期经历的那样，是反移民癔症、孤立主义言论和民粹主义反应的沃土。由于其他移民已经被禁止入境，本土主义情绪现在集中到了赴美工作的墨西哥人身上。墨西哥人因抢走本地工人的工作而受到指责，无证移民的人数被夸大估计。由胡佛任命的劳工部长威廉·N.多克（他也是铁路火车工人兄弟会前副主席）将联邦移民局动员起来。为了让人们感觉到政府正在对移民和失业问题做出回应，官员们用强硬的手段围捕非法移民，目的是让"看起来像墨西哥人"的合法居民也觉得他们有可能被拘留，或者更糟，迫使他们离开这个国家。[22]

各种政治机会主义者都试图利用这种歇斯底里的情绪。最臭名昭著的是休伊·朗，他先是在路易斯安那州铁路委员会任职，随后担任州长，1933年成为美国参议员。无论是铁路、银行，还是石油和公用事业公司，在每一个阶段，朗都把自己定位为集中

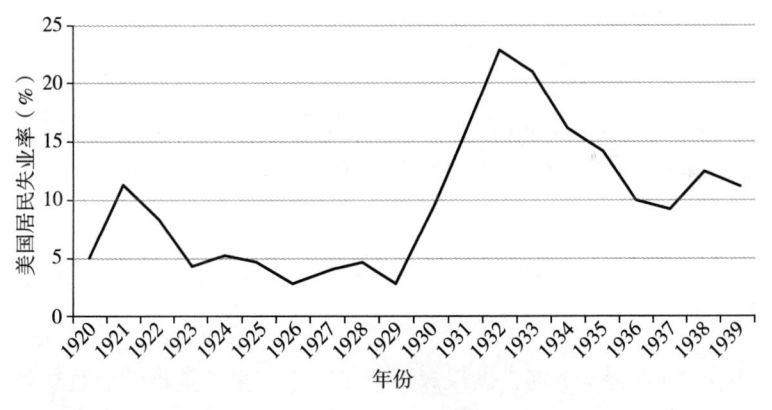

图2-1　1920—1939年美国居民失业率

资料来源：Susan Carter, "Labor Force, Employment, and Unemployment: 1890 – 1990." Table Ba470 – 477 in *Historical Statistics of the United States, Earliest Times to the Present: Millennial Edition*, ed Susan Carter, Scott Gartner, Michael Haines, Alan Olmstead, Richard Sutch, and Gavin Wright (Cambridge University Press, 2007), http://dx.doi.org/10.1017/ISBN – 9780511132971. Ba340 – 751。

经济权力的反对者和普通民众的盟友。[23]他依靠群众集会和走马观花式的竞选策略，以威廉·詹宁斯·布赖恩的方式，通过给予政治和经济上的恩惠来吸引忠实的支持者。他的言辞和方法很像特朗普。正如朗本人曾经说过的："我以前是靠请求的方式来行事，现在我用炸药把他们炸开。"[24]对于政治建议，朗依赖的是家庭关系而不是政治专业人士。一位支持者认为："其他人在他们的组织中拥有权力，但（休伊）在自己身上拥有权力。"这种权力往往以胡萝卜（大范围地给予利益诱惑）加大棒（换句话说，通过威胁，通常情况下是隐蔽的，但有时表现得近乎"公然的暴徒"）的形式体现。[25]神经敏感的朗充分利用了新闻界的批评手段——他憎恨新奥尔良的各种报刊，认为它们自私自利、弄虚作假。"你永远无法判断那些报纸何时是真诚的，以及它们身体里是不是有一副诚实的骨架。它们说假话的时候毫无廉耻之心。"[26]朗甚至建立了自己的报纸《路易斯安那进步报》（当他登上全美舞台时，改名为《美国进步报》），对新奥尔良的报刊大肆辱骂，并在1934年通过州立法机构推动对新奥尔良报界的广告收入征收15%的惩罚性税收。[27]

正如人们所期望的那样，金融家是朗和20世纪30年代民粹主义者的另一个重要抨击目标。金融家从20世纪20年代的激进行为中获得了丰厚的利润，也深深卷入了随之而来的危机。金融复兴公司用纳税人的钱去支持银行，这似乎并不公平，也不正确。[28]所有这些都使银行成为政客煽动民粹主义怒火的首要目标，而朗有效地利用了这种情绪。他用共享财富计划吸引受经济大萧条冲击的劳工阶层选民，该计划的重点是向富人征税，从富有的金融家开始,并以保障性收入计划的方式将收益重新分配给穷人和无家可归者。尽管经济学家指出这种做法并不合理,但他们从专业角度提供的细节并不是朗看待该问题的关键。

1933 年,朗与罗斯福决裂,理由是新政对金融和商业过于友好,在分配不足的问题上没有改正。然而现实可能是,新政在安抚朗的核心选民方面太成功了。如果新政无人诋毁,就会阻碍朗在 1936 年对罗斯福发起挑战的计划安排。[29]

朗的主要代理人是密歇根州罗亚尔奥克市的电台布道者查尔斯·库格林神父。库格林很早就明白广播在动员群众运动方面的力量。他在 1926 年利用广播媒介抗议三 K 党在其教堂内焚烧十字架。到了 1930 年,他开始广泛评论政治。库格林主张为普通人争取社会和经济正义。他和朗一样,在 1932 年的总统竞选中支持罗斯福,1933 年支持新政。然而在 1934 年,他转而反对新政方案,批评总统轻易妥协、过于迁就金融家。[30]

库格林日益激进的建议始于政府对联邦储备系统的直接控制。(他计划将私人银行家从联邦储备银行的董事会中移除。2016 年佛蒙特州参议员伯尼·桑德斯在初选活动中再次提出了类似建议。)随后,库格林又转向主张自由发行白银,以便抵消金本位制的通货紧缩效应,并将铁路国有化,这些观点与确保就业和征收罚没性财富税的声浪相互呼应,后者正是民粹主义的主旨。库格林称赞希特勒和墨索里尼在推进他们的民族主义政策时有力地笼络了工业和金融业——与此形成鲜明对比的,是罗斯福。从此他就开始发表反犹太主义和半法西斯主义的言论。所谓的犹太–布尔什维克威胁是库格林最喜欢的典故之一。他主张对欧洲采取中立的外交政策，美国则应采取孤立主义。

到1934年，库格林已经拥有数千万听众，拥趸们被他关于希望、变革和精英阴谋的言论吸引。1935年，在库格林的名望达到巅峰的时期，他收到的邮件比罗斯福还多。就像近期的电台和电视主持人拉什·林博与肖恩·汉尼提一样，我们很难确定库格林对政治的影响。不过到了1936年，他的言论变得越来越极端、越来越不稳定，导致许多早期的追随者放弃了他。那一年，盖洛普民意调查询问受访者，库格林的支持是否会让他们更有可能投票支持或反对某个候选人，民主党人、共和党人和自称社会主义者的人都更倾向于回答"不会"。[31]

另一个削弱对库格林民粹主义论调支持的因素是，政治势力正在寻求回应那些缺乏保障或被排斥群体的担忧。罗斯福是做出这种回应的有力推动者，他的名言"我们没有什么可恐惧的，除了恐惧本身"，用人们可以理解的方式，道出了美国人高度的不安全感。[32]他借鉴了民粹主义的套路，利用广播方式直接与民众对话。更通俗地说，他的言论就是为了表明他与普通人结盟，反对商业和金融，正如他在第一任期就职演说中所说的，"金融家已经从我们文明殿堂的高高在上的位子上下来了……衡量复苏的标准在于我们究竟在多大程度上将更崇高的社会价值置于单纯的金钱利益之上"。1936年著名的麦迪逊广场花园演讲也表达了类似的含义，罗斯福强调，"我们不得不与和平的宿敌——商业和金融垄断斗争……他们对我的仇恨是一致的，而我也欢迎他们的仇恨"。

具体来说，新政解决了那些没有分享到20世纪20年代的繁荣却受到30年代大萧条打击最严重的人的问题。罗斯福利用联邦政府在一战期间扩展起来的行政和组织能力，积极化解各种现实矛盾。《农业调整法案》解决了农民对农作物低价格的担忧。乡村电力管理局和田纳西河流域管理局为贫困社区带来了电力，解除了被排斥群体的怨恨。联邦紧急救济管理局提供捐赠和贷款帮助失业者。[33]《瓦格纳法案》规定公司必须与大多数雇员选出的工会进行谈判。失业保险和社会保险解决了工人在向20世纪工业时代过渡时的无保障问题。罗斯福在1935年夏天提出的"榨取富人"税提案可能是为了"抢朗的风头"，尽管最终被国会削减，但这至少是一种象征性的努力，以解决民众对不平等问题的长期关注。[34]

罗斯福在1933年4月决定放弃金本位制，对俄克拉何马州参议员埃尔默·托马斯提出的激进建议做出了回应。建议是代表农民和小商业者（他们正在忍受着通货紧缩的冲击）利益的国会议员们与指责货币制度导致失业的工会主义者提出的。托马斯的措施将迫使联邦储备系统增发24亿美元的货币，并迫使总统让美元对黄金贬值。罗斯福提出了一个修正案，仅限于美元贬值，然后他就开始行动了。其结果是生产价格急剧上升，生产需求旺盛，这缓解了农民的困境，也开启了就业复苏的序幕。尽管坚持金本位制的人被吓坏了，但这项政策大大巩固了民众对政治主流的支持。

最后，罗斯福和新政拥护者们采取了有效措施来解决银行和金融系统的问题。毫无疑问，银行危机滋生了人们对银行家的怨恨，也加大了对民粹主义政客的支持，这些政治家承诺要抑制金融过度，恢复普通民众和大资本家之间的平衡。政治势力现在迫切想要寻求解决这些问题的方法。美国参议院银行和货币委员会的佩科拉调查对银行家进行了调查。《格拉斯-斯蒂格尔法案》迫使商业银行剥离其高风险的证券承销活动，《证券交易法》则提高了金融市场的透明度。这可能不是最好的监管对策，但它足以维持一个长期的银行和金融稳定时期，从而削弱银行危机与民粹主义之间的联系。

二战后，美国与其他国家一样，福利制度进一步扩大。相对于20世纪20年代的水平，收入分配中最高1%的人所占的财富份额下降了。原因在于最高税率的提高，这是30年代特别是战争时期的政策后果。[35]美国作为工业领袖的地位，反映了电气化、战争间歇期工厂的重组以及战时大规模生产的进步，创造了大量良好

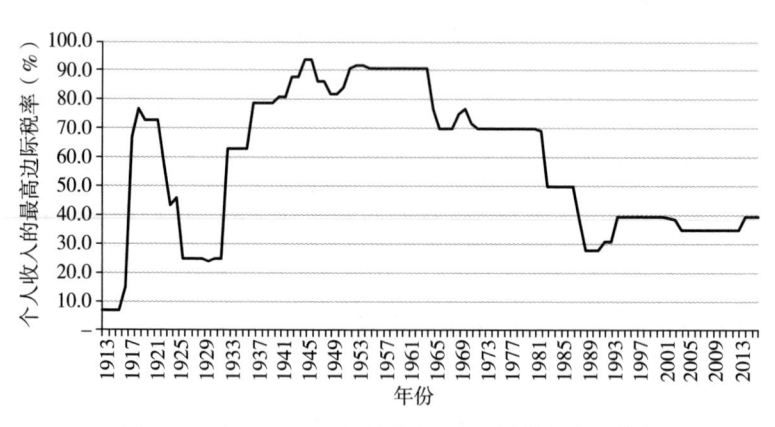

图2-2　1913—2015年美国个人收入的最高边际税率

资料来源：Internal Revenue Service, Statistics of Income Division, Historical Table 23。

的制造业就业机会。经济增长培养了人们对机会的敏感性，而通过《退伍军人权利法案》获得教育的机会则增强了社会经济的流动性。在世界经济蓬勃发展的背景下，雇主认为保持生产流水线的运行比以前更有价值。制造业企业优先考虑和谐的劳资关系，他们试图通过与工人更公平地分享租金来保障这种关系。这些观察可能会为战后的经济和社会环境描绘出一幅略微片面的图景，但它们有助于突出与19世纪末和20世纪20年代的对比，这正是关键所在。[36]

这不是民粹主义煽动者们乐见的经济环境。不过，国际政治局势，特别是冷战的出现，对民粹主义的存在仍然是有利的。特别是它们有利于约瑟夫·麦卡锡的崛起。麦卡锡在竞选中反对颠覆性的"精英"，这个词在他1950年西弗吉尼亚州惠灵市的演讲中十分抢眼。他警告称，美国国务院里有潜伏的共产党人。像特朗普一样，他的叙事不会忠于事实；像特朗普一样，他也是恐惧政治的熟练操弄者。[37]长期以来，有研究认为这位来自威斯康星州的参议员不单单想把自己定位为外国共产主义威胁论和美国"第五纵队"的反对者，而且是在利用群众进行又一次抗争。这次抗争的驱动力是美国白人劳工阶层的地位焦虑，他们担心在战争期间向北和向西移民的黑人以及其他竞争群体会让自己失去工作和社会经济地位。因此，白人劳工阶层接受了一种扭曲的中世纪民粹主义，倡导民族主义和传统价值观，同时排斥犹太人、知识分子和其他共产主义的支持者。换句话说，他们赞同麦卡锡主义。

后来的学术研究对这种解释持保留意见。历史学家迈克尔·

罗金和戴维·奥辛斯基认为，威斯康星州的劳工选民事实上并没有过多地倾向于麦卡锡。[38]尽管选民们的地位焦虑可能存在，但在这个时期，当不平等程度正在下降，经济增长正在提升所有群体的福利时，地位焦虑并没有主导美国政治。换句话说，这种地位焦虑的存在并没有催生出麦卡锡军团，也没有阻止麦卡锡本人的崩溃和燃烧。在绝对经济地位上升的时候，对相对经济地位的关注就少了。麦卡锡试图激发的对华盛顿特区精英阶层的怨恨也相应减少。对莫斯科的恐惧、对美国"第五纵队"的恐惧，以及对"其他"事物的恐惧可能是存在的，但在相对积极的经济环境中，这种恐惧是一种不太有力的政治力量。当然，巴里·戈德华特因宣扬"捍卫自由的极端主义不是恶行"而闻名，尼克松也从未完全否认自己与麦卡锡的关系，但是政治的主流没有发生偏离。

历史学家对美国作为机会之国、包容之国、自由贸易拥护者、全球和平与安全管理者的形象何时开始出现裂痕持不同意见。关于这个国家重新出现的孤立主义倾向，一些人归因于越南战争的创伤，另一些人则溯源于美国卷入伊拉克的麻烦。为了解释反对移民的倾向，一些人把矛头指向"9·11"事件和伊斯兰恐惧症，另一些人则认为是由经济增长放缓、不平等加剧和劳工阶层工资停滞导致的。历史表明，所有这些因素都起了作用——对外国干预的失败、对本国的攻击、收入不平等的不断加剧以及经济增长放缓，但最重要的是，不安全感和被抛弃感。

事后看来，唯一令人惊讶的是，在早就出现各种力量交错影响的情况下，民粹主义居然花了这么长时间才呈现出今天的样子。

第三章

卢德派与工人

不平等和缺乏保障的主要原因是技术变革还是全球化？经济学家的答案尚存在分歧，他们对补救措施也有不同的意见。有些人说，社会有义务通过福利计划、失业保险或基本收入来补偿输家。政治家从社会稳定和自我保护的角度出发，也持有同样的建议。还有些人认为全球化才是症结所在，他们主张征收关税、控制资本流动和限制移民。另有部分人建议对教育和培训进行投资，以确保工人能够在技术日新月异的全球化世界中维持竞争力。

自工业革命和19世纪全球化时代的第一个阶段以来，人类社会始终在努力解决这些问题。当时，人们的生活和期望已经被技术变革和进口竞争扰乱。也是在那个时候，已经出现了对不受约束的市场和外国自由竞争的反弹情绪，人们要求政府限制这些极具破坏性的力量。近年，对全球化和技术变革所产生的不平衡和不公平影响的抱怨，以及对政府未能在这方面采取更多措施的愤怒，早就见怪不怪了。

一个典型的例子是19世纪早期的英国手工织布工人，他们看到自己被操作织袜机和织布机的低技术工人取代，于是动员起来反对这种机械化和低工资的竞争。[1]纺织业处于技术变革过程的中心，技术变革即我们所说的工业革命。据现代估计，1780—1860年，棉纺织业占英国所有生产力增长的1/4。[2]这使得价格和生产组织形式发生了很大的变化。手工织布者认为自己的生计被他们无法控制的技术力量威胁，这不足为奇。卢德派（这个群体后来逐渐为人们所熟知）的第一次暴力行为与拿破仑战争同时发生也不足为奇，因为拿破仑战争抑制了经济发展，使替代性就业的前景变得越发黯淡。[3]

农业对19世纪初的经济增长也做出了重要贡献，以往关于工业革命的讨论中往往忽略了这一点。英国经济仍以农业为主，农业的技术变革也很快。可是，农业劳动者的实际工资却只比18世纪的水平缓慢上升了一点，这是因为生产力提高后的许多收益都被地主和农机所有者占有了。事实上，有证据表明，如图3-1所示，至少有一段时间农场劳动者的实际工资是下降的。在议会法令将这些土地私有化后，依靠村庄周围的空地拾柴和放牧的小农被剥夺了对土地的使用权。在议会的庇护下，土地的私有化和重新分配得以迅速完成。由于只需获得4/5土地持有者的批准就可以进行，有人抱怨大地主侵占小地主的土地。小土地所有者抱怨称，强占土地的吃相实在太难看了。当然，这些抱怨可能有夸大其词之嫌。[4]但最关键的是，农业劳动者现在能依靠的只有自己的劳动能力。

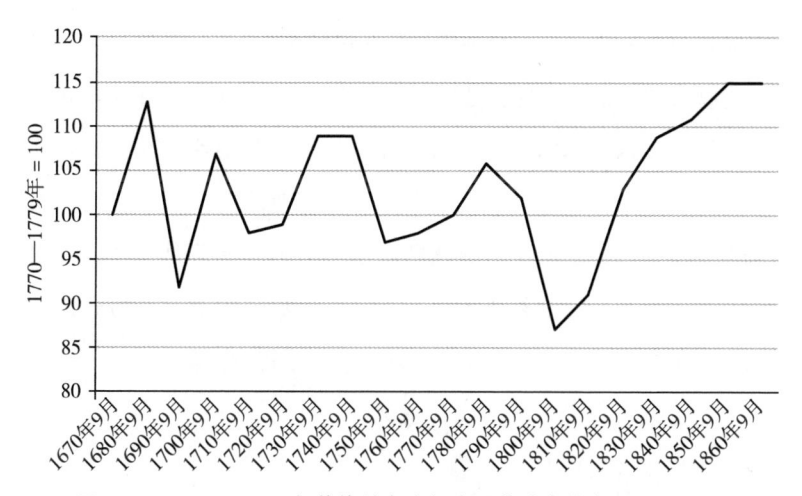

图 3-1　1670—1870 年英格兰东南部农业劳动者的实际工资水平

资料来源：Gregory Clark, "Farm Wages and Living Standards in the Industrial Revolution: England, 1670–1869," *Economic History Review* 54（2001）: 477–505. doi: 10.1111/14680289.00200。

面对当时的环境，农业劳动者们给出的回应是"斯温暴动"（Swing Riots），这是 1830 年始于肯特郡的农业劳动者起义。"斯温"或"斯温队长"是寄给农民和地方官的威胁信上的签名，很明显是对手工打谷中使用的摇摆（swing 意即"摇摆"）装置工具的暗喻。抗议者将破坏矛头对准了取代人力劳动的打谷机，但也攻击了使用新设备的地主的牛、干草堆和谷仓。[5]

农业劳动者的反应较纺织工人晚，是因为拿破仑战争虽然对工业造成冲击，但仍短暂地造福了农业。进口食品的供应不足推高了农作物的价格，改善了农民和农业劳动者的前景。可惜这些条件的改善并没有持续下去。诚然，按照现代学者对当时实际工资的估计，正如卡那封勋爵所警告的那样，英国农业劳动者"已经沦落到比欧洲任何一个种族都要悲惨的境地"，尽管这种说法多少有些夸张的成分。[6]被削弱的是劳动者的收入保障、就业保障和未来保障：收入保障的削弱是因为曾经从劳动和土地中获得收入的家庭现在完全依赖劳动；就业保障随着农业的商业化和地主与农场劳动者之间的社会经济鸿沟的不断扩大而不断降低，雇佣合同的期限越来越短；打谷机等机械预示着更加巧妙节省劳力的技术发展，使得未来农业劳动者的生计越来越难得到保障。

把上述民众骚乱称为民粹主义，或许有些言过其实。然而它们与民粹主义运动有一个共同之处，那就是对经济和政治体制的抵抗。英格兰南部的农业劳动者就像他们的前辈手工织布工人一样，对同样的高度不安全感和缺乏替代性工作的未来做出了反应，而这种感觉在其他时间和其他空间里都激发了民粹主义者的活力。尽管这些起义可能具有不同的特点，譬如缺乏魅力型领导人和典型民粹主义运动的本土主义倾向，但是它们表明，针对经济变革的错位和技术工人经济地位的恶化而做出的暴力反应，远非现代社会独有的现象。

相反，人们可以想象的是，这些抗议活动会像在法国发生的那种推翻了地主统治的古代政权的起义一样，蔓延开来并产生广泛的基础。像法国革命者一样，卢德派和"斯温暴动"的参与者是出于政治和经济方面的考虑。[7]不过在英国的环境中，抗议活动的后续影响是颇为有限的。1813年，在约克郡的一次大规模审判中，大约60名卢德分子因暴力犯罪而被起诉。国家的警察权力再次被用来对付那些参与"斯温暴动"的人员，其中19人被绞死，600

人被逮捕，500人被送往澳大利亚。

这种反抗未能进一步蔓延，除了国家暴力机器发挥的作用，还反映了两个相关事实。首先，1780—1830年，整个经济体范围内的实际工资已经下降，但随着工业化的蔓延，对高技能和低技能劳动力的需求增加了，实际工资开始上升。其次，在当权者的圈子里，他们对如何最好地解决抗议者的诉求进行了认真的讨论。这种讨论可见于以"机器问题"为主题的论著章节，尤以大卫·李嘉图的论述最为详细。李嘉图是股票市场的投机者，也是国会议员，可能是当时最具影响力的政治经济学家（姑且简称为经济学家）。他在《政治经济学及赋税原理》第三版中增加了一章《论机器》，论述了"机器对社会不同阶级利益的影响"，以及"劳动阶级所持的观点，即机器的使用经常损害他们的利益"。[8]李嘉图虽然像以前一样继续坚持认为，引进机器对使用机器的资本家和地主以及制造机器的工业家和有技术的机械师都有好处，但他收回了之前的断言：机器化生产必然对工人也有好处，因为他们将享受更低的生活费用。李嘉图曾认为，工人们将从同样的"货币收入"中"获得额外的舒适和享受"。现在他承认，失业工人的技能可能会被淘汰，他们的金钱收入和购买力将无法与先前持平。

李嘉图并没有将此作为抵制机器化生产的理由，因为机器化有助于提高生产力和国民收入。但他认为，在机器化生产的背景下，会有输家，也会有赢家，这意味着社会可能必须对输家进行补偿，以避免负面的反应。

在行动方面，具体的措施是1832年的《改革法案》，该法案加强了中产阶级的政治话语权，巩固和消除了所谓的由一个地主控制的"口袋选区"，降低了投票的财产要求，使选民人数扩大了一半。虽然对财产的要求仍不容忽视，而且选举权还远未普及，但1832年的改革至少使较富裕的平民感到他们可以通过既定的政治渠道来增进自己的利益。

1832年的改革把劳工分成有足够财产、有投票权、有抱负的中产阶级和没有投票权的工人阶级，为宪章运动埋下了伏笔。宪章运动是"英国工业界最早的（也可以说是现代最伟大的）群众性政治运动"[9]。它的名字来源于1838年发行的一本小册子《人民宪章》。宪章运动为工人阶级争取更大的政治发言权，鼓动工人反对工资削减和就业的不稳定性。宪章派领袖（同时也是前卫理公会牧师）约瑟夫·雷纳·斯蒂芬斯尖锐地指出，这场运动的重点是"刀叉……面包和奶酪问题"。

宪章运动是一场温和的政治运动，说明宪章主义者对现行政治制度的反对意见本身就是温和的。它的成员并非如这个名词所指的那样是民粹主义者。他们只是想让工人阶级有更多的机会参与这个政治制度。他们争取每一位成年男性的选举权，包括城市里没有多少财产的产业工人。他们间接促成了1867年的《第二次议会改革法案》，该法案赋予了所有男性户主选举权，并将选民人数增加了一倍。又过了半个世纪，工党才成立，但素怀不满的工人已经有理由认为，他们可以通过正常的政治手段来申诉。当人们对国家政治机构的支持得到了巩固时，英国与法国等其他欧洲国家相比，就能够阻止更为激烈的反抗。

对那些因技术变革而收入减少的人进行补偿,直接方式当然是在收入方面给予支持。英国的情况是,尽管社会对这方面的需求不断增加,但随着时间的推移,政府实际上所做的工作和提供的支持越来越少。商业化农业和城市就业的兴起侵蚀了教区和乡村一级的传统社会支持系统,工人阶级的利益遭受了损害。"在英国,工业革命扭转了为经济财富受害者提供更广泛、更宽松的公共保护的趋势,"一位历史学家认为,"18世纪末19世纪初上台的自由主义分子捍卫了以个人主义原则为基础的工业社会。"[10]

"斯温暴动"之后,政府成立了皇家济贫法实施委员会。委员会的成员并不关心社会结构如何修复,而是在乎怎么减轻他们自己和同僚的负担。[11]根据自16世纪以来存在的《济贫法》,贫困农业劳动者的收入由地方《济贫法》监护人管理的公共支出来补充。[12]凡是财产所有人都被征税,这样做的效果就是可以把成本从农民身上转移到其他人身上,为乡村救济提供资金。随着工业化的发展,拥有财产的人变得越来越多,越来越有影响力,他们也越来越直言不讳地批评这个体系。《济贫法》被认为是教区以外的人滥用权利的对象,他们成为当地纳税人的额外负担,因此对现有的救济对象构成威胁。早在1662年,议会就通过了一项《居住法》,允许教区在新来的人到达后40天内将他们驱逐,以免他们最终被列入救济名单。[13]

这些都是皇家济贫法实施委员会现在所关注的问题。根据该委员会的建议,公共保障将只在济贫院(劳动救济所)提供,其条件只有真正贫困的人才能忍受。这种惩罚性限制的目的是约束该制度的滥用,以此打消人们通过移民获得救济的动机。

虽然委员会的一些详细建议没有被纳入 1834 年的《济贫法修正案》,但它们影响了依据该修正案设立的独立济贫法委员会的后续决策。救济仍然由地方监护人管理,并通过向地方财产所有人征税来筹集资金,不过现在要受到统一规则的约束。委员会命令缺乏必要资源的小教区联合其他教区建造济贫院。考虑到修建济贫院的进展缓慢,它允许继续提供院外救济(提供援助而不要求受助人进入某个机构),但前提是受助人必须努力工作。随后的条例进一步限制了院外救济的普及。正如查尔斯·狄更斯在《雾都孤儿》中所描述的那样,新制度在许多方面都不如 1834 年以前的制度那么人性化。

新制度的目的是让受惠人感到耻辱,而事实也确实如此。随着人们千方百计地逃避救济,接受救济的人口比例下降了。救济对象现在主要是患有严重疾病的人,而且越来越多的救济支出用于保健,使身体健全的人不得不自力更生。因此,工人们在慈善互助会和工会协会中联合起来,以应对生病或失业。[14]

问题在于,为什么英国社会没有进一步解决工人阶级所面临的问题,以及为什么在这个技术快速变革和贸易增长的时期没有引起政治反弹。简单来说,答案是:1830 年以后,尤其是 1850 年以后,生活水平和就业机会都有所改善。技术工人和非技术工人的工资差距在 1850 年左右达到顶峰,随后一直到 19 世纪末都在缩小,因为持续的工业化为低技能工人创造了就业机会,许多低技术工人的工资反而更高了。[15] 尽管英国有了像德国和美国这样的工业对手，但直到1913年，它仍然是最大的工业品出口国。出口产品是由城市工业部门生产的，而城市工业部门是可靠的工作岗位来源，其工资比乡村的工作岗位高。当然，人们对临时工（即与雇主有松散劳动关系的个人）的下层阶级和工作条件仍有担忧。但是，随着整体经济的水涨船高，对全球化和技术变革的不满被遏制住了。

对英国来说，在钟表、草帽和系带帽、皮靴和皮鞋、手套、丝绸和丝带、毛织品和精纺品等传统工业领域，以及在航运和钢铁工业中，来自外国的竞争尤为令人担忧，主要面临着来自德国、法国和比利时生产商的压力。上述工业都集中在少数几个方便组织的中部城市：麦克尔斯菲尔德、考文垂、斯皮塔菲尔德、普雷斯顿、德比、诺丁汉、布拉德福德、伯明翰和曼彻斯特。英国的生产商抱怨法国公司根据1860年的《科布登-谢瓦利埃条约》享有进入英国市场的不正当优惠。他们提出，外国公司获得了政府的出口补贴，而英国法律中却没有类似的规定。1869年，在一个由利益受损生产商组成的联盟的推动下，英国工业复兴者协会成立，其目标是通过谈判达成更公平的贸易协议。他们动员工人们向议会请愿，要求重新调整关税。其他协会，如互惠自由贸易协会和全国公平贸易联盟，也在试图将制造业的利益相关者组织起来。

这一运动有时被看作因进口竞争而被替代的失业工人对自由贸易的反抗，他们对政府在这方面的无所作为感到失望。然而事实上，这种保护主义的风潮与其说是失业工人的大规模运动，不

第三章 卢德派与工人　　49

如说是旧行业既得利益精英的计划，因为许多工人在不断扩张的行业中找到了新的机会。可以肯定的是，外国竞争将继续加剧。随着时间的推移，美国崛起为世界一流的工业强国。大功率发动机的使用和双螺旋桨钢壳船的出现，使得贸易和运输成本持续下降，其效果与二战后的集装箱化十分相似。而在此时，在19世纪60年代末70年代初，最深远的影响还没有显现出来。

毛纺、精纺和钢铁制造企业的所有者对外来竞争的感知更为强烈，因为他们有特定行业的投资需要保护。可是在没有自发群众运动的情况下，他们不得不组织起来，以推进自己的主张。他们雇用了一些组织者来召开会议，向工人们兜售保护政策的好处。工人们被敦促参加1881年在伦敦举行的工会大会，支持一项赞同所谓公平贸易事业的决议。很快传出消息称，发起人许诺给参加人员支付一定的报酬。这种操控大会的企图凸显了公平贸易联盟的富裕组织者和工人阶级的利益分歧。为了平息舆论，大会通过了一项动议："假如参会费用是由个人或任何其他非真实的工会及行业委员会的机构支付的……那么任何人都没有资格成为代表。"事件总算没有再继续发酵下去。[16]

在英格兰中部地区以外，制糖业也成为反对贸易的主要中心。外国政府向精制糖的本国生产者提供补贴，这对英国的制糖商十分不利，以致制糖商的数量从1864年的30多家减少到10年后的寥寥无几。[17]这种情况对那些依靠在伦敦码头上卸下西印度群岛原糖为生的少数工人来说也是不利的。当1881年公平贸易运动的发起人被逐出会场时，他们的下一站目标是伦敦东区，打算到那里煽动码头工人。[18]

正所谓"彼之砒霜，吾之蜜糖"，糖业贸易对英国国内制糖业工人来说很不友好，但为需要花较少的钱来给茶叶增加甜味的人增加了福利。英国首相格莱斯顿在1889年曾说道："糖，在人们的小康生活中，是仅次于玉米的物品。"[19]因此，听起来不错的反补贴运动只获得了有限的支持。

尽管民众对更严格的贸易政策还没有那么赞同，但仍然不乏一些投机取巧的政客试图加以利用。当保守党候选人在1880年大选中表现不佳时，丘吉尔等党内领袖将保护主义作为重振党运的一个议题。他们认为，贸易限制可以防止高工资，阻止旧制造业工作岗位的流失，是吸引工会成员支持的一种手段。正如丘吉尔所言："要求8小时制的新工会主义几乎完全打破了对保守主义抱有致命敌意的旧工会主义。我相信，8小时制将作为生产成本增加的必然结果，伴随着生产成本的增加而回归保护主义。"[20]丘吉尔观察到，与19世纪六七十年代相比，如今来自工资较低国家的竞争更为激烈。从某种程度上说，这些趋势是夕阳行业工人焦虑的根源，它们为保守党提供了一个机会。

保守派政客进一步主张，保护措施将加强国家安全。对英联邦和大英帝国进口食品的优惠，可以把所谓的白色领土（享有免税权的地方）拉拢在一起，形成统一战线，对付潜在的外国敌对势力。俾斯麦在关税同盟的基础上成功建立了一个强大的德意志帝国，这既是一个值得效仿的榜样，又是一个需要面对的挑战。

虽然上述支持关税的鼓动取得了一些成功，但丘吉尔只是暂

第三章　卢德派与工人

时充当了它的旗手。由于丘吉尔的身体每况愈下，19世纪90年代约瑟夫·张伯伦接替了他的地位。[21]丘吉尔是个贵族，而张伯伦从18岁起就在他叔叔的企业内特尔福尔德-张伯伦工作，这家企业是英国领先的金属螺丝制造商。张伯伦是第一个登上英国政坛最高层的实业家。他的政治生涯始于担任被称为钢铁工业中心的伯明翰市的市长。张伯伦一直旗帜鲜明地支持穷困商人和当地成功政治家，这种直率的策略贯穿了他的整个政治生涯。

张伯伦进入政坛之初时还是个自由贸易者，但由于伯明翰商人对德国竞争者的抱怨，他改变了自己的态度。到了19世纪90年代，张伯伦开始意识到关税保护是重振英国工业的一种方式，而且保护主义的论调显然将给他的政治前途大大加分。和丘吉尔一样，他认为关税保护有助于吸引那些害怕被进口竞争取代的工人的支持。"关税改革意味着人人有活干"成为张伯伦倡导的社会运动的直接口号。[22]张伯伦意识到其他政客也同样在争取工人阶级的选民，因此他支持1897年的《工人补偿法》（该法对因工受伤的人进行了部分补偿）。张伯伦认为，关税收入可以用来资助社会改革，其范围不仅涵盖工人的薪酬，还应当包括养老金。这对工薪阶层的政治选区很有吸引力，与俾斯麦在德国的策略不谋而合。[23]关税改革联盟，即张伯伦追随者的利益集团，"比爱德华时代英国的任何其他政治团体"都更不反对大规模的政府开支。[24]事实上，这个联盟可能早就对政府扩大开支投了赞成票，因为这样的做法强化了通过贸易保护增加财政收入的逻辑。当时不少人认为，从政治角度看对进口食品征税的任何讨论都是弊大于利的。1894年，一位皇家老年贫民委员会的成员质问张伯伦如何为养老金计划提供资金，张伯伦回答道："对小麦征收进口税……不管我之前说过或写过什么，都不会阻止我主张对谷物征收专门用途的税。"[25]

张伯伦是"维多利亚时代晚期和爱德华时代早期英国最有活力的政治家"，是颇具影响力的大众演讲者，也是毫不顾忌政治后果的民粹主义者。[26] 不过，与特朗普不同的是，张伯伦不拘泥于固有的职权范围，喜欢像堂吉诃德那样斗争——这一点很有诱惑力。保守党领袖索尔兹伯里勋爵认为张伯伦待在政府内部构成的危险比在政府之外更小，于是在1895年邀请张伯伦担任殖民地大臣，后者随之接受。张伯伦将这个职位作为重要的意见平台，主张对帝国实行优惠的关税，目的是建立一个拥有帝国议会的帝国联邦，以对抗德国和美国的崛起。[27]

张伯伦提出的帝国关税同盟也有种族主义色彩，反映了他的朋友（同时也是政治伙伴、自由党议员和作家）查尔斯·迪尔克爵士的"盎格鲁-撒克逊帝国主义"。作为一位在英国国内事务上的激进主义者或者英格兰进步主义者，迪尔克也相信"撒克逊"的天命以及"盎格鲁-撒克逊人种"的先天优越性。[28] 1897年，张伯伦在被任命为格拉斯哥大学校长时，回应了迪尔克的观点，认为帝国"负载着我们种族的天命"。[29]

实际上，关税改革将英国分成了两个阵营，这与2016年英国脱欧时的情形极为类似。它使工业与金融业对立起来，显然，出口金融服务的商业银行都会反对张伯伦的计划。它使国际大都市伦敦与其他地区对立起来。它表明，在一个经济和政治日益多元

第三章　卢德派与工人

化的世界里，英国人渴望一个乌托邦式的英国民族的统一，这个民族不仅包括不列颠群岛，还包括所谓的定居者殖民地。然而，受过教育的精英们却对此持怀疑态度。

由于政治同僚来自不同的阶层，张伯伦的竞选活动并未得到内阁大力支持。因此，张伯伦采取了直接与大众对话的民粹主义策略。他在伯明翰市政大厅（这里是张伯伦早期政治活动的福地）宣称，利用关税把帝国凝聚起来，是英国人"在我们自己的利益或我们与殖民地的关系受到别人的威胁时，恢复我们的自由、恢复谈判和报复的力量"的唯一方法。[30]这不仅是一种重新掌握国家命运的方式，而且是一种抵抗外国掠夺性竞争的方式，还是民众意志的表达。

最终，张伯伦"高屋建瓴"的政治言论说服了真正的信徒，但对其他人来说并不是那么受欢迎。张伯伦没有接受过经济学方面的教育。比起贸易委员会的统计数据，他更喜欢自己的统计数字，更相信他自己的顾问。张伯伦在贸易问题上偏离自由的保护主义倾向，使他的自由党同事，包括所有的自由贸易者感到恐惧，他们将张伯伦的观点斥为"鲁莽"和"犯罪"。[31]

换句话说，考虑到英国的自由贸易传统以及工人阶级认为关税意味着更高的食品价格，张伯伦的联盟仍然站不住脚。但是，假如张伯伦的运动不完全成功，那么就需要在政治上给出解释。要拒绝保护主义，就必须证明张伯伦与保护主义相联系的社会改革能够通过其他途径获得资金。这样一来，张伯伦的建议实际上增强了自由党中左翼的社会改革派的力量。

1908年，劳合·乔治被任命为阿斯奎斯政府的财政大臣后，他随即得到了足够的空间来施展抱负。来自农村的劳合·乔治或许并不十分熟悉城市工人阶级的状况，但他是一位精明的政治家。[32]为了迎合工人阶级选民的需要，他的第一个举措就是推动《养老金法案》的修订，鉴于自由党反对进口关税，现在将通过对土地出售或土地所有者死亡征收土地税来提供资金支持。劳合·乔治在任财政大臣期间，完成了其他自由改革，包括国家对病弱人员的津贴和1911年的《国民保险法》，后者为公费医疗和失业保险奠定了基础。

　　与其说这是为了先发制人，预防由劳工主导的反对经济开放的举措（发生的概率相当高），不如说这是为了防止自由贸易的反对者（主要是进口竞争行业的商人）让他们的工人参与反对外国竞争的运动。此外，许多健康状况堪忧的新兵被招募参加1899年的布尔战争①，该战争惨淡的结局让政治家大跌眼镜，也引起了人们对工人阶级生活水平的真正关注，并加剧了人们对政治干预带来的反作用的担忧。[33]不过也有人支持这样一种观点，即重组劳动力市场的战略性干预将提高英国工业的效率，从而击退来自德国

---

① 作者这里指第二次布尔战争，是1899年10月11日—1902年5月31日英国同荷兰移民后代阿非利卡人（布尔人）建立的德兰士瓦共和国和奥兰治自由邦为争夺南非领土和资源而进行的一场战争。为征服只有数十万人口的布尔人，战争持续了三年多，英国先后投入40多万人，共阵亡2.2万余人。最终英国在战争带来的巨大损失与国际舆论压力下，与布尔人签订和约，战争结束。——译者注

第三章　卢德派与工人

和美国的竞争，并且避免了对关税保护的需求。

引领上述争议潮流的焦点组织是1884年成立的费边社。费边社的目标是改善所有英国人的生活状况，包括最贫困的人。费边社在一系列出版物中揭露了工人阶级的贫困状况，其中许多是由经济社会学家悉尼·韦布和比阿特丽斯·韦布撰写的。他们提出了最低工资和全民医保的主张，这不仅是出于公平的角度，而且是站在了提高劳动力效率的角度。他们主张进行劳动交换，使工人与工作岗位更好地匹配。他们在1895年建立了伦敦政治经济学院，集中参与了工党的创建。费边社的早期成员中包括萧伯纳和赫伯特·乔治·威尔斯等著名人物。这并不是说他们是民粹主义者——费边主义者毫无疑问是典型的精英阶层成员。然而，值得注意的是，这个精英阶层意识到了工人阶级的关切，而且这些关切得到了倾听和回应，这有助于解释为什么有时候更激进的运动的影响力有限。

人们或许可以预料到，对工人阶级利益的回应仍然采用了调查研究的方式，主导者是负责《济贫法》和贫困救济的皇家委员会。该委员会成立于1905年，花了4年时间为两份报告做了大量准备工作。韦布夫妇共同撰写了一份少数派的报告，主张设立儿童抚养费、普及免费教育、设置基本生活工资、保证基本医疗、保障退休人员和残疾人的养老金。然而，英国还不是一个从摇篮到坟墓的福利国家。福利国家的理想状态是，年轻人接受在全球化世界中竞争所需的教育和培训，而年长的工人则得到国家提供的保险以避免事故和不幸。在1909年委员会提交报告时，阿斯奎斯的自由党政府不情愿地接受韦布夫妇的建议。但韦布夫妇的工作为后来的贝弗里奇方案提供了直接的线索。贝弗里奇方案始于1942年,这份具有开创意义的设计为二战后的英国福利国家奠定了基础。事实上,威廉·贝弗里奇本人在20多岁的时候,就已经参与了韦布夫妇的研究计划。

由于对政治机构的威胁有限,因此公共社会福利制度所产生的影响也是有限的。[34]英国的议会制度变得更加牢固,不像1871年的巴黎公社,也不需要像俾斯麦统治的德国一样,把工人阶级与一个新成立的国家捆绑在一起。适度的社会保障足以消除工人面对技术变革和外国竞争时的不安全感。

正如我们所看到的,互助会开始提供有限的医疗福利,这是一种根据行业、地区和宗教组织起来的工人志愿者协会。与此同时,商业保险公司也涉足殡葬业市场。1911年的《保险法》建立在这些基础之上,同时对管理和资金等方面进行了修改。这样一来,关键行业的体力劳动者被要求报名参加与雇主缴费相匹配的保险。由此产生的资金由一个各方共同接受的互助会管理,或在商业保险公司设立了医疗保险津贴后,由商业保险公司管理。[35]

失业保险首次扩大了适用范围,率先应用于造船、工程、钢铁、建筑和相关的制造行业,因为这些行业的季节性或周期性失业现象是长期存在的,而且工人们以逞勇好斗著称。申请失业补助的人必须证明他们在过去5年中每年至少工作26周。此外,在任何12个月内,这些补助金的领取时间不得超过15周。由此产生的制度排除了流动的底层临时工、码头工人和其他只是松散地与某一特定工作联系在一起的人，以及因经济变化而永久失业的正规工人。

在分摊缴费基础上对养老金进行系统化组织比较困难。老年人没有能力缴费，而只要求年轻人缴费又会造成两代人之间的公平问题。如果不采取规范非正规就业的措施，就不可能要求从一个临时工岗位到另一个临时工岗位的底层流动劳动者缴费。[36]因此，政府选择了一个由一般收入资助的非缴费型方案。但由于政府的收入还要用于其他紧迫的需求，平均每周的工资只有5先令，不到平均工资的1/5，低于温饱水平，且只有70岁以上的男人才有资格获得资助。即使是这样微薄的进账，也会因有其他收入的证据而被取消。

尽管这一时期制订的福利计划规模不大，但它们仍然有助于使工人免受工业变革所带来的不安全感的影响，同时也加强了对开放和市场制度的支持。它们表明，统治阶层正在听取工人的呼声。不过，这一切都未能阻止工党的崛起，也未能阻止一战后工党政府的形成，保守派支持者天真的幻想就此破灭。这些都未能阻止30年代情况恶化的时候，英国转向了更具限制性和以帝国利益为导向的贸易政策。但是当局的回应措施至少将这种情况的出现推迟了几十年。不少人认为，英国的制度有较强的社会凝聚力，本章的内容在某种程度上验证了这种说法。当然，这种凝聚力是不会无缘无故出现的。

第四章
俾斯麦模式

在关于国家社会保险的历史上,德意志帝国是一个具有代表性的符号。德意志帝国在19世纪80年代开创了医疗保险、意外保险和养老保险,比20世纪初采用有限形式社会保险的英国更早,比20世纪30年代才采取类似措施的美国更早。对那些关心国家如何应对经济缺乏保障、为什么有些国家的反应速度更快的人来说,搞清楚到底是什么原因促成了这种"早熟"的国家行为,是大有裨益的。更具体地说,它有助于我们理解1871年德国国会成立的原因,也会帮助我们明白俾斯麦这位高高在上的大人物何以能够担任长达20年的首相。

在回答这些问题时,有些人认为这是源于普鲁士地主对其佃农的传统义务,因为普鲁士是德意志联邦的最大成员。另一些人则指出,历史悠久的手工业者协会长期以来一直为其成员提供伤残保险。还有一些人强调,德国工业化的速度之快,超出了这些传统制度安排在应对不安全因素时所能提供的保护能力,也超出了日新月异的工作环境的不确定性。他们指出国家在德国经济增长中的积极作用，例如帝国在为不断扩大的工业部门调动资源方面所发挥的作用。[1]历史经验也证明了国家同样应该发挥作用，以提供市场自身无法提供的保护。

另一种解释的视角是强调个人的作用。英国历史学家会特别指出劳合·乔治的贡献，美国历史学家也会指出富兰克林·罗斯福的作用无可替代。黑格尔很推崇国家的作用，他在19世纪20年代已经迁居普鲁士政府所在地柏林，享有学术盛誉，但他并不是唯一一个持有这种观点的人。洛伦茨·施泰因是维也纳大学的资深教授，也是黑格尔的学生。施泰因详细阐述了他的导师将普鲁士视为一个社会君主国的观点，这个国度的仁慈君主对其臣民的福利负责。[2]施泰因的论点随后被德国历史学派的经济学家采纳，最早的如古斯塔夫·冯·施穆勒，他创造了"社会政策"一词，并将其作为研究的重点。[3]

俾斯麦本人并不是企图颠覆现行秩序的激进分子。恰恰相反，俾斯麦是一个保守主义者，他的目的就是巩固国家的地位。在由保守派政治家主导的国会议会中，他通过推行医疗、意外和养老保险的策略，令工人阶级相信除了社会党，还有其他的选择来增进他们的利益。在1871年德意志帝国实行男性普选制之后，社会党一度成为工人们毋庸置疑的首选。[4]俾斯麦推行的是一种抵御更激进的政治运动的方式。这种方式让工人们对国家的稳定感兴趣，因为现在他们的养老金依赖国家的稳定。这一切对尚待巩固统一局面的德意志帝国都是至关重要的。

可以肯定的是，德国并不是唯一一个工人抱怨就业无保障、农民抗议市场反复无常、实业家反对不公平外国竞争的地方。德国也绝不是唯一一个存在政治、地区和宗教分歧的国家。英国有威尔士人、苏格兰人，以及最棘手的爱尔兰人。美国的民粹主义运动使农业发达的南方和西部与工业发达的东部对立起来。但德国是唯一一个对农业和制造业征收关税的地方，同时也是一个由国家强制推行社会保险以保护无工业保险的工人的地方。[5]

在19世纪70年代以前，德意志各邦依靠传统和习俗来帮助其贫困和残疾的百姓。天主教和新教教会支持贫困的信徒。手工业者协会集中其成员的资源，支持残疾人和其他不幸的人。直到1807年普鲁士废除农奴制之前，领主们都承认他们对农奴的义务，反之亦然。即使在那时，许多容克地主，即统治东普鲁士的地主贵族，仍然保留着对佃户的义务感。无独有偶，俾斯麦本人也是第六代容克地主。

此外，普鲁士的政策为其他各邦树立了榜样，它的济贫法与英国的别无二致，根据该法，国家将贫民救济的管理权下放给地方。1842年普鲁士的《济贫法改革法案》赋予了这些地方措施一定程度的统一性，这与英国1834年改革的情况类似。与英国一样，由于担心过度保障会"削弱自救的意愿"，因此救济的程度受到了限制。[6]还有一点与英国类似，有人担心过于慷慨的援助会吸引机会主义的移民，加重当地纳税人的负担。因此，普鲁士1842年的改革法案允许城镇拒绝给予赤贫的新移民居住权。[7]为了进一步抑制移民，政府还规定了三年的等待期，只有在等待期过后，个人才有资格获得救济。[8]

与英国相比，普鲁士的制度更关注产业工人。[9]1844年西里西亚的纺织工人爆发了骚乱，使人们更加关注他们的处境。就像在他们之前的卢德派分子一样，普鲁士东南部的纺织商们也支持工资削减，因为可以用机器和低技能工人来替代工人。不同之处在于这种替代如今在国外（例如在英国的兰开夏郡）和在国内一样多，而且使用的工具都是廉价的进口产品，这激起了人们对机械化和国外竞争的不满。

纺织工人的反应是摧毁机器、烧毁仓库，并袭击当地商人的住所，这些地方比兰开夏郡的纺织厂更易受到袭击。由于采取了与卢德派相同的策略，德国的纺织工人也遭遇了同样的命运。军队早已部署完毕，11名抗议者被杀，运动的领导人被逮捕、鞭打和监禁。德国诗人海因里希·海涅在马克思的报纸《前进报》上发表的《西里西亚纺织工人之歌》中纪念了纺织工人的悲惨结局。[10]恩格斯写道："工人阶级已经被穷困、压迫、失业以及西里西亚和波希米亚工业区的起义惊醒，他们不再那样昏睡不醒了。"他声称："无论在轮船上、火车车厢里或是邮车中都会碰到这样的人——他们至少在一定程度上吸收了社会的思想，同意必须采取某种措施来改造社会。"[11]恩格斯或许已经沉浸在自己的理想主义中。但毫无疑问，此时已是山雨欲来风满楼。

这种情况使保守的贵族阶层感到不安。在法国"二月革命"的影响下，巴登、法尔茨、莱茵兰、巴伐利亚、萨克森和普鲁士在1848年都发生了政治起义。工人要求更高的工资和更好的工作条件；

中产阶级分子对德国的四分五裂和管理不善的专制政府进行了猛烈的抨击,并要求将陈旧的民法和刑法现代化。这两个团体不谋而合。

满足中产阶级的需求是比较容易的。巴登大公国扩大了中产阶级的特权。普鲁士国王腓特烈·威廉四世同意由民众选举产生国民议会,与王室共同起草宪法。[12]人们呼吁以大德国概念取代现有的不合时宜的君主制,并扩大和深化了关税联盟,为德意志帝国的最终建立奠定了基础。

而如何安抚工人还未可知。俾斯麦在1849年当选为普鲁士第一届议会议员后,起初倾向于采取反动的对策,即恢复强制会员制和自我保险的行会制度。[13]这种保守的做法让工匠们以工艺为纽带联合起来,相互支持进而限制不受欢迎的竞争。然而,行会制度并不适合处于工业化前沿的经济体。工人们纷纷转入蓝领行业谋生,但蓝领工作的稳定性较差。与某一行业而非某一特定技能相关联的工厂劳工很难组织成行会。工人们可能会被鼓励成立能够为其成员提供医疗、伤残和养老保险的产业工会,但雇主们意识到,成员们也可能提出其他要求,包括提高工资和缩短工时。如果鼓励他们组织起来,他们可能会形成某种政治运动,从现有政党那里分流民众的支持。

1849年,普鲁士议会仍在寻求建立在传统基础上的方法,授权市政当局命令工厂工人加入互助福利基金,但不允许他们有讨价还价的权利。其结果是出现了大约200个这样的基金。不过会员人数不多,补助有限,而且雇主和工人都缴费的基金少之又少。[14]这些政策的弱点在于它们的地方性。雇主可以提出反对,强制缴

第四章 俾斯麦模式

纳大量的会费可能会使他们无法与邻近管辖区的公司竞争。

在19世纪60年代，随着蓝领工人队伍的进一步壮大，对这些问题的讨论变得紧迫起来。纺织工人再次遭受重创，这次是由美国内战造成的棉花短缺。德国劳工运动建立了新的协会，全德工人联合会是其中最重要的组织，它力图在选举舞台上提升工人阶级成员的利益。全德工人联合会主要以城市和工厂为基础，很快就吸纳了125 000名成员。从保守派的立场来看，这是一个不祥的数字。全德工人联合会随后与竞争对手社会民主工人党合并，成立了社会主义工人党，并于1890年更名为社会民主党。[15]

最重要的变化是德国自身的工业化。这时的德国，在首相俾斯麦的努力下，由原先各自独立的政治单元统一为联邦国家。与农业不同，工业的就业并不遵循可预测的季节性规律。地方济贫法执行部门和慈善机构为农业工人提供的免于贫穷和不安全的保护，是城市工人无法享受到的，他们充其量只能在延长等待期之后才能得到保护。

俾斯麦之前专注于巩固德国的领土以及与法国的战争，现在他的注意力转向了帝国的内部统一。统一过程中需要工人阶级的忠诚，而社会保险是实现这个目标的一种手段。一位作家写道："首相希望工人成为忠诚、顺从的盟友，为了实现这一点，工人的利益须与国家紧密相连。因此，国家须成为工人的保护者。"[16]这是治国的策略，而不是利他主义的行为。这一政策"实际上不是因为爱，而是出于恐惧"，这种恐惧是对民粹主义或工人阶级革命的反映。[17]

最早体现这种政策精神的是1871年的《雇主责任法案》，该法案比英国的类似法案提前了几十年出台。[18]它规定即使工人受伤的过错不是直接由雇主而是由其他工人造成的，雇主也要为工人的受伤负责。

法案的出台固然重要，但当时还没有一个与现代联邦劳工和社会事务部相对应的机构来执行标准并设立裁决索赔的程序。为了获得判决，工人必须起诉其雇主，这对财力有限的人来说是很困难的。为了获得赔偿，他必须说服法院，让法院相信过错在于他人而非自己。因此，1871年的法案最大的意义是弥补了之前法案的不足，其实际赔偿的效果则另当别论。

不过，既然已经开启了这条路径，德国的立法者们就能够走得更远。当1873年金融危机爆发时，那些支持国家干预主义的势力被加强了。这场危机开启了一段经济增长速度放缓和物价下跌的时期，被同时代的人称为大萧条（或称长期萧条），注意不要将其与20世纪30年代的大萧条相混淆。经历了减薪和失业的工人们聚集在社会民主党周围，该党在1877年的德国大选中获得了9%的票数，这让当权派的政客们感到震惊——巧合的是，15年后人民党在美国总统选举中获得的票数比例也是9%。

与工业变革、增长放缓和外国竞争加剧有关的不安全感，也在民族主义和本土主义情绪中表现出来。这种情绪表现为，人们很容易相信，除了勤劳的德国人自己，还有其他人需要对经济生活中这些不可预测和不尽如人意的变化负责。美国的权宜之计是将责任归咎于移民并通过了《排华法案》。在德国这个移民国家，犹太人成了被针对的少数群体。杂志出版商奥托·格拉高将1873

第四章　俾斯麦模式

年股市崩盘的责任归咎于犹太人。格拉高在危机中遭受了严重的经济损失，挫折感使他转向了反犹太主义的立场，那些煽动性的出版物吸引了相当多的读者。

同时，俾斯麦刚刚发起了"文化斗争"，这是他为了反对罗马天主教会而发起的文化战争，其目的是削弱宗教对教育的控制，从而加强联邦政府的作用。通过强调宗教差异，文化战争为反犹太主义扫清了道路。更重要的是，它在天主教教徒中助长了反犹太主义，这些人试图将德国人民遭受痛苦的责任转嫁到其他人身上。

更广泛地说，这个新建立的帝国是反犹太主义的沃土。因为俾斯麦和其他人为了进一步加强对国家的掌控，也试图培养德国人的民族认同观念。他们指责犹太人不是纯粹的德国人，由此使得犹太人被孤立出来。按照现代的标准，犹太人既是宗教上的少数派，也是少数种族。[19]因此，由于经济不安全和民族主义而产生的同样的怨恨，在19世纪助长了反犹太主义，到了21世纪则表现为反移民的情绪。当时和现在一样，政治家和其他人都在努力利用这种民族主义和排外的情绪来推进他们的行动议程和政治生涯。

当然，加强帝国统治不仅需要工人的忠诚，而且需要实业家和地主的忠诚。在美国，由1873年的恐慌引发的经济萧条同样导致了农作物价格的下跌，也导致了资本密集型工业企业的寒冬，这些企业只有在工厂满负荷运转时才能获利。美国政府将《麦金利关税法案》作为应对的权宜之计，保护了制造业免受廉价外国进口产品的影响。在英国，尽管事实最后证明自由贸易的政策是有问题的，关税改革仍然引起了激烈的争论。在德国，要想建立一个成功的联盟，需要在重工业实业家（其政治影响力虽然在增长，但仍然有限）和该国仍然强大的普鲁士农业主之间寻求联合。这就是所谓的"钢铁与黑麦的联姻"。农业和工业都受到了危机后增长放缓的影响。由于铁路和汽船降低了从俄国、多瑙河流域及美国进口谷物的成本，大地主感受到了来自外国谷物的竞争。运输效率的提高同样降低了从比利时和法国进口钢铁产品的成本，因为在这两个国家，生产者得到了政府资助的出口补贴。[20]即便德国的生产成本仍然不高，此时也需要征收关税，以便企业限制产量和提高价格，于是卡特尔（又称垄断利益集团、垄断联盟、企业联合、同业联盟）成为德国工业界在需求减少时限制降价的不二之选。[21]

因此，工业利益集团成立了保护莱茵兰地区和威斯特伐利亚地区的经济利益联盟，这个联盟也由于不言而喻的原因而被称为"长名字协会"。他们以反对外国补贴和保护国内安全为噱头呼吁开征进口税的正当性。[22]大地主们则成立了更为狭隘的"税收和经济改革联盟"，以游说反对谷物入侵。

俾斯麦自己转向保护主义是在19世纪70年代。此举是在回应实业家和农业主的抱怨，并寻求他们的政治支持。1877年，有400名莱茵兰地区和威斯特伐利亚地区的生产者集会抗议不公平的外国竞争。俾斯麦在寻找联邦收入的来源，因为帝国仍然依赖其组成州的财政转移。在这段时期，巴尔干半岛以及德国和俄国之间的紧张局势不断加剧，因而获得这笔资金并将其投资于军事能力显得更加紧迫。

俾斯麦在与自由党及其左翼决裂后，也在政治上耍起了花招。

他将关税视为吸引实业家和农业主的有效途径，而这些实业家和农业主大多隶属于容克主导的保守党和以天主教为基础的中央党。[23]1879年7月12日，他的关税法案得到了中央党和保守党议员以及右翼国家自由党的15名反叛成员组成的联盟的通过。尽管俾斯麦在中央党的压力下将进口税的很大一部分让给了各州，没有实现联邦收入的充分增长，但他所期望的大部分目标已然实现。

虽然实业家和地主们现在收到了保护的橄榄枝，但仍需要采取一些措施来安抚劳工，更何况对进口谷物的征税导致了面包价格上涨。专家们已经认识到这些问题之间的联系。阿道夫·瓦格纳是柏林的经济学教授和财政政策专家，在他的帮助下成立的社会政策协会，是一个由学者和议员组成的团体，向国家寻求资助一些社会问题的解决方案。瓦格纳提出将进口关税作为增加收入的方式，从而用于社会福利，并达到增强国力的目的。当时著名的经济学家和德国历史学派领袖冯·施穆勒同样支持征收关税，理由是这些关税可以增加用于社会福利事业的收入。[24]

俾斯麦对医疗、意外和养老事业的首选方案是为产业工人提供强制性保险，由雇主和工人缴费，再加上国家补贴，全部由帝国保险局管理。他在1880年与巴伐利亚国王路德维希二世会面时，以及在1881年接受支持他的记者采访时，都把这些想法描述为抵御国际社会主义运动的理念——建立一个由帝国政府管控的保险管理局，可以突出政府的社会角色，并培养工人对国家的忠诚度。公共补贴将使工人在经济上与国家的稳定休戚相关。[25]

对保守的社会团体来说，这是一颗难以下咽的苦果。右翼自由党人批评俾斯麦的行政集权削弱了民众自力更生的能力和私人慈善事业。保守党成员也反对它，认为它侵犯了工人和雇主之间的有机关系。由巴伐利亚州的天主教教徒主导的中央党出于对地区自治权的维护，反对任何可能强化联邦政府作用的东西，并以此暗将矛头指向信仰新教的德国北方地区。

进步需要妥协，即使是铁血宰相也是如此。最终，俾斯麦将医疗保险的管理权下放给了工人和雇主协会，后者在实践中占主导地位，由他们向地区性的保险协会报告。[26]这不由使人联想到，在美国，新政计划在地方受到的阻挠是如何通过授权给各州的方式来克服的。

这样就为1883年的医疗保险、1884年的意外保险以及1889年的养老和伤残保险铺平了道路。虽然这些新事物令人印象深刻，但每项举措的福利都远远不够丰厚。例如，与医疗有关的赔付针对那些患有暂时性疾病的人。包含病假工资和专门医疗服务在内的补助，提供的时间不超过13周，上限为受保险人平均工资的一半。[27]由于13周的限制，该计划只承诺在工人和国家之间建立临时性的联系，这使得它成为俾斯麦的次要任务之一。因此，首相默许了医疗立法应该建立在现有的行会、工厂和工会疾病基金的基础上的建议。俾斯麦为缺乏基金的行业设立了新的基金，为不符合现有类别的工人设立了地方基金。地区办事处管理这些新的保险基金，为没有工厂、行业或工会保险的工人提供服务。联邦政府的作用仅限于授权建立额外的基金和统一缴费标准，平均缴费约为工资的1.5%，其中2/3来自工人，1/3来自雇主。所有这些都表明俾斯麦的雄心壮志被大大缩减,然而,这无论如何都已经算是奇迹了。

与医疗补助不同的是,向永久性残疾工人提供的付款期限较长,有利于使个人更牢固地依附于国家。因此,俾斯麦大力推行补贴,以增加工人和公司的贡献。新的意外保险法涵盖了所有的工伤事故。它由雇主协会管理。不过自由派人士仍然反对联邦补贴,他们认为这是一种渐进的社会主义的侵蚀。南方天主教主导的中央党成员则嫉妒其他各州的权利。最后的妥协方案是,国家财政仅限于在私人缴款不足的情况下提供支持。

养老保险由公务员控制的地方养老金委员会管理,并由州政府的一个部门监督,政府(尽管是州政府而不是联邦政府)的作用因此更加突出。此外,在这种情况下,俾斯麦关于国家补贴的建议得到了保留。补贴的支持者在德意志帝国国会中宣扬养老金在"支持……整个经济和社会秩序"。[28]

19世纪80年代的保险法主要针对产业工人,因为他们对经济的不安全感最为强烈。在流行的观点看来,产业工人易受到激进社会主义的影响。1900年的养老金和1903年的医疗保险终于惠及年收入低于2 000马克的白领工人。1911年,英国制定了自己的社会政策法规,随后通过了《国民保险法》,为包括农业工人在内的所有雇员提供医疗保险,并为老年人和残疾人的家属提供补助。[29]

德国很早就开始采用社会保险,反映了人们长期以来对国家在管理经济方面的作用的认识,也反映了国家在工业化进程中公共干预的必要性。德国的城市化和从农业向工业转变的速度甚至比英美两国的类似转型还要快，这就加剧了社会的不安全感，也限制了传统体系解决此类问题的有效性。因此，与其他国家相比，人们更担心这些产业工人可能会联手开展一场反市场、反体制的运动。

这些担忧将俾斯麦试图把工人阶级和新的联邦国家联系起来的愿望融合在一起。它们结合了仍然有影响力的德国农业主对全球化的反对，以及强大的实业家对缺乏市场准入和不公平的外国竞争的抱怨。和工人的不满情绪一样，这些抱怨也必须加以利用。利益集团与国家之间，以及与俾斯麦在保守派和中央党内的支持者之间，都有着不可分割的联系。

种种力量汇流在一起，使德国对全球化和工业变革的压力做出了独特的反应，其中包括国家社会保险的超前式发展，也包括对农业和工业的关税保护。这种反应有效地抑制了左翼和右翼人士对经济变革的焦虑。美国与德国不同，并没有出现类似的社会政策交会点。在美国，革命的发育程度和民众对政府行政能力的信心都比较弱。英国的状况也有所不同，议会制度已经建立起来，平息了人们对革命的恐惧，而且农业已经衰落到在政治算计中无足轻重的地步了。

其他国家的政治家观察到了德国对农业和工业提供关税保护，以及为面临工业生活不确定性的工人提供医疗、意外和养老保险。德国的先例影响了《麦金利关税法案》的设计，也影响了美国联邦军队退伍军人及其配偶的医疗和养老金补助。它为韦布夫妇的政策研究及英国《国民保险法》提供了参考。丹麦、瑞典、挪威和其他国家也纷纷效仿，成立委员会来调查相关社会问题。几乎所有其他国家的立法者都参考了德国早期的措施,并从中得到启发和支持。

德国的这些措施想要落地,就须做出妥协。1879年达成的进口关税只在一定程度上限制了国际贸易。由于实业家相对于地主获得了政治影响力,俾斯麦之后的政府降低了进口农产品的关税,具体而言,税率从19世纪90年代中期开始下降。[30]医疗、意外、养老等补助主要由工人自己出资。管理权被下放给雇主、企业和工人的公司协会、地方和地区机构。联邦政府在补贴该制度方面的作用受到限制。德意志帝国为应对全球化和迅速的工业变革带来的混乱而采取的超前措施不容置疑,但也容易被夸大其词。

最关键的是,这些措施之所以重要,是因为被其他国家当作了范本。最终,各个国家根据自身实际,选择性地借鉴了德国模式。

图4-1 1870—1913年德国的关税税率

资料来源:B. R. Mitchell, ed. *European Historical Statistics, 1750 – 1970*(Springer, 1975)。

第五章
走向联合

大萧条是 20 世纪最严重的经济和社会危机。随着有记录的失业率飙升至 25%，美国陷入了历史上最严重的衰退，世界上许多其他国家也紧随其后陷入了同样的困境。

如此严重的危机，残酷地打破了人们对自由经济、开放贸易以及市场制度的信心。美国的共产党积极分子成立了失业委员会，向领救济金的人、廉价旅馆和就业办公室分发传单，努力把失业者组织起来。该党宣布 1930 年 3 月 6 日为"国际失业日"，并积极组织游行和集会，要求采取行动支持失业者。在旧金山，示威活动以和平方式进行，但在其他地区是另一番景象。在华盛顿特区，政府使用催泪瓦斯驱散示威者。在纽约市，警察对抗议领袖煽动群众向市政厅游行做出了回应，强行驱散集会。正如《纽约时报》所描述的场景："数百名警察和警探，挥舞着警棍，攥着拳头冲进人群，对任何与他们碰撞的人大打出手，他们追着许多人穿过街道，跑到邻近的大道，上百人落荒而逃。"随后的集会和游行，不仅猛烈抨击失业问题，还反对警察的暴行，就像多年后的"黑人的命也是命"运动一样。

1932年，贫困的一战老兵在华盛顿游行，要求政府支付承诺的军人抚恤金和补贴。[1]酬恤金军团在国会大厦对面的阿纳卡斯蒂亚地区扎营。但胡佛总统和由共和党控制的参议院更关心的是维持平衡的预算，而不是贫穷的退伍军人，因为预算平衡被政客视为恢复投资者信心的关键。6月17日，参议院投票否决了一项发放酬恤金的法案。由于抗议的军人们没有散去的迹象，司法部长威廉·D.米切尔随即下令华盛顿特区警方驱赶在场的退伍军人。抗议者进行了抵抗。枪击案随即发生，其中两名示威者被打死。随着局势的失控，胡佛命令军队，在道格拉斯·麦克阿瑟将军的指挥下清理国会大厦的场地。麦克阿瑟却超越了命令的权限（这并不是最后一次），指示部队端着刺刀强行拆除阿纳卡斯蒂亚营地。在随后的对抗中，50名老兵受伤，135名老兵被捕。

因为这些事件都发生在经济崩溃的背景之下，享有投票权的公众没有视若无睹。1932年11月，富兰克林·罗斯福以压倒性的优势获胜，民主党夺取了国会两院。局面的调整为新政奠定了基础，通过新政，政府为成千上万的无业游民提供了救济工作，并为1935年的《社会保障法》提供了养老金、伤残保险、失业保险以及对老人和受抚养子女的公共援助。老兵们也终于在1936年，这堪称具有象征意义的巅峰时刻，拿到了他们的抚恤金。

罗斯福推动的这些政策措施加在一起，有利于抵御市场自身体系面临的生存威胁。尽管如此，与其他发达国家的标准相比，这种措施的作用是有限的。而且它有一些特殊之处，比如省略了任何类似于国民医疗保险的内容。

要了解原因，就必须回顾一下美国社会福利供给的历史。美国很晚才发展出俾斯麦在德国所开创并由英国和其他欧洲国家完善的那种政府强制的保护措施。初看起来，这似乎很奇怪。在明尼苏达州梅萨比岭发现优质铁矿以及宾夕法尼亚州开采石油之后，美国制造业在19世纪下半叶迅速扩张。然而这种扩张也不是一帆风顺的，它伴随着经济衰退和金融危机，伴随着混乱和不安。工人通常没有农场或可以依靠的大家庭。非技术工人松散地依附于某一特定职业或公司，在这一流动阶层中，失业现象长期存在。[2]

所有这些都表明，国家有必要对失业、医疗、养老和伤残保险提供支持。尽管如此，在一战之前，唯一有实际意义的措施是为前联邦军队成员提供的老年、伤残和抚恤补助。补助金最初只支付给伤残退伍军人和战争遗孀，不过随着资格标准的确认和更新，对受伤或伤残的自主补助申请也开始逐渐放宽。到了20世纪初，在美国北方所有本地出生的老年男子中，有一半人领取退伍军人补助，平均占到正常收入的30%。[3]

美国效仿了德国的模式，这些养老金来自关税的收入。[4]如同在德国一样，这种联系催生了制造商和工人之间的联盟，使他们与国家经济形势的发展息息相关。工人对伤残和抚恤补助颇为满意，制造商也受到保护，免受进口竞争的影响。对共和党领导人来说，进口关税是很划算的生意，他们之所以支持退伍军人的养老金，是因为养老金需要更高的关税，而后者是政府的主要收入来源。

《麦金利关税法案》和1890年《伤残抚恤金法案》都是建立在这个逻辑基础上的。《伤残抚恤金法案》允许退伍军人更快地获得申请资格，并将补助扩大到更多的遗孀。

可是这些制度并没有持久地延续下去。随着联邦军队老兵的死亡，他们的养老金也消失了。到一战时，南北战争的养老金已经成为众人唯恐避之不及的议题。民主党人和进步党人把养老金制度渲染成充满了虚假和混乱的东西。他们认为，提供养老金的真正理由不是正义和慷慨，而是"出于（共和党）培养'士兵选票'的目的"。[5]批评家勾勒出种种关于退伍军人养老金效率低下和徇私偏袒的问题，换句话说，放任这套养老金体系继续存在的结果就是坐实进步党人对政府腐败的抨击。

与此不无关联的是，政治保护成为社会福利的另一个主要来源。[6]19世纪末，联邦政府雇用了大约15万名文职人员，其中只有20%是通过类似于现代公务员制度的竞争程序聘用的。其余的大部分是邮局的雇员，邮件递送是美国当时有限的政府核心职能之一。这些文职雇员中的许多人是通过向国会议员或地方官员表示政治忠诚而获得职位的。

在一战前的几年里，一些州通过了立法，将援助范围扩大到单身母亲，这为1935年AFDC（对有子女家庭援助计划）的出台做了铺垫。[7]AFDC允许子女继续由父母照料，与进步党人重视家庭和母性的主张是一致的。1909年，白宫召开了照顾受抚养儿童会议，会上提出的观点是："家庭生活是文明至高无上的表现。""除非有紧急和令人信服的理由，否则不应剥夺儿童的家庭生活。"[8]在当时，尽管妇女仍然没有获得投票权，但她们组织了全国母亲大会和联邦妇女俱乐部来宣传上述精神。政府后来对单身母亲和受抚养子女提供援助，也离不开这些团体所付出的游说努力。[9]

然而，即使采取了这些措施，援助资格也仅限于"符合条件的单身母亲"，而不是像 AFDC 那样，将受惠范围扩大到所有抚养子女的贫困父母。[10]这些事务的管理权被分配给了未成年人法庭和社会工作者，而未成年人法庭和社会工作者是美国进步运动的产物。这样一来，在社会保障领域由于政治保护滥用和内战抚恤金带来的偏袒和腐败色彩就不那么明显了。

大约在同一时间，越来越多的州通过了工人赔偿法案，以帮助工人处理工伤带来的后续损害，这是 1956 年最终通过的社会保障伤残保险计划的前兆。各州的工人赔偿法同样是进步运动的产物。美国劳工立法协会是一个由进步主义学者组成的团体，该协会提出了正面的案例，起草了示范法案。它指出，德国政府强制推行的伤残保险是一个值得效仿的例子。雇主抵制的动机不是那么强烈，因为在此之前受伤的工人已经可以诉诸法律索取赔偿。[11]立法者也没有明确反对，因为赔偿可以由雇主直接出资，避免了纳税人的负担，补偿金也只覆盖蓝领工人。[12]意外事故多发的行业可以限制其支付范围，理由是意外保险可能会鼓励其雇员不管是面对真实存在的还是想象中的危险的鲁莽行为。无论如何，这些法律的通过表明人们已经认识到，工业变革特别是工作环境的持续机械化带来了新的风险，而实际上工人、雇主，甚至法院都没有做好充分准备来应对这些风险。

第五章　走向联合

问题在于：为什么美国没有像德国那样，在联邦层面上为伤残者、失业者、贫困者和老年人提供更广泛的社会保险？答案要从综合国力的强弱说起。大西洋和太平洋为美国提供了抵御外敌的天然屏障，使中央政府的权力变得不那么必要。然而内部可能存在分歧，就像南北之间的分歧一样，当然这也限制了联邦权力的扩张。南方的奴隶主最不希望看到的就是一个由北方主导的联邦政府为国家制定社会政策。这种担忧在20世纪30年代乃至以后长期影响着某些政策的设计。

与此相关的是，人们对一个充斥着浪费、欺诈，只知榨取的颟顸无能的政府产生了怀疑。西达·斯考切波十分贴切地指出："直到1900年左右，美国地方、州和联邦各级政府才开始具备比较显著的官僚治理能力。"[13]甚至有组织的劳工也有同样的担忧，工会领袖们担心企业会买通联邦官僚机构，并将其转为自己的优势。因此，塞缪尔·龚帕斯和美国劳工联合会游说政府制定严格的责任法和司法追索权，而不是单纯地赔偿工人。

1912年，伍德罗·威尔逊当选，改变了联邦的格局，他"全面推进了布赖恩自1890年以来所要求的进步主义"（自然而然地，民粹主义的代表人物布赖恩也被威尔逊任命为国务卿）。[14]作为新泽西州的改革派州长，威尔逊推动了工人补偿法案在州议会的通过。在他的领导下，国会通过了《克恩-麦吉利卡迪法案》（即《联邦雇员赔偿法》），为联邦雇员提供劳工赔偿。威尔逊支持的累进所得税（如第二章所述），在各州通过宪法第十六修正案后也被采纳，为新的联邦计划提供了收入。虽然起初的税率很低，但在美国加入一战后，税率开始飙升，1917年收入超过100万美元的税率达到67%，1918年达到77%。

战争时期，联邦政府的行政权力也有相当大的扩张。不仅征兵和生产增加了，而且设立了一些新的机构，比如负责监督基本投入品生产的战争工业委员会和负责发放进出口许可证的战争贸易委员会，这也彰显了联邦机构执行额外任务的能力。这些机构中最突出的是美国食品管理局，由具有工程背景的、颇有野心的管理者赫伯特·胡佛领导。胡佛成立了美国粮食公司来购买粮食，成立了糖业公平分配委员会来购买和分配古巴的糖作物，这些发展至少在一定程度上证明了联邦政府有能力承担更多的任务。

20世纪20年代是充满和平与繁荣的10年，这样的环境并没有对政府干预提出更新的要求。虽然农民再次抱怨农作物价格过低，但经济的繁荣并没有为民粹主义的崛起创造特别肥沃的土壤。传统上反对所得税的共和党重新控制了国会和白宫，并将最高税率下调至25%。战时的委员会和机构被废除，这降低了政府的影响力，使得创建俾斯麦式保险国家的前景变得黯淡。远在大洋彼岸的欧洲则被经济和社会混乱吞噬，世人不再把欧洲视为山巅上的光辉之城，甚至将其作为反面教材。

美国继而转向了福利资本主义，即由开明的雇主提供补助。开明的雇主们明白，养老金和伤残保险能够带来更稳定的劳动力。养老金和保险、科学管理以及为了更有效招聘和留住生产工人而设立的人事部门相辅相成。[15]一战期间，劳工被不断组织起来成立工会。然而，美国的自愿性条款承诺限制了有组织劳工活动的发展。[16]国会看准时机，于1926年修订了《国内税收法》，为雇主的养老金缴款提供免税。[17]

美国人对联邦政府的效率一直心存疑虑，因此福利资本主义为联邦政府管理提供了另一种方案。胡佛在担任战时食品管理局局长时，曾支持价格解释委员会的社团主义方案，这种方案将批发商、零售商和消费者代表聚集在一起，就价格和利润进行谈判，以获得彼此都能接受的平衡结果。作为哈丁和柯立芝总统时期的商务部长，这个被称为"伟大工程师"的人将"社团国家"的观点应用得更加广泛。[18]胡佛在1921年组织了一次关于失业问题的总统会议，提出秉持自愿、合作的宗旨来应对战后经济衰退。他还在商务部设立了一个失业局，向慈善组织提供有关当地情况的信息。与此同时，他也鼓励雇主协调提供养老金和自愿援助。

这些大张旗鼓的举措为胡佛在1928年竞选总统铺平了道路。然而，现实比美好的愿景更加残酷：1930年大萧条开始，美国仍然只有420个工业养老金计划，其总计覆盖的退休人员仅10万。[19]许多在规定时期内向这些计划缴费的工人，往往由于在经济低迷时期失去了工作，无法满足法定离职期，因此永久性失去了领取养老金的资格。

经济大萧条引发了民粹主义的反弹，在这种情况下，政府要做出建设性回应是很难的。伴随着城市失业者的集会和退伍军人的游行，美国中西部农业地区迸发出了越来越多的愤怒和抗议。农场假日运动的成员抗议低价，封锁高速公路，扰乱奥马哈和得梅因的农作物市场，直到警察拆除路障。他们示威反对强制拍卖债务违约的房屋，威胁治安官和法官将把他们送上火车赶出小镇。农民们与三K党或美国共产党结盟——也可能是三股势力的同时结盟。[20]他们在州议会游行，迫使25个州的立法机构宣布暂停拍卖。这些抗议活动将农民的痛苦境地推向了戏剧化，为农业调整管理局的设立奠定了基础。农业调整管理局也成了新政的一个重要组成部分。

相较而言，汤森运动是另一种更为非传统的反应。汤森运动旨在推动全民养老金的普及。1933年9月，医生弗朗西斯·E.汤森在其家乡加利福尼亚州的《长滩电讯报》上发表了一封信，结果这封信的内容不胫而走，几个月内，支持汤森计划的请愿书收集了数千人的签名，成立了数百个汤森俱乐部。与两个主流政党没有关系的人，包括失业者在内，都在俱乐部中有或多或少的代表。到1936年，活跃的俱乐部成员多达200万，几乎占所有60岁以上美国人的1/5。该运动声称全美总共有3 000万支持者。[21]

汤森在信中提议，联邦政府应向每个60岁以上的人每月支付150美元作为基本收入，按如今的物价来说相当于2 700美元，条件是他必须放弃工作并立即花掉这笔钱。[22]因此，这个计划的意图是不仅要解决贫困老人的需要，而且要解决失业和萧条的问题，方法是将老年工人从就业竞争中剔除，并提供一种原始凯恩斯主义的刺激。

汤森本人是一个善于自我标榜且十分天真的人，他从后来的汤森计划公司领取了极高的薪水，但他的判断力很差，选择了杰拉尔德·史密斯牧师作为盟友。史密斯是反犹太主义的早期法西斯主义者，他曾是路易斯安那州政客休伊·朗的助手，在朗被暗杀后，他继而寻求发起一场新的政治运动。[23]尽管如此，汤森运动是所有国家中第一个真正的群众性老年人运动。它是20世纪中期美国游说团体AARP（美国退休人员协会）最早且最重要的前身。[24]汤森运动在20世纪30年代能够取得成功是合乎逻辑的，因为当时流水线的生产方式取代了制造业中有经验的劳动力，令大萧条时期的老年工人尝到了更多失业的苦果。[25]因此，汤森运动使老牌政党面临着一个新的利益集团的挑战，他们强烈要求将老年人保护纳入后来的《社会保障法》。[26]

看起来，有各种各样的压力需要政府采取行动。然而，胡佛政府没有对这些压力乃至经济大萧条做出任何反应，简直可笑。1929年11月，经济明显下滑，他邀请商业和劳工领袖到白宫，并敦促他们维持工资和就业。胡佛认为，通过合作，领袖们可以成功解决他们无法解决的问题。虽然任何一个企业或行业的单独行动都不可能维持现有的工资水平，但如果所有的企业和行业都这样做，那么一些行业的工人的额外支出将有助于吸收其他行业的产出并支付企业的成本。此外，1929年11月胡佛白宫会议后的新闻发布会上还提到，"人为的因素"不利于工资削减。但发布会上还乐观地谈道，"美国商业界的合作精神和责任感正在提升"。[27]

如果说这是对福利资本主义的终极考验，那么这个考验很明显是失败的。由于不确定性的增加，一些人的高工资并不能保证其他人的就业，这使得获得额外收入的工人不愿意花钱。[28]那些秉承联盟主义的公司看到它们的利润受到挤压，从而被迫缩减生产。

为了回应公众就业和救济的呼声，胡佛成立了紧急救援管理局向各州贷款。然而，除此之外，他的政府几乎没有采取任何有意义的措施。因此，1932年的选举成了一次关于经济管理能力和政府行动必要性的全民投票。

不过，即便选民们坚决反对胡佛的联盟主义方式，他们也没有投票给任何进步人士或社会主义者。诺曼·托马斯的社会党竞选几乎没有引起任何注意。选民们只是把他们的忠诚度从一个主流政党转到了另一个主流政党。但是现在，其他主流政党想要阻止更激进的政治反应，防止权力落入休伊·朗等人的手中，就必须对危机做出一致的回应。

通常认为，罗斯福新政和1935年的《社会保障法》就是上面所说的"一致的回应"，它们与国家过去的"小政府"决裂，是走向现代福利国家的决定性步骤。事实上，它们还是缺少点什么。罗斯福并没有倡导大规模的公共就业或雄心勃勃的公共工程，没有主张大幅提高公共支出以取代已经蒸发的私人支出，而是在1934年采取行动来平衡预算。他没有在联邦层面推动全面的社会保险，而是将行政职能下放给各州。

这又提出了两个问题。为什么总统在自己的党派控制着国会两院的情况下，没有展示更多作为？为什么这些措施，尽管有其局限性，却成功击退了民粹主义对现实的挑战？

第一个问题的答案是政治约束。如前所述，罗斯福必须与反对扩大任何联邦权力的南方民主党人抗争，因为这种权力有可能削弱南方商人和农民对黑人劳动力的控制。他的政策制定并不是在议会制度下实施的：国会中的民主党人无须解散政府就可以挑战他的领导能力并拒绝他的计划，也不会因此在直选中失去自己的职位。那些南方的民主党人坚持将新政计划去中心化，并将其管理权下放给各州。他们乐于看到一个促进南方乡村经济发展的联邦政府，但前提是该政府需要遵循他们的条件。人们有时会问，为什么美国的福利在各州的推行情况不如欧洲同类国家广泛。最基本的解释莫过于南方与北方之间、黑人与白人之间的历史性鸿沟。[29]

与政治约束相关的是，罗斯福沿袭了一个由四位保守派大法官组成的最高法院，即所谓的"四骑士"，再加上一位难以预测倾向的摇摆选民，即胡佛任命的欧文·罗伯茨。如果大法官们认为那些拯救危机的宏大提案侵犯了各州的权利，法院就会宣布提案无效。例如，1935年大法官们否决了新政的关键条款，理由是它们篡夺了保留给各州的特权。这种三权分立是美国政治格局中既定的一部分。罗斯福在1937年付出了高昂的代价才真正认识到这个制度的力量。当时他试图扩大最高法院，以增加支持新政的法官人数，但议案在参议院就被否决了。

最后一股制衡力量来自商界。他们和国会、法院站在统一战线，动员起来反对可能干涉劳动关系的政策，反对可能增加成本的税收。名义上的两党美国自由联盟成立于1934年，实际上是由隶属于民主党的商人们主导的，他们反对同是民主党人的罗斯福的政策，也是出于经济利益的考虑。

罗斯福曾试图推进一个更雄心勃勃的议程，并通过建立一个由城市自由派、进步的共和党人与南方黑人组成的联盟来克服这些部门、司法和商业的限制。但障碍几乎难以逾越。在认清这一现实后，他转而寻求建立一个中间派联盟，解决贫困、不平等和不安全问题，同时尊重商业和各州的优先权，维持经济和政治现状。

与其说罗斯福否定了胡佛的准联盟主义做法，不如说是他选择了一种平衡行为。例如，平衡保守派和自由派活动家之间的分歧。预算局局长刘易斯·道格拉斯是保守派的代表，雷克斯福德·特格韦尔、哈里·霍普金斯，特别是第一夫人埃莉诺·罗斯福，则都属于自由派活动家。再如，立法规定了最低工资，并通过暂停执行反垄断法等措施对企业进行补偿，这也需要平衡。依靠投资来振兴经济，便意味着要避免采取令投资者反感的措施。

这种温和的社会改革方式在气质上也适合罗斯福。罗斯福致力于改革，不过一切都是在现行制度的背景下进行的，他的目标不是推翻市场经济，而是修复它。用他自己的话说，改革的目的是"拯救我们的制度，资本主义制度"。[30]罗斯福是典型的经济政治体制当权阶层中的一员——换句话说，他不是一位民粹主义的煽动者。

罗斯福还试图将解决经济紧急状况的权宜措施与旨在巩固对市场体系支持的社会改革相脱钩。他的权宜措施包括银行停业整顿、实行金本位制，并要求国会成立联邦紧急救济署。这些措施成功解决了眼前最急迫的问题，但没有从根本上改变市场体系。

例如，通过宣布银行停业整顿，罗斯福避免了银行国有化这个更激进的步骤。大多数银行能够在两周后重新开业，由于冷却期、监管机构对其资产负债表的检查以及联邦储备系统根据1933年《紧急银行法》提供流动性的新权力，市场的信心已经恢复。

4月，美国脱离金本位制，这是对既有秩序的冲击，也是指责罗斯福专制和共产主义倾向的焦点。[31]但是，通过复兴金融公司的权力来控制货币政策，并逐步提高美元兑黄金的价格，总统和他的顾问们结束了通货紧缩的趋势。罗斯福在1934年1月将美元与黄金重新挂钩，价格从每盎司20.66美元上升到每盎司35美元，改变了美国货币政策的结构，影响程度远不及那些危言耸听的批评人士所担心的那样。

最后，联邦紧急救济署虽然在高峰期为大约450万美国人提供了工作，但这只是暂时的。1935年，公共事业振兴署取代了这个部门，政府对公共就业的承诺逐渐减弱。南方、商业和农场利益集团都反对扩大联邦就业计划。[32]这与一些欧洲国家在20世纪30年代和二战后的公共就业增加是完全不一样的。[33]

这些举措的成果十分显著。它们有效应对了眼前的危机。当然，它们是在现行制度的背景下进行的，为更长远的政策措施赢得了时间。

最紧要的问题得到解决后，罗斯福设立了一个经济安全委员会，由劳工部长弗朗西丝·珀金斯担任主席，职能是研究未来更深远的变化。这个委员会的名字表明了总统对大萧条造成的普遍不安全感的重视。不过，即使是这个委员会也仅仅反映了罗斯福对中间道路的承诺。激进的改革者和保守的商业代表都被排除在委员会及其咨询委员会的讨论之外。委员会与左翼和右翼的极端分子隔绝，使得它的建议能够处于中立立场。社会保险被框定为一个技术性问题，由委员会的幕僚长、威斯康星大学经济学教授、美国劳资关系委员会前任执行秘书埃德温·威特这样的专家来解决。政府对技术官僚的持续依赖提醒我们，这不是民粹主义的行动，相反，政府的目标是防止民粹主义的反应。

罗斯福和他的委员会仍然不得不面对来自汤森派的压力。汤森派人士要求政府建立一个由一般收入资助的非缴费型退休金方案，但是总统和他的顾问们担心政府直接向公民提供补助会被滥用。这种忧虑是南北战争时期养老金制度的遗留问题，尽管不是每个人都了解其历史渊源，仍不免感到忧虑。因此，政府向国会提出的养老保障计划不涉及联邦补贴，而是由雇主和雇员相匹配的缴款来资助。由于资金上的限制，老年人的补助必然是有限的。[34]

从管理的角度来看，罗斯福和他的顾问们在这个问题上必须全力争取，他们坚持由联邦政府对养老金计划进行管理，理由是人们在各州之间的工作岗位流动日益频繁，如果各州自行其是的话，则难以形成有机协调的体系。

但在失业保险问题上，拥护各州权利和地方条款的论点占了上风。所以1935年的《社会保障法》拨出资金，向各州提供赠款，用于管理失业补偿、老年救济和对受抚养儿童的援助，而不是设立联邦机构来提供这些服务。申报资金的唯一条件是根据各州通过的法律向社会保障委员会提交一份符合要求的计划。[35]这些有关法律、计划和管理的条件，也是为了缓解人们对腐败、政治保护以及南北方之间紧张关系的担忧。

这些社会保险计划的覆盖面是不均衡的，反映了各州资源配置的差异和社会保障委员会执行统一标准的能力有限。由于保险缴费性质和各州对资金匹配的要求，公众的补助进一步受到限制。由于需要首先建立储备金，每月定期发放的社会保障补助最终是从1940年才开始实现的。

此外，包括特殊医疗费及伤残在内的一类风险，根本不在保障范围之内。[36]罗斯福起初支持将医疗服务纳入《社会保障法》，但美国医学协会反对由政府管理的强制性医疗保险，他们担心政府的介入会破坏医疗专业人员的自主权，更不用说影响报酬的问题了。美国医学协会是一个包罗万象的组织，想要成为地方医学会的会员，就必须加入这个国家协会。地方医学会提供受雇权益、病人转诊和渎职责任保护等保障。[37]调动老百姓支持政府管理的医疗服务更是难上加难，因为医疗服务十分复杂，美国公众本能地厌恶诊疗室里的政府官僚。罗斯福不得不做出选择，他意识到大萧条时期凸显的失业保险和汤森运动强调的养老保险应当是优先考虑的问题，因而同意取消《社会保障法》中的医疗保障条款。[38]

后来，为了应对二战的工资和价格管制，雇主向工人提供医疗保险，以代替额外的工资。[39]战后，由于税收减免和美国医学协会继续反对社会化医疗，这种做法保留了下来。[40]美国出现了一种特殊的制度：工人从雇主那里获得医疗保险，与此同时，美国医学协会与批评政府干预的人士结盟，反对强制性的医疗保险，反对公共部门在提供医疗保险方面发挥作用。美国没有全国性的医疗保险，这与战后各发达经济体社会福利支出增长形成了鲜明的对比。这种例外和美国在提供医疗保险方面的独特做法，表明美国在社会保障建设方面受到了历史路径的巨大影响。

这就使我们最终想到了一个问题：为什么这些有限的措施足以击退民粹主义对现实的挑战？一部分原因在于罗斯福的危机政策的成功。救济工作帮助了数以百万计受经济衰退打击最严重的美国人，即使这些救济仅仅维持了一段时间。在银行系统的修复和消除通货紧缩阴影的货币政策的支持下，经济复苏令数百万人度过寒冬。撇开1937—1938年的双底衰退不谈，美国经济在1933—1941年以近10%的年增长率扩张。1940年的失业率为14%，虽然仍然很高，但还不到1933年灾难性水平的一半。

不久之后二战爆发，别的影响姑且不论，战争至少使得美国的就业率快速恢复。

第六章

直面失业

20 世纪二三十年代不仅是美国危机的年代，也是全球危机的年代。尤其是在经济动荡最严重的 30 年代，高失业率、收入锐减……所有相关的社会经济弊端，包括贫困加剧、家庭成员减少、健康状况恶化等现象普遍存在。在一些地方，很早就在政治上有所反映。比如在意大利，是为了应对战后的衰退和银行业危机；在德国，则是为了回应一战后的复员军人以及 1923 年恶性通货膨胀带来的混乱。20 年代的经济衰退和 30 年代的失业，破坏了人们对主流政治家和政府管理经济能力的信心。政治的当权者们没有能够更好地发挥作用来帮助那些受到最严重的破坏性影响的人，相反，他们甚至削减了那些对大众最有价值的有限的社会支持计划，以牺牲工人阶级为代价，选择了今天我们所说的紧缩政策，这为左翼和右翼的政治极端分子都提供了滋生的土壤。

最糟糕的是希特勒统治下的德国。上台的煽动者将宗教和种族少数群体作为引发社会弊端的罪魁祸首。他们摒弃了自由贸易，禁止广泛的跨境金融交易；他们放弃了市场，并将经济的很大一部分置于政府控制之下；他们破坏了制衡机制，更普遍地破坏了政治制度的体制基础；他们几乎毫不尊重人权。

墨索里尼在意大利的上台，同样归因于一战后吞噬整个亚平宁半岛的混乱局面。和希特勒一样，墨索里尼在动荡的经济环境中，利用咄咄逼人的民族主义来培养支持率，当时许多意大利人已经对他们的政府在战争中的可怜表现产生了怀疑。墨索里尼打造了一个铁血领袖的人设，以吸引相信只有一个权威的甚至是专制的领导才能恢复秩序的民众。他组织了一系列能够展示其经济治理能力的活动，新建了道路和桥梁。最著名的工程是1925年在维托里奥·埃马努埃莱二世纪念堂顶部立起了两尊象征胜利荣耀的飞翼女神铜像。他破坏了政治和经济体制，以个人决策代替司法和宪政，并取代了市场制度，所有这些都是为了限制个人自由和强化国家的力量。正如墨索里尼在1932年为《意大利百科全书》撰写的一篇文章中所解释的那样，"法西斯主义的观念并不排斥个人，但只有在他的利益与国家利益相一致的情况下才会被接受"。[1]墨索里尼通过向亲信施以恩惠，攻击敌对的媒体，培养支持自己的记者来维持他的权力基础。如果说他的影响最终没有带来希特勒那样巨大的灾难性，只能说明他的能力比较有限。

在其他国家，比如英国，反动的法西斯主义未能得到广泛支持。1931年，奥斯瓦尔德·莫斯利成立了新党，随后又在1932年成立了英国法西斯主义联盟。[2]此人颇有贵族气质，但性情急躁，在一定程度上受到了墨索里尼的影响。作为工党成员，莫斯利负责为1929年成立的麦克唐纳政府制定失业政策。他的建议包括设定关税、工业国有化和一系列庞大的公共工程计划——这些都带有民粹主义的特点。不过，谨慎的首相和急于树立财政信用的工党内阁断然拒绝了莫斯利。莫斯利的建议未获采纳，不得不提早辞职，在政治上转向右翼，并转变为一个反对现行体制的政治家。

当然，截至目前，还不能断言莫斯利是否会真的失败。工党未能控制住不断蔓延的经济危机，引发了政治上的混乱。麦克唐纳在1931年8月提交辞呈，解散内阁。大众对工党及其在后续大选中提出的执政方案也不再抱有信心。这些条件恰恰是一个专制的、接近法西斯主义的领导人梦寐以求的。

尽管莫斯利与墨索里尼同样有着军人气质和铁腕人物的形象，也都掌握娴熟的演讲技巧，但他的活动从未闹出什么太大的动静。莫斯利的集会和游行规模仍然很小。在1931年10月的大选中，他的新党派出了24名候选人，除了其中两名候选人外，其余的人都未能赢得5%的最低得票率。只有超过5%，才能获得退还押金的参选资格，莫斯利本人也位列其中。到了1935年的下次大选，莫斯利和他的支持者们甚至无力争夺席位。[3]在政治谱系的另一端，1931年有26名美国共产党候选人参加选举，但无一人获胜，只有两人获得了一万多张选票。相反，由主流政治家和各党派联盟组成的、实际上由保守党主导的国民政府赢得了压倒性的胜利，并在此后10年间掌控了英国政治的平衡。

对于上述出现的截然不同的结果，很难用单一的原因去解释。不过对那些希望了解反体制运动的根源以及如何成功遏制此类活

第六章　直面失业

动的人来说，仍然有一些普遍的教训值得吸取。

第一个教训是，在某些国家，一战遗留的经济问题不太容易采取常规的措施来解决。德国不仅在大萧条时期经历了高失业率，而且在更早时期即一战后就有类似的问题。20世纪20年代初，严重的通货膨胀剥夺了中产阶级的财产，破坏了当政的主流政治家的合法性，削弱了人们对国家政治体制的信心。在这样的挑战面前，即便是一个有能力的德国政府也无法有效应对。国家的经济和财政问题，以及内部关于分配和不平等的争论，都与法国和其他战胜国施加的赔偿负担有关。这就提出了一个棘手的问题：钱要赔，但具体是谁来出呢？[4]一个理性的政府不可能把德国从赔款纠纷中解救出来，也不可能无视国内的政治后果。最终，只有最不理智的政府才能找到解决办法。

相比之下，尽管英国有着或多或少的经济问题，但它没有赔偿的负担。[5]此外，与其他国家不同的是，英国没有发生激化公众舆论的银行危机。虽然人们对经济衰退的原因和后果争论不休，但事实是，假如以实际GDP来衡量的话，英国陷入大萧条的程度几乎比任何其他国家都低，GDP的下降在1932年就被成功抑制住了。[6]英国政府采取了一系列显著的措施刺激经济增长，例如放弃金本位制、允许英镑贬值、将利率下降到历史最低水平，还有征收关税，下文将详细介绍。这种积极的反应有效地巩固了政治局面。[7]

德国的情况恰恰相反。截至1931年年底，德国经济没有恢复的迹象。无论是1928年赫尔曼·穆勒领导的主流党派大联盟，还是1930—1932年执政的海因里希·布吕宁总理领导的中央党政府，

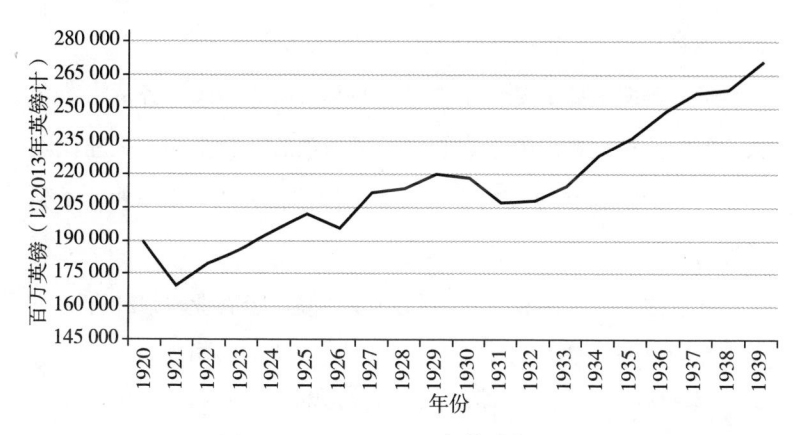

图6-1 1920—1939年英国的GDP

资料来源：Sally Hills, Ryland Thomas and Nicholas Dimsdale, "The UK Recession in Context – What Do Three Centuries of Data Tell Us?," *Bank of England Quarterly Bulletin* (2010), Data Annex – Version 2.1。

都没有看到恢复增长的前景。

这就引出了第二个教训，即不同的政府采取了不同的措施来解决经济不安全的问题。战时最主要的经济问题是失业。学者们对失业给出了明确的定义，政府也收集了相关的统计数据，因此有更多的人意识到失业是一种综合现象。现在选举权的范围扩大了，工会获得了更多的力量，劳动党和社会党也登上历史舞台，越来越多的人意识到失业是一个亟待解决的经济和政治问题。

在英国，有些变化在一战之前就已经发生了，例如英国于1911年8月开始推行失业保险制度，这个开创性的制度为公共政策的进一步发展提供了基础。[8]在这个先例和共识的基础上，英国制订了世界上最全面的失业保险计划之一，几乎覆盖了所有成年男性。虽然英国的制度也受到一些批评，但它成功地向大量受失业影响最直接的人提供援助，平息了更激进的政治反应。[9]

形成鲜明对照的是，在德国，国家层面的保险业务从未覆盖失业问题。1927年，好不容易出台了一项有各种限制的失业保险计划，然而随着1929年财政困境逐渐深重，失业补助很快就受到了冲击。

相比之下，法国和意大利的经济更偏重于农业。1921年，意大利59%的就业人员从事农业，15年后，这一比例为52%。意大利和法国在一战前后几乎不需要大规模的失业保险计划，因为城市产业工人可以选择回到家庭村庄和农场。[10]在法国，直到1931年，由工会代表其成员和由市政当局代表其居民组织的失业保险只覆盖了171 000人。[11]立法者在1928年曾考虑建立一个强制性的缴费保险制度，最终由于必要性不足而遭到否决。[12]

虽然法国只是在体制上做出了微弱的调整，但没有在国内出现德国那样的政治反应。1936年，法国选民将一系列保守派政府中的最新一届赶下台，换上了由莱昂·布卢姆领导的短暂的社会主义政府，不过与莱茵河以东（德国）发生的事件相比，已经相当温和。法国的经济结构仍然以乡村和家庭为基础，这是问题的关键。

最后，政治制度总是存在缺陷的，政治极端分子对体制的敌意可能在某些地域比在另一些地域更甚。[13]英国的议会制度已经建立起来，历次改革法案只是在其边缘进行修补。政治格局或许会发生重大变化，例如工党的崛起和自由党的衰落，但这些变化都可以被英国完善的议会制度容纳。反过来，这种容纳新党派和新运动的能力又使那些对政治现状不满的人有理由在体制内工作，而不是寻求推翻它。[14]

与英国相比，德国的体制则较为脆弱。魏玛共和国就是软弱的产物。它于1919年2月在魏玛的图林根州宣布成立，因为柏林仍然被德国共产党煽动的斯巴达克同盟和其他持不同政见的团体占领。[15]《魏玛宪法》与早期的政治制度毫无相似之处，没有激发民众的信心，也未能提升人们的忠诚度。与英国"得票最多者当选"的选举制度不同，完全比例代表制为几十个小政党在帝国议会中获取代表权打开了大门，这些政党的成员几乎没有动力向中间立场靠拢。政治分裂导致了一连串的不稳定、无效的联合政府，削弱了社会对宪法的支持。原本可能被寄予厚望的一些关键团体却表现出了对局势的冷漠，首先是军队，在1920年由右翼独裁者沃尔夫冈·卡普组织的未遂政变期间，军队未能代表政府进行干预。[16]宪法第48条赋予总统判决权，包括终止公民自由的权力，都是制度的缺点。这些漏洞很容易被像希特勒这样的政治机会主义者利用，他在上任后不到一个月的时间就以国会大厦纵火案为借口援引了这项条款。因此，拙劣的设计造成了魏玛体制的脆弱性，当然人们对新的政治制度缺乏熟悉和忠诚度也是魏玛体制的问题所在。

在意大利，墨索里尼以传统方式获得了权力，受国王之命组建政府，但政治制度的弱点给了他巩固和扩大自己权力的机会。这些制度弱点的问题由来已久。可以稍微夸张地说，意大利的统一基本上是把皮德蒙特的制度移植到了意大利的其他地方，但是

第六章　直面失业

这些制度未能牢固地扎根。1894 年，西西里岛农民和工人罢工引起政治动荡，总理弗朗切斯科·克里斯皮宣布进入紧急状态，暂停公民自由，并将该岛置于军法控制之下。1898 年，克里斯皮的继任人安东尼奥·迪鲁迪尼召集军队镇压米兰的罢工和食品暴动。在西西里岛和米兰发生的这些事件都表明，意大利工人阶级意识到政治制度不能充分满足他们的需求。1900 年，国王翁贝托一世被无政府主义者盖塔诺·布雷西暗杀。1907 年的金融危机和卷入一战的灾难，特别是惨烈的卡波雷托战役，使意大利陷入至暗时刻，人们对政治主流愈加不满，社会党人趁机得以壮大，并在1919 年的大选中取得了重大胜利。

接下来是 1920 年夏天开始的暗流涌动的银行危机，大型工程集团安萨尔多卷入其中，它既是陷入困境的意大利贴现银行的主要股东，又向这家银行大量举债。这简直是明目张胆的内部交易。在战后拮据的情况下，安萨尔多显然根本无力偿还贷款。一场由央行组织的救援行动推迟了清算的期限，但由于陷入困境的贴现银行在贷款上持续亏损，它被迫在 1921 年 11 月宣布破产。这一事件引起了人们对事件中裙带关系的不满，也触发了对所有相关问题的愤怒。[17]

同时，在弗朗切斯科·尼蒂和乔瓦尼·焦利蒂的领导下，历届左翼自由派联盟为了抑制通货膨胀和平衡预算，提出了对财富持有者征收资本税的建议，大大刺激了右翼。同时，他们削减面包补贴和与失业福利有关的政府开支，也激怒了天主教教徒和改革派左翼，让大家对当时的状态感到不满。整个意大利社会呈现出来的似乎是联盟分裂、政府不稳定和经济金融一片混乱的状态。

这种政治真空使人们对一个强大的领袖充满了渴望。虽然墨索里尼的政党在1921年的选举中只赢得了19%的选票，但足以让墨索里尼得到国王的命令组建政府。墨索里尼宣称，只有一个法西斯主义领导的强大政府才能平衡预算、结束通货膨胀、恢复稳定。[18]此后他关闭反对派报社，禁止公开抗议，取缔工会、罢工和竞争政党，用的都是这个借口。他得以在意大利实行君主立宪制的情况下，推行一系列准独裁主义的行为。

从这个角度看，英国在制度设计方面取得的成功是非比寻常的，它解决了失业问题，击退激进的政治分子。事实上，这两项成就相辅相成。失业保险只适用于一些相对不稳定的行业，在战争时期则被扩大到包括军需生产行业的工人。先例既开，1920年随之进一步扩大了覆盖面。当局的考虑很明确：如果军人在复员的同时出现了贫困和失业的情况，将出现类似德国和意大利的动乱。正如一位历史学家所说："政府真正担心的是，'如果不采取措施为英国劳动者提供经济保障'，就会出现内乱。"[19]

到1920年，保险制度覆盖了1 100多万工人，比战前的200万有所增加。这几乎是整个英国劳动人口的总数。[20]有证据表明，费边社会主义者（渐进改革派）为失业保险做出了令人信服的学术和政治辩护。对英国政治体制的信心也使人们相信，一个集中的养老计划可以委托政府管理，而不会被特殊利益集团纳入囊中。

英国的养老制度本来是以工人和雇主的对等缴费为基础自负盈亏的。可是正当这一制度在1920年开始扩张的时候，战后经济

第六章　直面失业

出现急剧衰退,造成了保险基金的直接赤字,财政部被迫动用一般收入来弥补赤字。无论如何,这对一个致力于管理平衡预算、想要恢复金本位制的政府来说的确不是一件好事。

随着经济大萧条的到来,这个问题又回来了,而且变本加厉。失业率飙升到了历史新高,导致政府对失业补助金的支付增加,同时人们由于失去收入又减少了保费缴纳额度。1929 年,工党政府组建之初便任命了一个皇家失业保险委员会对形势进行评估,并希望委员们能提供一些让人安心的说辞。结果到头来事与愿违。财政部高级官员理查德·霍普金斯爵士在向委员会提供的证据中,采用了"世界末日"的说法。他忧心忡忡地警告称,失业保险负债问题得不到资金支持,"国家已经濒临失去信用的鸿沟边缘"。

1931 年 2 月,政府召集了一个由保守派金融专家组成的委员会试图改变局面。乔治·梅爵士担任主席,他从英国保诚保险公司的干事位子上刚刚退休——对工党政府来说,这可能是一个奇怪的选择,但在恢复保险方案财务可行性的措施方面,还有谁比保险公司的高管更合适呢?考虑到委员会的组成情况,不难预见到,在 1931 年 7 月的报告中委员们提出了大幅削减开支的建议,首要的就是削减 20% 的失业补助金。可是,这并不是麦克唐纳内阁的左倾成员想要接受的东西。委员会无法达成一致意见,是 8 月工党政府垮台的导火索。[21]

在工党政府倒台后,以保守党为主导的国民联合政府成立,继续削减失业补助,额度从 20% 降到 10%。虽然民众仍然不喜欢这种做法,但还是通过了立法审议。一个月之后,国民政府在大选中获得了67%的选票,受到了民众的支持。凯恩斯主义者们事后认为,这些反常的顺周期政策是在经济空前低迷情况下的愚蠢之举。尽管如此,补助金的削减遵循着一条基本规则:失业者得到了相对慷慨的政府支持和广泛覆盖,如此会保证经济和政治相对稳定,否则后果将严重得多。

上述做法有助于政府采用其他手段更好地稳定经济。将利率降至2%,允许英镑在外汇市场上贬值,阻止了通货紧缩,消除了恢复增长的直接障碍。放弃金本位制使得维持严格的预算平衡变得不再那么必要,也促进了经济复苏。预算约束的放松使得10%的补助金削减政策在1934年被取消。议会设立了失业援助委员会,实施培训计划,并为愿意迁往就业前景较好地区的工人提供援助。

考虑到自由贸易在英国历史上的作用,对策中最具争议的事件是在1931年11月实行的临时性全面关税,以及在1932年对英联邦和帝国实行永久的10%优惠关税。[22]如同历次失业率上升时的情况一样,来自各个利益集团的批评者都指出不公平的对外政策是国家弊病的根源。只要金本位制阻止了政府采取其他财政和货币措施来刺激就业,有一笔固定的支出在进口和国内生产之间进行分配,那么关闭进口以提供就业的论点就很有说服力。即使是经验丰富的观察家,如凯恩斯,虽然也担心存在外国报复的风险,但基于这些理由,还是支持采取贸易限制措施。[23]

然而,鉴于自由贸易的传统和意识形态立场,工党也正在发起以"昂贵面包"(生活成本)为由反对征收进口税的活动,当时的英国仍然不愿意走向贸易保护。最终是在保守党主导的国民联合政府接替工党之后，议会才得以继续推进。这种政治权力的转移减轻了解决失业问题的压力（失业工人并不完全是保守党的核心选民）。更有意思的是，它是在放弃金本位制之后才进行的。凯恩斯曾认为，由于金本位制的约束限制了其他有利于就业的措施，所以需要征收关税来刺激消费对英国商品的需求。可是现在这种约束已经被解除了，英格兰银行可以降低利率，给英国经济带来所需的刺激。[24]作为英国的央行，英格兰银行的政策变动十分迅速，但这并不重要。保守党致力于为他们长期受苦的工业选区提供一些新的福利。新任财政大臣内维尔·张伯伦，也希望保留他父亲约瑟夫·张伯伦的保护主义遗产。[25]

问题在于，限制进口的关税使英国工业躲避了外国竞争的寒风，但同时减少了创新的动力。关税保护减缓了生产力的增长，尤其是在那些最受保护的行业。[26]如果说短期内关税只是有些多余，那么从长远来看，它和英国发展经济的初衷是相悖的。这些适得其反的效果，如缺乏竞争、高额加价、创新失败，不仅持续到了20世纪30年代末，而且在二战之后也是如此。这提醒我们，主流政治家哪怕只是提出了准民粹主义论点，也会产生意想不到的、持久的后果。许多人会联想到2016年的英国脱欧公投，那是民粹主义对经济一体化的又一次原始抵制，其影响深远且蕴含了巨大的破坏性。

总而言之，英国在20世纪30年代的政策应对既有成果也有代价。既然有代价，就说明英国的做法还远不够理想。尤其是失业问题，它仍然是一个长期问题——大萧条那么严重，怎么可能不失业呢？1936年10月，从雅罗的泰恩赛德镇到伦敦海德公园的游行，是为了抗议长期的失业和贫困而组织的，这说明即使再过几年，这场战斗仍然看不到胜利的尽头。但是，英国制订了一个包罗万象的失业保险计划，由公信力相对较高的机构进行管理，再加上采取了其他措施来稳定经济，因此，民粹主义势力未能获得更大的发展。

为什么在德国，失业更容易导致政治上的不满和极端主义呢？如前所述，当大萧条发生时，失业保险还是一个新鲜事物。人们强烈反对以道德的理由支持失业者，担心这样做会助长惰性。因此，俾斯麦主导的社会保险的重点是帮助老年人、病人和赤贫者，可以说，这些群体几乎没有博弈的余地。一战之前，鉴于黑麦和其他农产品的种植者享有的关税保护，农业领域的就业问题在德国的重要性其实并不比意大利和法国低多少。同样，自给自足的农民乃至农业劳动力不需要失业保险的说法，在那里也很流行。此外，在保守党中举足轻重的大地主担心，失业保险会阻止闲散的产业工人重返农业。雇主们一致警告称，对失业者的收入支持会推高工资水平。他们抵制全国性的失业保险，理由是现有社会保险项目的成本投入是在滥用他们的资源。[27]

虽然一些工会为会员设立了失业基金，但这些基金是自筹的资金，并没有给雇主或纳税人造成过重的负担。[28]不过，工会失业补助金的受益者很少，因为在一战之前，只有大约5%的雇员加入了工会。

战争的紧迫性改变了这种情况。德国政府在1914年推出了一项临时性的失业援助计划，以安抚劳工，因为国内前线的混乱现在可能威胁到国家安全。1918年，就在威廉港水兵起义后的几周，政府延长了这个计划，当时德国公海舰队的士兵拒绝了海军部的出海命令，而这就发生在"十一月革命"爆发后的几天。安抚失业者的需要十分迫切，这很容易理解。难以置信的是，随着士兵复员后德国经济的波动，原来设想的这一计划被取消了。[29]

从形式上看，这仍然只是对失业者的临时援助，而不是一个永久性的保险制度。补助金不与以前的工作或对基金的缴款挂钩，也与失业者之前的工资水平无关。没有规定领取者必须真正寻找工作，也没有规定相关的资格条款。

不过，临时援助改变了围绕失业保险所展开的争论的内在条件。它对政府不应该援助失业者（不同于老年人、体弱者和赤贫者）的假设提出了挑战。如果现在是要在临时援助和有组织的失业保险制度之间做出抉择，而不再是在失业保险和无所作为之间进行取舍，那么雇主们就有充分的理由改变他们的态度了。[30]通过以适当的保险计划取代临时援助，可以将资格与先前的就业挂钩，从而消除对那些没有工作记录或无心工作的人的帮助。以与工资和缴费挂钩的方式取代早先的补助金，可以避免对低工资工人的补贴太多，使他们没有工作的动力。雇主作为方案设计辩论的参与者，将更有能力限制该制度的滥用。

这种思想的转变需要时间，就像所有思想转变都需要时间一样。大多数雇主直到1926年才开始支持失业保险，而关于失业保险和就业服务的法律直到1927年7月才最终通过，这距离德国开始陷入大萧条几乎不到一年的时间。德国比英国和美国更早地陷入大萧条，因为德国为战争赔偿和其他债务所累，严重依赖外国资金。1928年夏，外国资金突然枯竭，华尔街在其繁荣的阵痛中，吸走了以前流向包括德国在内的其他地方的资本。随之，德国的消费需求开始下降。1928年与1929年之交是异常寒冷的冬天，加上国外开始放缓的经济，进一步打击了德国。

接下来的问题就是，在德国失业保险制度被经济衰退和接踵而来的财政困难打垮之前，根本没有时间让它充分运作起来。尽管政府允许保险基金向财政部借款，但借款期限极短，数额也十分有限。霍普金斯爵士所说的关于英国失业补助的代价，即"国家已经濒临失去信用的鸿沟边缘"，此时同样适用于德国。德国经济依赖外国信贷。由于赔款的不确定性，德国吸引外来信贷的能力相当脆弱。[31]在人们对一战时期的通货膨胀记忆犹新的情况下，维持马克与黄金的联系是最重要的。布吕宁总理等政客近乎宗教般狂热地宣称，预算平衡对于维持黄金的可兑换性极其关键。

因此，当保险基金出现赤字时，德国政府开始迅速削减失业补助投入。实际上，每当财政问题加剧时，德国政府都会选择减少支出。尽管失业率（以登记失业人数占劳动力的比例来衡量）达到了比英国更高的峰值，而且下降得更慢，但德国政府还是这样做了。1929年11月，保险覆盖的范围被缩小，收入门槛被提高，季节性工人的失业补助金被削减。1930年6月，帝国议会通过了一项法案，再次削减失业补助。该法案要求财政部向保险基金提供的贷款不超过任何预计运营赤字的一半，应当通过削减补助金和增加缴费来消除差额。1931年1月，政府任命了另一个专家委员会来审查该计划的财务状况。6月，政府采纳了委员会的建议，又一次削减了失业补助。

随着危机的加深，削减的力度也越来越大。以实际GDP从高峰到低谷的跌幅来衡量，德国是经济衰退最严重的国家之一，[32]因此减少支出的策略根本无济于事。作为对时局的回应，1932年6月接替布吕宁的过度保守主义者弗朗茨·冯·帕彭根据《魏玛宪法》赋予首相的权力颁布了一项紧急法令，重组了保险计划，并将保险金额外减少了23%。有美国学者对这一系列政策的评论是："（布吕宁和冯·帕彭实施的）大部分变革……是为了维持偿付能力，而不是为了克服制度的缺陷或改进程序的效率。"[33]他们更不是为了帮助失业者。最引人注目的削减是通过法令实施的，规避了正常的立法审议，这并没有加深民众对当时执政的政治家的崇拜，也没有增强宪政制度的合法性。相比之下，英国的情况则不同，在英国，失业补助削减是由一个国民联合政府实施的，并获得了压倒性的选举授权。

这些政策的一个标准衡量标准是"替代率"，即典型新失业工人用失业补助金替代的平均税后工资的份额。在德国，补助金替代率从1928年的38%下降到1933年年初希特勒上台时的34%以下，也就是说，下降了1/10以上。虽然在这个通货紧缩和经济萧条的时期，工资也在下降，但补助金下降的速度更快。[34]英国的情况则很有启发意义，虽然补助金也被削减了，但替代率不降反升，从1929年的不到50%上升到1934年的超过50%。[35]在英国，补助金的削减滞后于工资的下降，而不是像德国那样领先于工资的下降。

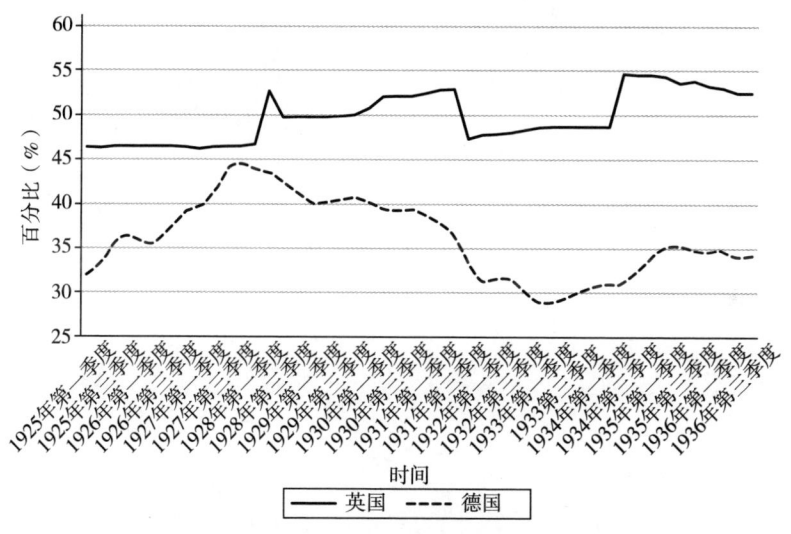

图6-2　1925—1936年英国和德国的失业补助金替代率

资料来源：Nicholas Dimsdale, Nicholas Horsewood, and Arthur van Riel, "Unemployment and Real Wages in Weimar Germany," Discussion Papers in Economic and Social History no. 56, University of Oxford（October 2004），and author's calculations。

　　为什么政治极端分子可以在一个国家掌权而无法在另一个国家掌权？单一的统计数字并不能有效解释清楚。失业并不是人们关心个人和经济不安全感的唯一形式，国家的收入替代也不是唯一贴在疮口上的膏药。尽管如此，我们几乎都会承认，德国社会和政府未能为失业者做更多的工作，此举带来的后果可能是最糟糕的。

第七章
调和时代

回望20世纪，从50年代到70年代中期，似乎是一个政治和谐的黄金时代。那个时期的民粹主义依然不乏代表性人物——从法国的皮埃尔-玛丽·布热德到英国的伊诺克·鲍威尔，再到美国的乔治·华莱士。[1]毫无疑问，对经历过当时民粹主义运动的人来说，他们对政治的印象应该不是那么温和。把那个时期视为经济稳定、政治平和的乌托邦，多少需要谨慎一些——尤其是小时候生活在这个阶段的人，因为他们正过着无忧无虑的童年。

不过，数字并不会说谎。20世纪中后期，20个发达经济体（美国、加拿大、澳大利亚、日本和16个欧洲国家）的极左翼政党，尤其是右翼政党的得票率低于1939年之前的水准，也不如1975年之后的表现好。[2]没有哪个积极寻求颠覆既有政治体制的反体制政党组建了政府，也没有任何一个宣扬民粹主义的领导人实际当选任职。

这并不是要否认政府有时会失去信任票。议会可能会分裂成许多党派，使组建稳定联盟的努力变得复杂。街头抗议表明，那些无法通过常规渠道来表达自己意见的人会感到沮丧。回顾1968年5月在法国发生的事件和1968年美国共和党全国大会上反对越南战争的示威，并不是每个人都对政治现状感到满意，也不是每个人都准备通过传统的手段来谋求改变。尽管如此，从获得的选票和任职情况来看，反体制的政党和政客的吸引力在这段时期的确异常低落。

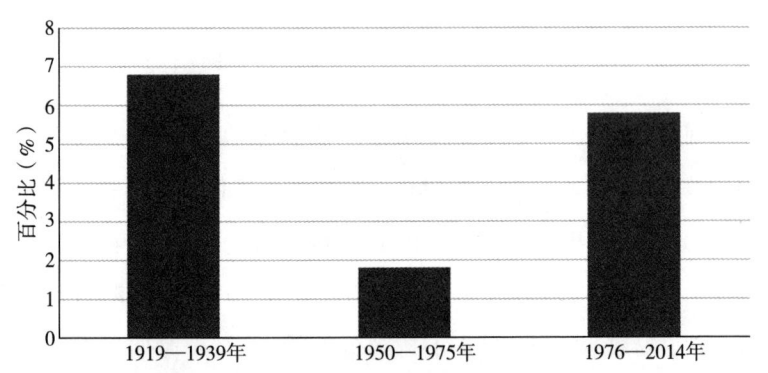

图7-1 20世纪三个历史阶段20个民主国家极右翼政党的平均得票率

资料来源：Author's calculations, based on Manuel Funke, Moritz Schularick, and Christoph Trebesch, "Going to Extremes: Politics After Financial Crises 1870–2014," *European Economic Review* 88 (2016): 227–260。

造成这种特殊状况的原因有多种。最明显的是，人们对极端主义误入歧途的惨痛记忆还没有散去。如德国和奥地利这样的国家，战后在政治上划定了许多限制。蔓延到仇恨言论中的本土主义和穷兵黩武的民族主义都是令人无法接受的。政府根据一个设定好规则的系统来约束选举和任命的官员。在德国，这些思想汇聚形成了秩序自由主义学说。秩序自由主义是一个经济和社会思想体系，强调规则是有序社会的基础，是阻止贪婪的政府干预经济的屏障，也是防止极富个人魅力的领袖采取武断行动的壁垒。批评德国对欧元危机采取谨慎态度的人们认为，秩序自由主义至今仍在影响着德国的思想和政策。[3]

关于政治思想和行动界限的共识，二战后已被纳入德意志联邦共和国宪法（《基本法》）及其《民法》和《刑法》。根据《刑法》第1条，仇恨言论（字面意思是"教唆人民"）可判处监禁。虽然1955年后德国不再被禁止组建军队，对其军队的限制也随着1990年德国的统一而消失，但对德国军队对外部署的内部约束至今仍然存在。[4]只有获得联邦议院（立法下院）2/3的投票和联邦参议院（上院）的多数投票才能改变这些规定。这些自我强加的约束只是形式化了我们已知的思想行动边界而已。

可以肯定的是，即便是联邦德国也有自己的极端分子。反动的民族主义者几乎在敌对行动停止后立即开始在美英占领区组建政治团体。[5]1949年，社会主义帝国党，一个带有法西斯主义倾向的激进民族主义分裂组织，在德国西北部活跃起来。1951年，社会主义帝国党迎来了高光时刻，在下萨克森州的选举中获得了11%的选票。在失业率最高的地方，该党得票率最高。不过，由于德国经济发展比较好，社会主义帝国党最终没有能够扩大其吸引力。1952年，政府援引《基本法》第21条，以试图破坏民主秩序的罪名，解散了该党并没收其资产。在社会主义帝国党之后，整个德国没有再产生什么有影响力的极右势力。

德国共产党处于政治谱系的另一端，但它从未发展为一个群众性的政治组织，因为这个政党严格效忠于马列主义，还同苏联保持联系。1956年德国联邦宪法法院取缔了德国共产党。它的继任者，意识形态上不那么强硬的德国人联盟，表现也不尽如人意。1960年成立的德国和平联盟吸引了共产主义阵线的成员，但其他党派转投而来的成员几乎没有，得票率很少超过2%。

随着时间的推移，人们的记忆逐渐淡化。民众没有因为第三帝国的历史教训而停止支持煽动本土主义和民族主义情绪的政党活动。巴德尔和迈因霍夫集团（后改名为"红军旅"）等激进的极左组织仍在进行爆炸、绑架和暗杀等对抗活动，也没有因为部分人脑海中苏军的暴虐印象而消失。[6]然而，只要这些战时记忆还在，就像在20世纪五六十年代那样，它们仍然会起到抑制激进倾向的作用。

政治改革进一步压缩了反体制人物和政党的活动空间。在实行完全比例代表制选举制度的国家，以往议会的分裂程度很高，现在则规定了一些门槛，一般而言要求获得超过5%的选票才能获得议会代表权。在德国，一个政党必须在全国范围内吸引至少5%的选票，否则就必须赢得至少三个省级直选席位。拥有大量追随者的新党派有可能获得代表权，但小型的分裂党派则被排除在外，这样也使得它们更容易组成联盟。

此外，根据新的德国联邦宪法，总理不能再通过简单的不信任投票被罢免，只能通过建设性投票的制度，即联邦议院必须根据多数议员意见选出一名继任人，并请联邦总统罢免联邦总理，这时才可对联邦总理表示不信任。这条规定是为了避免出现困扰魏玛时期的那种"旋转门式领导"。从1949年通过新宪法到1982年赫尔穆特·施密特被赫尔穆特·科尔取代时，都没有出现过建设性的不信任投票。比利时和德国一样，也采用了类似的制度。

这些变化在当时并没有彻底阻断那些非主流政党和运动的形成，也没能阻止近几十年来新的极端主义政党的崛起，但非主流和极端主义政党实际上吸引力很小，因为支持这些政党等于放弃自己的选票，除非选民确信其他人也会投出同样的票。这些政党的代表即使当选，也无法通过不信任投票来扰乱政府，因为他们不可能就建设性的替代方案达成一致。

冷战进一步抑制了激进的反体制政党的发展。来自苏联的威胁提高了德国民族团结的重要性，削弱了民众对听从莫斯科指示的左翼共产党的支持。美国在联邦德国驻扎了军队，战后重建需要美国的财政支持。美国向法国和意大利提供援助的条件是将共产党从它们的政府中驱逐出去。这些国家和其他国家的选民清晰地意识到：美国的援助是以他们自己在选举时支持中间派政治为前提的。

紧接着是二战后发达经济体的良好经济表现。人们公认1950—1973年是经济增长的黄金时期。[7]在西欧，人均实际GDP年均增长率为3.8%，几乎是1913—1950年的4倍，是1973—1993年的2倍多。美国的生活水平增长较慢，每年增长2.5%，但即便如此，这个增长率也十分显著。[8]日本的增长接近两位数，是所有国家中最神奇的。在这些国家中，既然经济状况如此繁荣，人们就没有什么理由去攻击经济的表现了。

第七章 调和时代

从某种意义上说，战后的增长奇迹并没有那么神奇，只不过是弥补了失去的时间而已。在 20 世纪二三十年代，投资一直不景气。战争对消费品行业损伤很大，而后者正是 20 世纪下半叶推动需求的力量。为了避免以前的灾难重演，各国充分利用了积压的投资机会。二战后的投资率比 1913—1950 年的投资率高了 50%。[9]美国在发展大规模生产方式领域一跃领先，比如亨利·福特的移动式流水线、为使用电力而进行的生产重组，以及战时的工业动员。通过同样的技术和生产方式投资，欧洲和日本在经济上紧随其后。

美国的现代化大规模生产可以追溯到 19 世纪下半叶美国率先发展大公司的时期。[10]由于采用了新的生产方式，在二战结束时，欧洲和美国之间出现了相当大的差距，现在可以通过对技术和机构的直接投资来弥补这个差距。[11]欧洲有能读写、能计算的高素质劳动力，有学徒制和职业培训，工人能够掌握实施美国技术所需的技能。欧洲的劳动力可以从农业的不充分就业中抽调出来，投入制造业的工作中。意大利南部的小农户向都灵菲亚特工厂的流动就是一个典型的例子。[12]联邦德国有来自东部的难民，可以在其不断扩张的工业部门工作。1947—1950 年，近 100 万德国和波兰后裔从东欧迁往西欧，其中许多人以前就有工业从业经验，而且正值工作的黄金年龄。[13]现在，欧洲大陆的国家有稳定的政治机构和制度来安抚投资者。

生产者可以获得美国的技术与管理经验。从多部门的公司形式到现代人事管理实践以及数字化库存控制，所有这些科学管理革命都离不开效率专家弗雷德里克·温斯洛·泰勒的贡献。像福特汽车公司这样的跨国企业在欧洲进行了大量投资，为这种知识的传播提供了载体。欧洲的劳工和管理层在马歇尔计划赞助的生产任务中接触到了美国的技术。他们把在美国了解到的技术带了回来，并根据当地情况进行调整。[14]美国企业和工会代表前往欧洲传播他们的"生产力福音"。[15]但他们也明白，在冷战的环境中，采取非常措施来提高欧洲的生产力和安全是相当有必要的。

虽然美国在技术和组织方面的后备优势最少，但正如我们所看到的，美国的经济增长也在加速。20世纪40年代是四年制大学毕业率增长最迅速的10年，这得益于《退伍军人权利法案》使退伍军人能够在联邦政府的资助下进入大学读书。[16]更好的教育意味着更强的识字和计算能力、更强的分析能力，以及在工厂和办公室操作复杂机器的更大便利。[17]

在资本方面，美国持续加大对电力和流水线的投资。1940—1950年，美国工厂的电力发电量增加了70%。这些投资使资本存量的质量显著提高，与劳动力质量的提高对应起来。不仅有更高质量的投资，还有更多数量的投资，而且不仅是一般的投资，更关键的是工业投资。1948—1957年，生产者耐用设备投资占GDP的比例增长了50%，如同20世纪30年代（当时占GDP的6.2%，而此前是4.1%）的增长速度。

最后是政府。在战争时期，为了推动战时生产，美国政府投资了工业使用的机床和其他设备。现在，美国政府投资于州际公路系统，使制造业在有利的地点集聚，其产出能够分布在全美各地。这使得大规模生产、内燃机和卡车运输的效率优势得到充分体现。

经济增长不仅更快了,而且更加稳定。欧洲经济在20世纪50年代和60年代前半期稳步增长,唯一值得注意的中断是1957—1958年法国和1964—1965年意大利的轻微衰退。[18]两国的GDP增长率只有后来七八十年代的一半。[19]美国在1954年和1958年也经历了小幅度的衰退,但经济增长依然稳定。[20]稳定的增长,意味着只有一小部分劳动力面临长期失业,由此减轻了与经济变革相关的不安全感。

更好的政策是带来这种稳定增长的显要因素。毕竟,在20世纪二三十年代政策灾难的基础上做出改善并不困难。虽然积极的反周期的货币和财政政策仍停留在理论层面,但凯恩斯主义思想的传播至少防止了政府和央行重蹈大萧条的覆辙。除此之外,还有一个简单的事实,即公共支出比私人支出更稳定。当经济增长放缓时,税收收入的增长也会随之放缓,预算就会进入赤字状态。这些机制是自动运行的,所以被称为自动稳定器。由于公共部门的增长,现在税收收入的诱发变化在GDP中的比重更大,因此自动稳定器在抑制经济周期方面的作用比以前更加强大。

此外,除了二战后的一段短暂时期外,没有出现过像20世纪20年代那样的高通货膨胀率。没有任何赔款纠纷会导致战败国政府预算上的漏洞。恰恰相反,美国坚持要求德国的赔偿应当服从于社会稳定和恢复增长的目标,而苏联坚持索取严厉的赔偿,这导致了美国与苏联的最终决裂。

另一个促进稳定的因素是布雷顿森林会议通过的《国际货币基金协议》。根据1944年商定的布雷顿森林体系，其他国家承诺保持其货币对美元的稳定。美国在20世纪50年代和60年代大部分时间里成功地将通货膨胀率保持在较低的水平，只要这个状态维系下去，就能给其他国家带来巨大的稳定。[21]

国际经济环境总体上的稳定，加强了布雷顿森林体系的稳定性。国际经济的时运不错：1967年以色列和阿拉伯国家之间爆发六日战争时，中东的石油供应没有严重中断，1973年之前也没有出现石油输出国组织石油危机。[22]当然，那时的判断也很准确。国际贸易的自由化是谨慎的。关税壁垒不是通过一次而是通过一系列定期的关贸总协定谈判来逐步降低的。[23]假如一国国内市场还没有准备好，就不会向外国竞争者开放。对全球贸易体系的冲击没有像中国2001年加入世界贸易组织时那样猛烈。[24]

对国际资金流动的控制，在放松时趋于更加谨慎。因为各国政府从大萧条中认识到，不受限制的资本流动可能会破坏稳定。取消资本管制不是《布雷顿森林协定》签署国的义务。即使日本和欧洲拆除了商品贸易壁垒，它们仍然保留了对资本流动的限制。直到20世纪80年代，在金融自由化和放松管制的风潮推动下，某些限制才最终被取消。对资本流动不稳定影响的记忆，就像对政治过激行为的记忆一样，随着时间的推移而逐渐消逝，决策者们也在慢慢淡忘。然而直到70年代中期，大萧条的教训还在影响着政策的制定。

对全球化的审慎管理表现出了积极的影响。各国可以根据比较优势进行专业化生产，在避免贸易和金融冲击的同时，做更多它们最擅长的事情。

银行和金融的稳定也不可忽视。在1973年之前，发达国家没有发生系统性的银行和金融危机。虽然银行倒闭的现象偶有发生，但不会危及整个银行和金融体系。[25]更多的国家仿效美国的做法，采取了存款保险制度，降低了储户恐慌的危险。它们对金融机构进行更严格的监管，不鼓励冒险，以避免发生类似于大萧条时期的银行危机。如第一章所述，银行危机经常会滋生出针对金融家和财阀的民粹主义震荡，并诱发政治上极左和极右的波动，因为纳税人感到自身的利益被牺牲了。[26]值得注意的是，在1945—1973年，发达国家没有出现引发这种反应的严重银行业危机。

经济增长除了快速而稳定的特征，其成果也得到了普遍的分享。20世纪50年代到70年代中期，实际工资水平强劲增长，与其后阶段的停滞形成鲜明对比。低失业率意味着经济增长的收益被广泛分配。劳动力在国民收入中的份额稳定或有所上升。在欧洲大陆、日本、英国甚至美国，收入最高的1%的高收入者的收入在国民收入中所占份额下降。[27]高速增长和较低程度的不平等是相辅相成的。美国经济学家罗伯特·戈登在谈到美国时写道，一个显著的事实是，"90%的底层和10%的顶层群体，其收入增长速度与平均水平大致相同，而且每个群体的实际收入都在高速增长"。[28]

政府在战时对富人征收了更高的税收，既包括对高收入者冲击较大的个人累进税，也包括较高的企业所得税。在战争期间，个人所得税的最高边际税率在英国达到了95%，在美国达到了

92%，在德国达到了90%。政治学家肯尼思·舍维和戴维·斯塔萨维奇认为，大规模战争是对富人征税的关键催化剂。[29]对高收入者的征税之所以提高，是因为战争动员对工人阶级的需求非同寻常，从而以同等牺牲为由对富人征税就相对合理了。这个观点比较普遍，二战是一个典型的例子。

这些很高的最高税率依然存在。在英国，20世纪60年代的最高税率仍然是83%，最富有的少数人要为投资收入额外支付15%。在美国，最高边际税率在20世纪60年代初仍然是91%。税收减免和漏洞确实存在，但这些很高的最高税率使分配中收入在前0.1%人群所占的收入份额减少了一半之多。[30]

较高的税率之所以持续存在，是因为大规模动员给人们带来的苦难并没有随着战争的结束而消失。美国后来通过了《退伍军人权利法案》，帮助退伍老兵免费接受大学教育，为他们提供无首付的住房贷款。其他国家也采取了类似的措施。对富人征收较高的税赋，是这种社会交换契约的一部分内容，也推动了《退伍军人权利法案》的出台。[31]此外，加大对高收入人群的征税力度，改变了合意税率的界定规则。新的社会平衡出现了。对最高收入群体征收更高的税率并没有像批评者所警告的那样破坏经济增长，对于公平和效率之间如何权衡取舍的问题，现在有了新的评估标准。[32]

技术进步也提高了收入水平。机器工具的普及和流水线生产方式在其他行业的推广，刺激了对半熟练工人的需求。那些缺乏技术培训但会焊接手艺的人有了新的就业机会。工人们在太平洋舰队的建造地——加利福尼亚州里士满的亨利·凯泽造船厂学习这些技能，然后将其应用到耐用消费品供应企业中，例如旧金山的某家企业生产壁炉屏风和成套工具，然后由西尔斯、蒙哥马利-沃德等百货邮购零售平台进行销售。[33]

可编程机床、计算机和机器人使得资本设备取代半熟练劳动力，减少了经营锻造或操纵流水线所需的工人数量。ATM（自动柜员机）取代了银行出纳员，条形码扫描仪取代了超市收银员。但这是后来的事了。1967年，第一台ATM才在伦敦北部首次亮相。美国的第一台ATM则是到了1969年在纽约洛克维尔中心出现的。直到1974年，第一台超市扫描仪才在俄亥俄州特洛伊市投入使用。[34]数控可编程机床的发展在二战期间就已经开始，当时美国空军和西科斯基飞机公司尝试将其用于直升机的生产，但实际应用受到诸多限制，直到20世纪60年代末微型计算机出现之后才有所改观。由于数控技术的发展速度非常缓慢，美国陆军为了加快普及利用，制造了120台数控机床，并将其租赁给制造商使用。[35]

如果说技术有利于半熟练劳动力的就业，那么国际环境则特别有利于发达经济体的就业。关税虽然在下降，但并不是可以忽略不计。尤其是在20世纪八九十年代物流和集装箱革命产生之前，运输成本始终是需要考虑的。[36]不过，在发达国家首先是美国，贴近最终需求的生产仍然大有市场。

即使在低劳动力成本作为决定性优势的行业，如纺织业、服装业和制鞋业，发达经济体仍然具备竞争力。韩国、中国香港、中国台湾和新加坡，作为第一波新兴工业化经济体，直到20世纪

60年代才开始工业化历程。直到20世纪70年代，它们才开始进行从纺织业、服装业和制鞋业向造船业和机械领域的技术升级。这时的中国在最敏锐观察者的雷达屏幕上，甚至连个亮点都算不上。发展中国家在制成品方面的竞争可能已经出现，但明显没有后来那么激烈。

教科书告诉我们，对蓝领工人的需求不断增长，会使蓝领工资不断上升。但是，还有一种情况，当企业拥有市场支配力量时，它能够享有高于市场的回报，这些额外回报可以与工人分享，也可以从工人那里克扣。[37] 工人们如果组织得好，可以通过威胁扰乱生产来获得一部分高于市场的回报，或者说租金。在20世纪二三十年代，这样的干扰频繁发生，导致美国的制造商担心现在会重蹈覆辙。在二战期间，政府指定的企业和劳工领袖在制定工资标准及维持产业稳定方面进行了合作。[38] 例如，沃尔特·鲁瑟的汽车工人联合会承诺支持战时生产，不开展罢工，名噪一时。作为回报，心怀感激的杜鲁门总统于1945年在底特律召开了一次总统峰会，将管理层和劳工代表聚集在一起。杜鲁门发起了反对《塔夫脱–哈特利法案》（也称《劳资关系法》）的运动，该法案禁止工厂只招收工会成员，限制某些类型的罢工。杜鲁门的努力没有成功。1948年，他特意在底特律的卡迪拉克广场发表了强烈支持工会的劳动节演讲。

这种来自时任总统的政治支持并非没有效果。还有一个事实是，汽车制造商已经在新的产能上投入了大量资金，如果生产因停工和罢工而闲置，他们就会蒙受财务损失，而如果能避免劳资纠纷，战时配给制度留下的潜在需求就会带来强劲的销售增长。

结果，工人们与三家大型汽车制造商签订了一系列长期合同。合同模板是汽车工人联合会和通用汽车公司在1950年签署的合同。作为5年稳定劳动的回报，通用汽车公司提供了每月125美元的养老金、医疗保险、每年工资增长的时间表，以及生活费的提升。这正是赫伯特·胡佛在1929年设想的福利资本主义。

这个协议后来被称为"底特律条约"，福特和克莱斯勒很快效仿。它们的合同为20世纪五六十年代大钢铁公司和其他制造业部门的劳资关系定下了基调。[39]

在欧洲，曾经领导过反纳粹斗争的抵抗组织成员现在成为劳工组织中的重要人物。由于这些领导人在战时英勇斗争过，劳工组织获得了新的合法性和一致的尊重。欧洲国家的劳工处于更强大的地位，他们不必与任何《塔夫脱-哈特利法案》之类的势力抗衡。在欧洲，加入工会的劳动力比例也较高，这说明那里工会运动发展较早。其中一个例子是1951年德国的《煤钢行业共同决策法案》，该法案赋予工人在这些行业的公司监事会中拥有代表权。[40]所有重大的商业决策都需要董事会的批准，包含工资结算事项。[41]俾斯麦本人也曾主张成立一个经济委员会，将资本家和劳工的代表聚集在一起。[42]以往这些成败参半的尝试如今被永久地写入了法律。

随着时间的推移，《煤钢行业共同决策法案》的适用范围逐渐扩展到公共部门，然后扩展到所有雇员规模在2 000人以上的公司。奥地利、荷兰、瑞典和其他国家也通过了类似的法律。很难想象有什么更直接的机制来确保资本和劳动之间对租金的公平分配。这提醒我们，生产力快速增长对工人阶级的贡献不只是生活水平的提高。劳动者们还可以通过车间、法庭和议会中的支持性体制框架确保自己分得一杯羹。

其他国家根据独特的国情和历史，制定了各自不同的制度。受外部冲击影响最直接的欧洲小国，此前已达成了旨在加强国内稳定的框架协议，例如：1935年挪威的《基本协定》、1937年瑞士的《和平协定》、1938年瑞典的《主要协定》。协议的参与者试图确定符合经济和社会稳定的工资与就业水平。劳工被视为社会伙伴，为产业和整体经济的谈判提供了基础条件。在谈判中，各方寻求在利润和租金分配方面达成一致意见。在荷兰，成立了由资方代表和工会领袖组成的产品公司董事会，对雇工和投资决策进行联合审议。在瑞典，出现了增加出口和生产的合作主体，在其支持下，产业界、劳工和政府官员举行会议，以确定工资水平，使之适应不断提高的生活水平和持续加剧的出口竞争。这种做法被称为"斯堪的纳维亚模式"，包括沃尔沃、阿西亚、阿法拉伐和斯凯孚在内的大型工程公司率先与工人达成了租金分配协议，之后其他行业的公司也达成了类似协议。[43]

上述的系列框架协议在小国、开放经济体以及民族同质的社会中最容易达成。[44]在联邦德国，类似的制度安排最为持久，因为德国的历史传统影响深远，劳工们不易发生冲突。英国的情况恰好相反，早期工业化残留下了支离破碎的以手工业为基础的工会运动，那里的劳资关系充满争议，雇工数量时有纠纷，阻碍了投资，迟滞了生产力和收入的增长。1968年，政客伊诺克·鲍威尔在一次演讲中指责移民带来国家经济的灾难，为自己赢得恶名，也引起了巨大的争议。那些面临长期失业、生活水平停滞不前和社区状况恶化的充满怨气的劳工选民支持鲍威尔，绝对不是巧合。[45]

一个福利更全面的国家能够提供经济位移损失的保险。学者们对如何以最佳方式衡量福利国家的程度尚有争议，但毫无疑问，福利国家的数量在这一时期有了显著的增加。[46]到了20世纪70年代，90%以上的西欧劳动力都被国家资助的保险覆盖，以防止衰老、残疾和疾病造成的收入损失。80%以上的人拥有意外保险，60%的人有失业保险。在20世纪60年代，GDP的10%~20%用于社会支出，而到了70年代中期，这一比例上升到国民收入的1/4~1/3，各个国家略有不同。经济增长有助于推动国家扩大社会支出，而社会支出的扩大也为经济增长奠定了基础。[47]

到这一时期结束时，福利国家的矛盾开始显露出来。过于慷慨的失业和伤残保险降低了受益人寻找工作的动力，鼓励一些人退出劳动力队伍。老年和医疗保险设计不当，使得人们提前退休，医疗费用膨胀。就像所有的政府项目一样，这些福利项目有很多值得批评的地方。但是，如果没有这些制度安排，很难想象人们会对实现经济快速增长和容忍社会结构变化的政策达成持久的共识。

因此，20世纪50年代到70年代中期是一个特殊的时代，各种力量巩固了政治的主流，限制了民粹主义领导人和反体制政党的发展。法西斯主义和冷战使极端主义名誉扫地。更强大的政治体制改善了社会治理与稳定。在经历了30年的萧条和战争之后，奋起直追的增长保证了整体发展水平的提高。

更重要的是，这种增长是共享的。技术变革通过支持大规模生产方式，为蓝领阶层创造了良好的工作条件。全球化尚未侵蚀对半熟练工人的需求。二战期间，劳工的牺牲使其公平分一杯羹的要求合法化，承认工会和诸如产业决定权等制度满足了这一要求。福利国家帮助了那些生活困难的人。罢工和街头示威确实还在发生，但总体上看，社会和政治机构对大多数人的需求做出了充分的反应。

可是，假如这种幸福的结局主要来源于特殊的环境，那么已经注定，这些特殊环境不会持续太久。

第八章
物是人非

1973年以后,一切都发生了逆转。美国人均 GDP 的增长率从 1950—1973 年的 2.4% 下降到 1973—1992 年的 1.2%。[1]西欧的增长率同样下降了一半,从 3.8% 下降到 1.8%。日本尽管在黄金时代的增长速度最快,但下降幅度也是最剧烈的——从 8.0% 降到 3.0%。

缓慢的增长让所有事情都变得更加困难。政府更难找到资源来帮助流离失所的工人。人们更加怀疑补助金能否持续支付。由于成功实现经济增长而获得支持的政府,其受欢迎程度也在下降。1980 年,吉米·卡特在总统大选中失利,部分是因为伊朗没有释放被扣押的 52 名美国人质(不过,在里根发表就职演说后不久,伊朗就释放了人质),也有部分原因在于卡特对经济的管理不够出色。耶鲁大学经济学家雷·费尔在计量经济模型中,将卡特的失利归结于他只依赖少数几个经济指标,特别是就业率和失业率。[2]正如经济学家悉尼·温特劳布所说的那样,卡特成功地"在所有民主党人和共和党人都失败的地方,把自己的名字变成了经济管理不善的代名词,并消除了人们对胡佛总统在大萧条开始时颟顸无能的记忆"。[3]

在美国和其他国家里,那些心怀不满的选民最初倒向的是其他主流政党和领导人,但这些领导人能否掌握权力取决于他们提供经济产品的能力。在某些情况下,例如里根和撒切尔夫人的政策,似乎称得上成功。然而,里根的政策推高了美元,加速了美国中部地区的去工业化。撒切尔夫人的去通货膨胀政策伴随着失业率的急剧上升。政府无论如何都难以将经济增长恢复到二战后"辉煌30年"的高度。

由于经济增长放缓没有其他令人信服的解释,指责政府无能是很有诱惑力的。发达经济体的衰退必然是生产力的衰退,因为生产力是GDP增长的主要来源。流行的观点往往强调1973年和1979年石油输出国组织的石油冲击,告诉人们汽车在加油站排长队是经济困境的明显迹象。可是能源在GDP中的比重非常小,不足以解释整个经济所发生的一切。此外,如果能源价格的上涨导致使用能源的资本设备过时,从而压低了生产力,那么我们理应看到这种设备的二级市场价格急剧下降,而事实上并没有出现这种下降。[4]

一些分析师指责经济周期的波动抑制了投资和创新。[5]这个论点很有吸引力,因为不仅是能源价格冲击,而且还有其他因素,从尼克松的辞职到不断加剧的通货膨胀,都可能造成这种波动。但是,对于经济周期波动的来源,特别是央行和政府的无能以及破坏稳定的政策响应（吉米·卡特效应）是否重要，人们没有对此达成一致意见。这显然将矛头再次指向了当权派政客。

也许1973年后的经济增长放缓只是成功之后必然出现的副作用。在20世纪五六十年代，经济增长得益于劳动力质量的提高。随着收入的提高，就有可能在教育上进行更多的投资。如第七章所述，20世纪40年代是美国高中和大学毕业率增长最快的10年，这一上升趋势又持续了20年。如今高中毕业率稳定在75%的水平。有能力读书的学生都已经完成了学业，很难再进一步提高毕业率。拥有大学学位的美国男子的比例约为25%，也在同一时间趋于稳定。

可是在美国以外的地区，情况并非如此。1910—1940年的"普及高中运动"是美国特有的现象。[6]其他国家教育程度的提高和范围的扩大开始得较晚，进展也较为缓慢。因此，在20世纪80年代以及之后的欧洲和日本，年龄在15~64岁的人的平均受教育年限持续上升，在生产力增长放缓的很长一段时间内仍在持续。[7]

或者说，增长放缓只是反映了追赶步伐的结束。只要存在着可以从美国获得的技术积累，只要仍有未充分就业的农业劳动力转移到制造业等更多生产领域，欧洲和日本就可以迅速发展。然而，到20世纪70年代，这些国家与美国的技术差距已经缩小，未充分就业的农业劳动力资源已经枯竭。

以上观点认为生产力发展是逐渐减缓的，而事实上生产力呈现出了断崖式的下降。农村就业不足的劳动力并没有在一天内蒸发掉。美国拥有一系列的技术，但有些技术比其他技术更先进。

第八章 物是人非

欧洲的生产者可以从最具吸引力的技术开始，却没有理由在某一天或1973年这样的某一年停止。同样，美国经济睥睨全球、无人追赶，也同样明显放慢了速度，这些事实突出说明了前述观点的局限性。

淘汰掉站不住脚的观点，剩下的可能性就是，提高生产力的技术进步的范围缩小了。罗伯特·戈登有一个著名的论点，他认为美国和更广泛的生产力增长是由一个伟大的创新浪潮支撑的，包括铁路、内燃机、合成化学品、电力、无线电、喷气推进器和抗生素等。但在1970年后，再应用这些19世纪和20世纪初的科学产品来提高产出变得更加困难。自此以后，没有任何东西具有类似的提高生产力的潜力。[8]

这就引出了一个问题：为什么科学进步的大浪潮只有一次？也许20世纪70年代后的政府对基础研究的投资太少，无法保持这种势头。也许他们没有为私营部门的研发提供足够的激励措施。[9]也许他们为了应对劳动力市场的不安全性去提高雇佣及解雇成本，阻碍了创业和企业家精神。类似的言论都是欧洲政策批评者的观点，他们从20世纪80年代初就开始谈论"欧洲硬化症"。如果这些都是真的，那么炮轰的目标仍然是无能的政府。

工人阶级的生活水平停滞不前，不仅是因为收入增长放缓，也源于收入分配的不平等，收入增长不成比例地累积到了富人身上。2008—2009年金融危机之后，技术工人和低技能工人收入差距的扩大引起了广泛关注，事实上，美国不平等现象的加剧可以追溯到20世纪70年代。[10]这就是为什么在1970—2010年，尽管整个经济在继续扩张，但剔除通货膨胀的因素，处于黄金年龄就业者的收入中位数下降了4%。[11]这种不平等加剧的趋势在美国和英国最为突出，在20世纪八九十年代一系列其他发达经济体中也同样明显，特别是当我们关注全职男性工资收入者时，不平等更加显著。[12]

如果说生产力放缓缺乏令人信服的解释，那么不平等的问题则恰恰相反，唯一的解释就是富人的尴尬处境。这些要从技术的变化说起。几十年来，甚至几个世纪以来，技术的变化有利于非技术工人，现在却有利于技术工人。19世纪英国的纺织机械化削弱了对有技术的手织机工人的需求，使他们被操作自动织布机的妇女和儿童取代，[13]换句话说，卢德派是被技术变革淘汰的技术工人。更广泛地讲，从作坊到工厂和流水线的过渡，使得那些花了多年时间做学徒的工匠，被只负责少量工作的工人取代，而这些工人可以在短时间内培训好。亨利·福特有一句名言："流水线工人只消几天工夫，就能被训练出最高的生产力。"[14]

用生产者理论的语言来说，新技术和非技术劳动力现在是相辅相成的。换句话说，引进流水线技术和为非技术以及半熟练工人创造更多的好工作机会是同时进行的。由于这种情况一直从20世纪50年代持续到70年代中期，美国、欧洲和日本的工厂现在都配备了机器和流水线，提供了大量良好的制造业工作机会。

不过，随后技术进步的方向发生了变化。新的机械取代了从事日常工作的流水线工人。1962年，通用汽车公司在新泽西州的装配厂安装了第一个工业机器人尤尼梅特。在20世纪七八十年代，

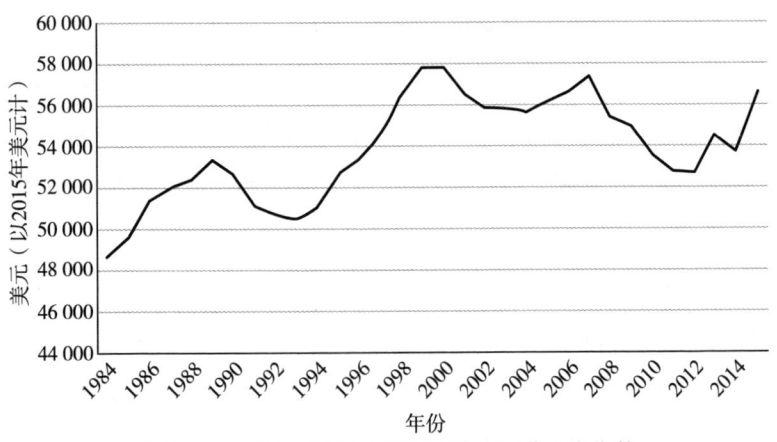

图8-1 1984—2015年美国家庭实际收入中位数

资料来源：U. S. Bureau of the Census, [MEHOINUSA672N], retrieved from FRED, Federal Reserve Bank of St. Louis; https://fred.stlouisfed.org/series/MEHOINUSA672N, February 23, 2017。

机器人首次在流水线上大量使用，取代了从事日常工作的技术水平较低的工人。维护这些机械需要相对较高的文化水平和计算能力，教育和技能是必不可少的。现在，资本和非技术工人是替代品（机器越多，非技术和半熟练工人的工作机会越少），而资本和技术工人是互补品（机器越多，越需要技术操作人员来维护）。

技术进步方向的变化明显影响了技术水平不同的工人的就业机会，从而影响了他们的报酬。1965年，拥有大学学位的美国工人的收入只比高中毕业生高24%，而在20世纪80年代中期，这一差距扩大到47%，90年代中期扩大到57%。[15]欧洲和日本的情况在程度上有所不同，但在趋势上是一致的。[16]

技术轨迹的变化可被视为雇主对教育程度提高的一种反应。如果技术工人少，为他们设计工作岗位，或者安装需要技术操作人员看管的机器，都是无利可图的。相反，企业会雇用技术水平较低的工人，对他们进行工作培训，并给他们提供工作岗位，让他们在不那么复杂的机器上工作。但是，随着高中和大学毕业生数量的增加，专门为他们设计工作岗位，并投资先进的机器，让他们进行监督，这样做就有利可图了。结果，技术工人的生产率提高了，而技术水平较低的工人的高薪工作减少了。[17]

当然，这既是关于机器的技术问题，也是一个组织的管理问题。拥有大量技术劳动力的企业有动力将工人分成小组，让小组成员负责解决问题，并就如何更好地组织生产提出意见。丰田公司在20世纪50年代开创了这种生产系统，其随之成为丰田公司的精髓。经过二三十年之后，具有必要技能的工人越来越多，丰田生产系统得到了更广泛的采用。

这是一个很有吸引力的故事，它不仅解释了为什么技术会发生如此形式的变革——答案是二战后教育程度提高的结果，而且还解释了为什么虽然毕业生的供应量在增加，但是大学毕业生的收入溢价在上升。[18]另外，有证据表明，类似模式在许多国家都存在。[19]

可以肯定的是，技术变革减少非技术工人数量的片面观点并不能完全解释1970年后不平等的加剧。[20]在2003年的一项研究中，经济学家戴维·奥托、弗兰克·利维和理查德·默南得出结论：过去30年，在收入向大学毕业生转移的过程中，计算机技术（其中工业机器人可能是最明显的表现）的作用顶多占30%~40%。[21]随后的研究认为，技术所占的比重稍微高一些，也许是因为在世纪之交，计算机和机器人技术的全面影响还不明显。但这些后续的分析并没有改变基本的结论，即人比机器人更重要。

进口竞争和移民是收入向技术劳动力转移的另一个常见原因。国际经济学中最经得起检验的一个命题是，对外贸易并不能达到"水涨船都高"的效果，也就是说，不会使所有人都同等受益。一些群体不成比例地受益，而另一些群体则相对地或绝对地蒙受损失。[22]在发达国家的情况下，技术工人受益，因为其是生产出口产品的密集要素，而非技术工人的情况则较糟。由于技术工人的收入已经很高，在这种情况下，结果是更多的不平等。

命题是正确的，只不过研究人员关于不同利益群体受影响程度的高低还没有完全达成一致。然而，用一项研究中非常审慎的术语来说，大多数调查者都同意这些影响是"可估计的"。[23]它们对技术工人和非技术工人工资差异的影响大致相当于技术本身的影响。

此外，进口竞争和移民会对一些工人和群体产生惊人的持续影响。戴维·奥托、戴维·多恩和戈登·汉森在研究中发现，中国对美国的贸易竞争，存在着巨大而持久的分配效应和调整成本。那些突然被中国竞争影响的行业所在市场的工资和就业率在十多年的时间里一直处于低迷状态。原先受雇于那些行业的工人很难在其他行业找到稳定的工作。他们不仅在短期内，而且在整个工作生涯中都经历了收入损失。[24]

值得质疑的在于：为什么经济学家忽视了这些影响，政治家也对其轻描淡写？换言之，为什么知识分子和政治精英如此全心全意地接受全球化？民粹主义的答案是，精英们知道他们的利益所在。作为技术工人，作为高科技公司和跨国公司的投资人，他们都是利己主义的全球化推动者。如果换一个不那么愤世嫉俗的答案，是因为负面影响全部显现出来需要漫长的时间。20世纪70年代以前，当经济增长迅速时，可以说对外贸易的确使得"水涨船都高"，大家都获得了好处。直到1990年，大多数贸易流动都是在具有相似要素禀赋和平均收入的发达国家之间进行的，分配效应没有那么明显。[25]在整个80年代，世界范围内的贸易与GDP之比基本保持不变，没有出现大规模的全球化冲击。随着90年代新兴市场出口的快速增长和中国加入世界贸易组织，一切都发生了变化。美国制造业的就业率下降速度加快，不平等趋势越发明显。[26]

这些都不会妨碍贸易对发达国家以及新兴市场有利的假设。然而，假如贸易具有分配效应，并能调整成本，想要达成有利于贸易的政治共识，就必须通过收入转移、就业培训和区域政策来解决上述问题。解决问题的建议并不复杂，但它们钻进了自由市场的意识形态、对政府解决问题能力的质疑以及预算约束的套路中。在目前正在推行贸易抵制的国家中，这些意见只是纸上谈兵而已。

有关移民冲击的争议更大，因为人们对移民的总体效应都还没有取得共识。此外，移民冲击对本地出生工人的影响取决于移民是否具有技能，取决于移民如何直接与本地人竞争——他们的技能和经验是否不同，以及他们是否选择类似的职业，还取决于移民流入的规模和突然程度，因为较大的流动意味着较高的调整

第八章 物是人非 145

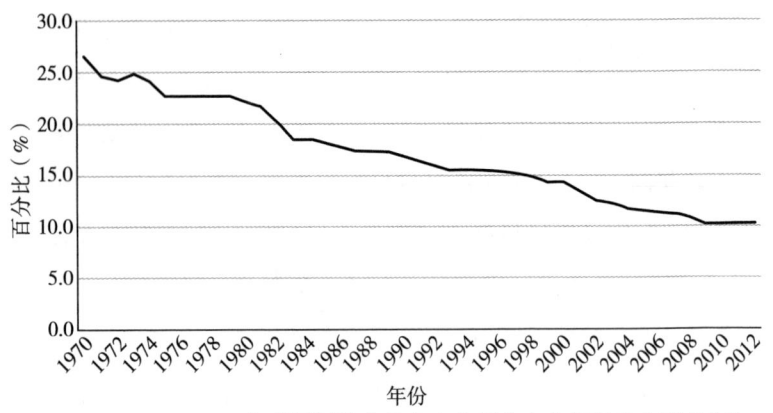

图 8-2 1970—2012 年美国制造业就业占全部非农业部门就业的百分比
资料来源：Retrieved from FRED, Federal Reserve Bank of St. Louis; https://fred.stlouisfed.org/series/USAPEFANA。

成本。

在美国，移民问题充满了争议，因为其分配效应与贸易的影响相同。大多数移民都是低技术工人。[27]因此，移民压低了没有高中文凭的本地人的生活水平，而提高了在美国出生、至少有高中文凭的工人的生活水平。快餐店和家禽加工厂的工人收入较低，吃麦香鸡三明治的技术工人的收入却较高。总体而言，大多数研究得出的结论是，外来移民对本地出生工人工资的积极影响占主导地位。[28]但事实上，受移民冲击的人们恰恰也是那些因贸易而利益受损的群体，如此一来，这个议题无论在社会层面还是政治层面都面临很大的麻烦。

对其他发达经济体的研究也得出了类似的结论。对英国的研究表明，"移民对现有工人的平均工资影响不大，但在工资分配上的影响更为显著：低薪工人有所损失，而中高薪工人有所提高"。[29]不过，相对于美国来说，移民带来的冲击是很小的。在英国的所有移民中，有一半来自其他欧盟国家。[30]他们比本地人更有可能接受过高中以上的教育。因此，这些移民对本地人的工资分配没有造成明显的影响，也不会对低端工人产生过分的影响。即使是在2004年后东欧移民大量涌入的地区，本地出生工人的工资下降幅度也没有超过平均水平，没有出现更严重的不平等现象。[31]更普遍来讲，大多数欧洲国家的移民至少拥有中学后教育，这与美国的情况恰恰相反。由此可见，这些移民在接收国几乎没有加剧不平等，甚至还有可能减少了不平等。近年从非洲和其他地方涌入的许多无证移民和难民，缺乏同样的教育和技能，这是另一个问题。这部分移民以及政府无力控制移民涌入的现状，照旧引发了争议。

即使把所有因素都考虑在内，各国近年的收入分配变化也不尽相同。换句话说，这并不完全是技术、贸易和移民的问题，也是制度的问题。我们在第七章中看到，二战后工会力量的增强和合法性的提高，使其成员能够分享雇主的租金。[32]不仅工会成员如此，非工会成员也是如此，他们的工资同样受到工会工资标准的影响。美国从来都不是工会主义的合适土壤，但在1950年《底特律条约》签订后，也被迫改变了。我们还看到，德国存在着强大的工会，并在董事会中占有一席之地，这有助于解释为什么德国没有像其他国家那样，在20世纪最后几十年里出现全职男性实际工资普遍下降的情况。

由此看来，工会数量的下降是不平等加剧的一个因素。美国工人由工会覆盖的比例从1973年的27%下降到1993年的勉强

17%，直至2016年的11%。某些文章将这一时期上升的不平等现象多达1/3归因于工会覆盖率的下降。[33]由于工会也有助于限制CEO（首席执行官）的薪酬，工会的减少还可能促进了高层薪酬的爆炸性增长。颇具启发价值的是，不平等的加剧在美国和英国最为严重，而工会覆盖率的下降在这两个国家最为明显。

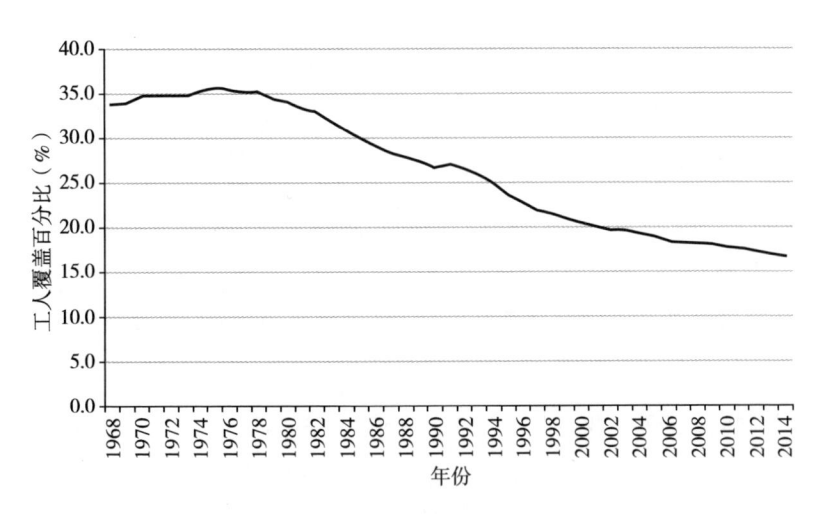

图8-3 1968—2014年经合组织成员的工会密度
资料来源：OECD. Stat, https://stats.oecd.org/Index.aspx?DataSetCode=UN_DEN#。

对工会衰落的原因进行广泛的分析，能给我们带来更大的启迪。其中一个因素是制造业劳动力的比例下降，传统上工会主要是在制造业领域组织起来的。如前所述，制造业劳动力比例下降是由自动化、全球化，或者简单说就是由经济成长造成的。但这对工会运动造成了负面的影响，因为在服务业领域组织工人更加困难。[34]另一个因素前文也有分析，来自偏重技术程度的技术变革。

技术和组织的变化有利于技术工人,给他们创造了新的高薪机会,使得他们不再支持工会的缩减薪资差异政策,因为这样有损他们的利益。因此,技术和组织变化破坏了传统上支持工会的技术工人和非技术工人的联盟。[35]

结果是出现了非工会化和不平等的恶性循环。随着工作的重新分配,技术工人拥有的机会更多、工资更高,他们不再支持工会组织的活动。较弱的工会无法为低技术工人提高工资,也就更无力推行缩减薪资差异的做法。不平等进一步加剧,技术工人的地位更加突出。这反过来又进一步削弱了技术工人和非技术工人的联盟,进一步打击了工会运动,强化了工资不平等的趋势。

此外,政治气候也发生了变化。到20世纪80年代,工会成员曾经为赢得战争而发挥的作用已成为遥远的记忆。战后的解决方法,即社会伙伴和共同工资标准,只有在成功实现快速增长的情况下才具有意义。随着经济增长的放缓,这些做法越来越受到技术工人的质疑,他们现在把自己视为牺牲品,并越来越多地投票给里根和撒切尔夫人。里根在1981年平息了一万多名航空交通管制员的罢工活动,撒切尔夫人则拒绝向1984年发起抗议的矿工工会妥协,两位领袖因此确立了自己的政治声望。在这种已产生变化的政治气候下,雇主被赋予了更大的权力来反对工会,也可以自由地迁移到像美国南方这样工会传统薄弱的地区。

当选官员也不太愿意接受劳工的立法议程。在主张降低最高税率的人面前,劳工组织的抵抗没有产生什么效果。在工会力量衰退的地方,提升最低工资标准的活动被阻滞。大量证据表明,提高最低工资会减少不平等，而降低最低工资则会产生相反的效果。[36]最低工资的适度增长会推高那些收入最低人群的收入，但代价是很少甚至得不到工作机会。同时，最低工资的适度增长减少了雇用低薪工人公司的补充工人数量，提高了效率，激励了竞聘。关于最低工资的辩论可能是意识形态上的，不过事实也是相当清楚的。与之类似，更高的累进税制可以减少不平等，也是不言而喻的。[37]但是，当有组织的劳动者减少的时候，这些减少不平等的政策干预变得更加困难。

最后是福利国家的衰退。增长放缓意味着预算紧缩，一些福利国家的福利削减不可避免。北欧和荷兰的情况尤其如此，在那里社会福利的提供超过了可持续的水平。[38]失业补贴、养老金支付、公共就业、公共医疗支出份额和病假工资都因20世纪70年代的经济波动而增加。福利定额的调整，使工人能够充分利用社会福利制度的宽松政策。[39]例如，到1980年，足足有10%的荷兰工人领取了疾病和伤残津贴。[40]这种情况显然是不可持续的，荷兰也随后在1987年进行了全面的改革。

当然，福利国家的衰退既是社会不平等加剧的政治原因，也是其经济原因。不平等意味着技术工人和非技术工人之间的社会距离拉大了，也意味他们为集体利益做出贡献的倾向更小。[41]在工会衰落的地方，他们对倡导全面福利国家的政治候选人的支持能力下降了。[42]20世纪80年代，由于人口老龄化给量入为出的现收现付制度带来了压力，养老金支付也被削减。[43]6个经合组织成员削减了失业保险替代率，其中英国的削减幅度最大。[44]除荷兰外，还有 6 个经合组织成员削减了病假工资。即使在没有削减福利项目的地方，这些项目的增长也放缓或停止了。在 21 世纪初，17 个国家中有 8 个国家的病假工资替代率的绝对值低于 1975 年的水平，18 个国家中有 10 个国家的失业保险替代率低于 1975 年的水平。[45]

民众对福利国家制度的支持意味着这些变化是渐进式的，而不是激进式的。[46]例如，现收现付的养老金制度是非常难以改革的。但是，福利国家增长快于经济增长的时代已经结束，大幅削减福利已然成为趋势。

事实上，无论是在福利制度最普遍的北欧，还是在福利制度最少的美国，都出现了同样的削减模式。这在中左翼和中右翼政府主导的国家十分明显。紧缩开支是为了应对增长放缓、人口老龄化和财政紧张的问题。它反映了技术和工作场地组织方面的变化，这些变化加剧了经济阶梯上下级之间的不平等和社会差距。它受到意识形态和对福利国家的观念变化的影响，而意识形态和观念本身就来自基本的经济条件。同样的因素也在发达经济体中发挥作用，产生了大致相似的影响。

底线是，现在有一个更有限的安全网，保护那些从经济悬崖上掉下来的不幸者。人们希望经济现在更加稳定，这样有可能失去控制的参与者会越来越少。回想一下，从 20 世纪 80 年代后半期到 21 世纪第一个 10 年的前半期，这是大稳健的时代。[47]经济周期的波动性不仅在美国，而且在所有发达国家都有所下降。经济学家认为，这归功于政策改善（"通货膨胀目标制"的央行制定的稳定货币政策）和运气尚佳（没有出现大宗商品价格冲击，生产力表现得到改善，特别是在1995—2005年，新的信息和通信技术的应用厥功至伟）。一些观察家认为，金融管制的放松和创新使家庭更容易借贷，并使它们在整个周期内的支出变得更加平稳。[48]

随后发生的全球金融危机等事件表明，大稳健只是一种幻觉。那些被认为减少了经济周期波动性的因素，如稳定的低通货膨胀率、放松的金融管制以及缺乏冲击，导致对风险的忽视，为经济波动和损失的特殊事件做好了铺垫。事实证明，西方社会对这一事件的应对准备极为不足。

第九章

特朗普的"成功"

看起来,民粹主义在美国爆发的时机已经成熟了。经济增长放缓,不平等越发明显。对缺乏职业培训、工会基金和全面的公费保险的工人来说,全球化和自动化加剧了他们的不安全感。金融危机破坏了人们对决策者能力与诚信的信心。种种表现都是民粹主义骚动的典型先决条件。当然,这么说有马后炮之嫌。

　　2016年的美国大选引发了许多类似的解读。对此,有一种明显的反对意见是,导致大选结果的因素不仅仅是经济上的不安全。特朗普的当选,反映了美国民众对国家安全的担忧,更确切地说是对恐怖主义的担忧,同时也反映了关于民族认同的不安全感。美国是犹太-基督教国家,由盎格鲁-撒克逊的白人男性掌权,而现在这种身份认同正在受到诸多挑战,少数族裔、女权人士,以及LGBT(同性恋、双性恋及变性者)都在威胁着传统的价值观,精英阶层对多样性概念的接受也出现了问题。

　　如第一章所分析的那样,对上述反对意见可做以下回应:在经济不安全的大背景下，国家、社会和个人等安全议题是最吸引人的。在美国，对国家安全与经济安全的忧虑交织在一起，激化了反对移民的情绪。2016年8月，特朗普在亚利桑那州菲尼克斯发表关于移民问题的标志性演讲，提到了"劳动人民"的担忧，移民对"他们的工作、工资、住房、学校、税负和一般生活水平产生了负面影响"。特朗普同时也强调了"安全问题"，声称"无数无辜的美国人的生命被夺走，因为我们的政客们没有尽到保护边境安全和执行法律的责任"。由此，对经济安全的威胁和对国家安全的威胁被归结为一个共同的来源——非法移民。如果圣贝纳迪诺和奥兰多的大规模枪击事件不是非法移民所为，或者墨西哥移民从事了本地人不愿意做的工作，那么这些事实通常就被忽略了。以移民为中心，得出经济安全和国家安全相互强化的结论，再作为动员"（劳动）人民"对抗其他群体的方式，这种论调实在太吸引人了。接着，特朗普谈到了曾经在社会上占主导地位的白人工人阶级的认同问题，他警告称，"不是每一个试图加入我们的人都能成功融入美国"，宣称美国作为一个主权国家有权"选择我们认为最有可能在这里获得成功发展的移民"。[1]

特朗普的一番言辞似乎锁定了大选的成功，但事实当然不是这样。如果联邦调查局局长詹姆斯·科米没有决定在2016年7月的新闻发布会上讨论希拉里使用私人电子邮件服务器的问题，并随后在大选前11天宣布他可能会重新审理此案，结果可能会有所不同；如果没有黑客入侵民主党全国委员会的服务器，情况也可能会有所不同；如果反对党选出的候选人能够更有效地表达对工人阶级的关切，以及不收取高盛公司 25 万美元演讲费的话，情况还可能会有所不同。

然而，如果民粹主义是一种社会理论、一种政治风格、一种摒弃传统和束缚的经济手段，那么特朗普就有效地体现了民粹主义的每一个特征。他信奉将社会分为淳朴良民与腐败精英的理论。他的竞选纲领首先是反当权者的。在大选前几天的最后一则电视广告中，他鼓动道："当局有数万亿美元岌岌可危……那些操控华盛顿权力杠杆和全球特殊利益的当权者，与视你们利益如草芥的人沆瀣一气……只有你们，勇敢的美国人民，才能通过选举推翻这个腐败的体制。"[2]

为了强化这一形象，特朗普将自己定位为共和党正统观念的敌人。他对该党在社会政策、外交政策和贸易政策上的立场不屑一顾，对其他候选人更是漠不关心。他拒绝与他的竞争对手共同争取提名。他认为共和党全国委员会没有什么用处，并在大选活动中避开了该委员会的工作人员。

相反，特朗普在集会上直接向选民发表讲话，他招摇过市地乘坐私人飞机抵达会场，堪比布赖恩当年大选时坐火车的戏剧性场景。他以经典的民粹主义方式向民众发出呼吁，改变他们对常识的看法。正如 CNN（美国有线电视新闻网）在选举后记中所写的那样："特朗普和他的政治顾问很早就决定，要用一个词来推动这位亿万富翁竞选总统，这个词就是'常识'。"[3]特朗普断言，民众最清楚国家的病灶到底在哪里。如果问题很简单，比如制造业就业岗位减少，那么解决方案也是如此："常识"建议利用威胁和

第九章 特朗普的"成功" 157

诱导的手段来阻止公司在国外建厂。如果问题是非法移民，人们知道非法移民的数量比官方统计数字更多，那么"常识"决定了要建一堵墙。隔离墙成了美国国家安全的象征，也成了候选人对保障国家边境安全的承诺。反对拉丁美洲裔移民，象征着盎格鲁–撒克逊人重新控制国家文化边界的愿望。隔离墙还象征着民众与精英之间的鸿沟，特朗普正在试图利用这种鸿沟。对进口商品征收35%关税的想法也是如此，它承诺对贸易的作用就像隔离墙对移民的作用一样，这让特朗普有别于党内专家的立场。希拉里谴责特朗普的支持者是"可悲的人"，特朗普和他的拥趸们欣然接受，这样恰好能够与精英和所谓的正派舆论保持距离。

特朗普的政治风格从根本上说是民粹主义的，其语言风格既令人激动又粗鄙不堪。说他是民粹主义，因为他无视政治和个人的细节，依靠生硬和直率的言辞来传达个性的力量；因为他对反对者使用暴力；因为他诋毁体制内的媒体，并利用推特等替代性媒体直接与民众对话。

特朗普的竞选活动也是嵌入了经济学内容的民粹主义，它强调增长和分配，同时否认约束条件。特朗普声称他的政府将使经济增长率翻番，但没有具体说明如何实现这一增长。特朗普对基础设施支出的重视与早先的民粹主义者相呼应，从墨索里尼的纳粹纪念碑到贾迈勒·阿卜杜勒·纳赛尔的阿斯旺大坝，他们都兴建了具有纪念意义的大型工程。公众引以为豪，领袖也将永载史册。在特朗普这里，曾经作为建筑商的背景让他获得很大优势。墨西哥边境的隔离墙只是其中一个最具象征意义的工程。

特朗普对关税的态度是民粹主义的另一特色。民粹主义领导人可以不承认减税和促进经济增长的现实约束而为所欲为，但是要废除国际收支平衡的制约因素，就超出他们的能力范围了。不管他们愿不愿意，额外支出刺激政策一定包括额外的进口支出。民粹主义政客一般都不喜欢这样，因此会实施贸易限制，以减少进口，保护工业免受外国竞争的影响。人们会想到胡安·庇隆和热图利奥·瓦加斯等拉丁美洲民粹主义者的进口替代政策，或者也许延伸一下，便是墨索里尼和希特勒更严厉的贸易管制。

　　关税作为民族自治的主张之一，迎合了民粹主义者的气质。对俾斯麦来说，关税是工农业联合起来对抗国外经济竞争的一种方式。对张伯伦来说，关税是把不列颠群岛和白人领地联合起来抵御异族入侵的一种方式。当关税被用来保护经济的自给自足以及与军事力量相关联的工业时，非常具有吸引力。关税保护了领导人所承诺的优质制造业工作岗位。这些政策是否真的能创造就业和刺激增长是另一回事。对一个魅力型领导人来说，其他问题是无关紧要的，对外国商品征税昭示了国家的权威。

　　对以共和党人身份参选的特朗普来说，关税还能够打破党内既有的权力架构。值得注意的是，共和党并非一直支持自由贸易。从林肯到威廉·麦金利，19世纪的共和党总统都曾支持征收关税，以保护工业免受外国竞争的影响。1922年，沃伦·哈丁任共和党总统期间通过了《福德尼-麦坎伯关税法案》，胡佛任共和党总统时通过了《斯穆特-霍利关税法案》。二战前，关税在共和党内部很占主流地位。这种情形随着冷战到来而逐渐改变，当时国会的共和党人为了支持西方盟友,勉为其难地同意了对外贸易及援助。共和党国会议员对美国制造业不可动摇的地位感到欣慰,他们允许外国生产商不受限制地进入美国市场,同时允许日本实行限制性的工业政策,并允许欧洲国家建立优惠贸易区。[4]为了巩固西方国家的团结,让盟国重新站立起来,击退苏联的威胁,将国内强大的制造业暴露在软弱的外国竞争面前所付出的代价轻如鸿毛。共和党在1952年重新入主白宫后,仍有机会恢复传统的保护主义立场。不过对艾森豪威尔来说,他首先是一位将军,其次对经济学所知甚少,政策上被地缘政治的争论左右。

随着苏联的解体,美国开放经济的理由已经淡去,但共和党对自由贸易的支持并没有因此消失。反对保护主义,是后里根时代共和党在意识形态上反对政府干预经济的重要内容。如果对贸易的管制更加严格,共和党就难以主张在其他领域放松管制。此外,到了20世纪90年代,为数众多的《财富》500强企业在海外设厂,从国外采购原材料。这些企业对共和党的其他政策多有支持,作为交换,它们期待政府能够坚持自由开放的贸易。越来越多的企业战略家和政治家都日益认识到,美国实际上受益于一个多边贸易体系,在系列规则基础上,其他国家不得不向美国的出口品开放国内市场。

这些理由对特朗普来说都没有什么说服力,他性格上是个干预主义者,与普通的共和党人相比,他不太受自由市场意识形态的影响。与其他国家结盟不是特朗普的首要任务,利用商业来培养和谐的安全关系也不是他的首要任务。特朗普显然没有意识到跨国生产和全球供应链对美国制造商的重要性。他更倾向于在双边谈判中施加威胁和制裁，而不愿意借助国际组织的力量。他认为世界贸易组织的互惠规则对单边决策的限制十分讨厌，是对美国自主权的侵犯。如果他的一些比较极端的建议可能违反世界贸易组织规则，那么这是一种个性，而不是一个错误。特朗普本来是作为毫无希望的角色参加竞选的，如果党内精英对这种立场感到反感，那就更好了。

特朗普对美联储的批评也是直接照搬了民粹主义以往的剧本。自从安德鲁·杰克逊与合众国第二银行开怼，并在 1832 年否决了国会对银行特许权的展期法案后，对集中的金融权力的讨伐就一直是美国政治的常态。杰克逊的背景与特朗普十分相仿，他曾从事过房地产投机，经历过一系列金融挫折，尤其是在 1819 年的大恐慌期间备受打击。一个不那么固执的人可能会把这些失败归咎于自己的错误判断，而杰克逊却认为那全都是合众国第二银行的问题。杰克逊抱怨说，银行操纵了货币政策，先抬高后压低了土地价格，使杰克逊的合作方在一系列土地交易中破产。[5]特朗普就任总统的第一周，就将杰克逊的肖像挂在了白宫总统办公室的墙上。

当然，集中的金融权力伤害民众利益是美国历史的常态。19世纪下半叶农民联盟和人民党抱怨的焦点也在于此。结果导致后来美国的央行异乎寻常地分散化，这种结构设计正是为了避免金融权力的集中。每当时局艰难，政客们试图吸引工人阶级的选民时，类似的反对意见就会出现。休伊·朗在 1934—1935 年竞选总统时攻击金融圈的利益，把美联储与由摩根家族和洛克菲勒家族控制的银行都搞得灰头土脸。富兰克林·罗斯福显然是政治老手，在1936年寻求连任时，面对高达17%的失业率，他也试图把自己定位为银行的批判家。[6]

人们怀疑特朗普和罗斯福一样，主要目的是把自己塑造成民众的朋友，而不是真的准备解散银行。在大选前，特朗普采取了对民粹主义者和房地产开发商来说都非比寻常的立场：批评美联储维持低利率。他认为，美联储的政策支持了"非常虚假的经济"，人为抬高了资产价格，有利于他的民主党对手。但在其他场合，他又把自己描述为一个"低利率的拥护者"。[7]不管怎样，美联储是精英机构的典型代表，而这种机构一直以来都是民粹主义者发泄愤怒的目标，而且时至今日依然如此。特朗普在竞选期间对美联储政策的批评表现得肆无忌惮，包括他的对手希拉里在内的主流政客都警告称，这种做法是不负责任的。特朗普并没有被吓倒。最后那场竞选的宣传中，特朗普对"那些视你们利益如草芥的……操控权力杠杆的人"进行了猛烈抨击，凸显出自己才是关心民众利益的人。这些论调淹没了美联储主席珍妮特·耶伦的声音。[8]

特朗普政策主张中的其他内容更加难用民粹主义术语来描述。19世纪的美国民粹主义者对垄断权力毫不妥协地加以批评。休伊·朗在竞选中反对标准石油公司，谴责罗斯福与大企业过从甚密，抨击新政是受管制的垄断。这种反大公司、反垄断的立场也是拉丁美洲民粹主义的典型特征：20世纪70年代，在萨尔瓦多·阿连德统治下的智利，拥有国际背景的国内大型商业公司都被贴上了"垄断者"的标签。[9]久经商场的特朗普似乎要充分发挥商业的作用：要么把商业当作制造业流失国外的出气筒，要么利用商业吸引制造业的工作岗位回流。这就合理地解释了为什么特朗普会选用威尔伯·罗斯等商业人士来填补内阁和顾问等职位，也解释了为什么反垄断立场并没有在特朗普的竞选演讲中占据显著位置。尽管反垄断是民粹主义运动的典型观点，但是特朗普除了对制药业提出一些批评性的言论外，没有更多的表示。这还可以解释为什么特朗普将反垄断的议题让给了伊丽莎白·沃伦、伯尼·桑德斯和左翼的民粹主义者去讨论。

与标准民粹主义相左的张力同样也体现在特朗普的财政计划中。比较典型的民粹主义立场，以休伊·朗的共享财富计划为典型，就是向富人和大公司增税，以资助增加社会支出和保障收入。1934年，休伊·朗本来打算向所有净资产超过100万美元的个人征收累进资本税，同时利用税收将年收入限制在100万美元，将遗产限制在510万美元。他还想用这些税金为年收入2 500美元的家庭（约占家庭平均年收入的1/3）提供补助，为60岁以上的人提供养老金，为退伍军人提供全民医疗保险，并保证为大学和职业学校学生提供免费教育和培训。

特朗普的财政计划则从相反的方向切入。一系列方案包括降低高收入者的边际税率、废除遗产税，特别是要削减企业税率，因为转化为股息和资本收益的企业利润会过度累积到富人手中。特朗普提议削减10%的政府开支，同时加大国防和安全方面的支出，将财政用途精准地锁定在了社会项目上。新总统承诺废除奥巴马医改方案及其对低收入家庭的补贴，偏离了全民社会保险的路径。与休伊·朗采取的姿态截然相反，特朗普在他上任第一周就下令冻结了退伍军人管理局及其医院的联邦招聘。特朗普还建议给各州提供固定的联邦资金，用于医疗保险、医疗补助和食品券，不再随着这些项目使用量的增加而增加联邦资金，这同样预示着对低收入家庭的支持减少而不是增加了。

上述处理财政问题的方式可能反映了这样一个事实：特朗普在现实中更亲商，而不是亲工人阶级。这或许是为了迎合主流共和党人对政府干预经济的怀疑态度，也顾忌到了共和党反对通过立法授权进行再分配的立场。如果是这样的话，就说明特朗普内心很清楚笼络主流共和党人的必要性，而不是只吸引那些充满怨气的选民就够了。

另一种颇具传统民粹主义色彩的做法是，特朗普试图从政治认同的角度出发，宣扬反对社会福利支出的观点。他向支持者们解释称，福利津贴被非法移民和少数族裔剥夺走了。在菲尼克斯那场关于移民的演讲中，特朗普指出："移民研究中心估计，62%的以非法移民为主的家庭获得了某种形式的现金或非现金的福利津贴，如食品券或住房补助。顺便说一下，这给我们国家带来了巨大的损失和高昂的成本。"[10]如前所述，一个社会的多元化程度越高，社会群体之间的差距越大，社会成员就越不愿意资助那些不仅利己还要利他的公共项目。特朗普在主张削减社会性开支时，利用的正是那些白人、工人阶级、小城镇支持者的情绪，因为和他们有关的社会福利项目正在被少数族裔、移民和外国人利用。

特朗普表现出的其他方面更符合民粹主义的模式。大都市区的人口规模和选民所在地离中心城区的距离，与投向特朗普的选票比例之间存在着几乎完美的反比例关系。[11]安德鲁·杰克逊的银行战争、农民联盟以及人民党的兴起，都是基于个体感知的乡村式反抗运动，他们感觉到由于城市化、商业化和其他的经济变化，无法继续控制自己的经济命脉。2012—2016年，共和党在罗姆尼和特朗普之间的支持率摇摆幅度最大的是小城市和乡镇，尤其是那些远离大城市中心的地方。这些小城市和乡镇地区的白人比例非常高，居民年龄较大，在地理和社会经济上流动性较差。虽然他们的贫困程度并不高，但他们对贫困的恐惧程度很高，因为地域偏远，他们别无选择。他们拥有大学学位的可能性较小，而大学教育可以提高流动性。[12]他们的家和家人远离国际化大都市，而这些大都市集中了高科技和金融领域的新兴就业机会。因此，他们会认为华盛顿、纽约和硅谷的精英们高高在上，根本不了解这些现实状况。[13]

大都市区的选票则不出所料地朝另一个方向摇摆。2016年的大选是加利福尼亚州奥兰治县自1936年罗斯福以来首次选择民主党总统候选人。在大都市区县中，如果在大选前10年受到来自中国的进口竞争增加，选择特朗普的可能性最大。更普遍的是，这些地区更倾向于投票给政治光谱上两个极端的候选人。[14]

此外，从罗姆尼到特朗普的摇摆幅度在15个百分点以上的县，几乎都集中在美国的中西部。中西部地区是一个多样化的复杂区域，不过该地区的学者普遍认为，在涉及妇女和LGBT权利等问题

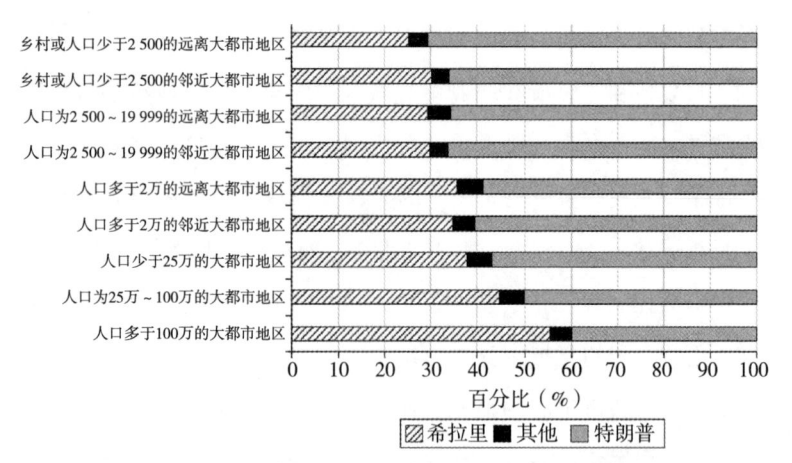

图9-1 2016年美国总统大选中城市和乡村的投票情况对比
资料来源：Danielle Kurtzleben, "Rural Voters Played a Big Part in Helping Trump Defeat Clinton," *NPR* (14 November 2016), http//www.npr.org/201611/14/301737130/rufal-voters-played-a-big-part-in-helping-trump-defeat-clinton。

时，中西部比整个国家更传统。[15] 中西部地区的人不太容易感受到他们正在从经济增长中获益。这里移民集中度较低，比西海岸、西南部、东北部和佛罗里达州更害怕未知的事物。1892年人民党在奥马哈召开大会，1892年总统候选人詹姆斯·韦弗来自艾奥瓦州，这可能是巧合。威廉·詹宁斯·布赖恩来自内布拉斯加，这也可能是巧合。不过还有一种可能，中西部人至少在潜意识中触发了他们的民粹主义传统。

最后，特朗普在那些短暂享受了页岩气革命红利、随后遭受能源价格低迷冲击的州表现得特别好。与19世纪70年代和20世纪20年代农作物价格的波动历史相当类似：暂时的繁荣带来了对美好未来的预期，接踵而至的却是萧条。

在经济政策方面，主流政治家可以做些什么来抵御这种民粹主义的反应呢？回答这个问题，需要人们搞清楚：美国制造业就业人数的下降主要是由于贸易还是由于技术。一些人认为主要是缘于自动化和工业生产劳动强度下降，因为他们观察到制造业就业份额的下降早于来自低薪国家特别是来自中国的竞争。半个世纪前，当制造业企业学会用更少的资源做更多的事情，就业向服务业转移的时候，这个趋势就开始了。以煤炭行业为例，该行业虽然在2016年大选中成了热点话题，但和来自中国的竞争没有直接关系。在截至2011年的半个世纪里，美国的煤炭开采量增加了150%以上，然而由于该行业采用了露天开采、自进式长壁采矿机和其他机械化流程，雇员的工作时间减少了20%以上。[16]

这种结论表明，更严格的贸易制度对美国工人没有好处。贸易限制对美国的机器人更有利，因为它将消费转回国内制造业企业的产品。取消美国国内对煤炭的监管约束将主要惠及拥有技术劳动力和使用长壁采矿机的资本密集型生产商，而不是阿巴拉契亚地区长期受苦的居民。同样，这一结论表明，就算克林顿和小布什两位总统延缓接受《北美自由贸易协定》或推迟同意中国加入世界贸易组织，对阻止制造业就业的下降也几乎起不到什么作用。

可以肯定的是，进口竞争对特定的地方市场产生了负面影响，这些地方是面临中国竞争的劳动密集型产业的大本营。如果你很不幸地住在一个生产箱包、家具、纺织品、服装或电器公司的地区，其影响可能是毁灭性的，就像19世纪70年代英国中部地区生产靴子、鞋子、手套和丝绸的城镇面临外国竞争时的情形一样。[17]

第九章 特朗普的"成功"

由于被替代的工人缺乏迁移的资源，有人提出就地就业的建议。始于1933年的田纳西河流域管理局就是一个很好的例子，其目的是通过投资水力发电为该地区带来制造业。不过，当年的田纳西河流域管理局也好，现代的同类机构联邦授权区也罢，它们是否真的发挥了作用，从证据上看也是利弊参半。这些机构为萧条地区提供基础设施，为培训和其他形式的商业援助提供补贴。此外，也有研究表明，田纳西河流域管理局成功吸引了新的工业，但主要是以牺牲其他地区的利益为代价的。[18]

如果政府的目标是帮助那些受到进口冲击而被替代的区域和工人，上述做法未尝不可。而且，在德国这样的国家，制造业的就业仍然比在美国更重要。德国的经验表明，政治家还可以尝试其他措施，例如对学徒和职业培训体系进行投资，将本国货币保持在有竞争力的水平上。这些都不是新鲜事物。奥巴马总统在2016财年预算中提出了20亿美元的学徒培训基金，那些认为制造业很重要的经济学家长期以来也一直在批评美国的强势美元政策。[19]

然而，这些改变说起来容易做起来难。德国的学徒制有很长的历史渊源，它是德国人珍视的和引以为豪的"蓝领工作"的文化产物。学徒制需要有耐心的雇主愿意对工人进行投资，还需要强大的工会帮助协调这个系统的运转。[20]与美国模式最大的区别在于，德国的学徒制需要政府与雇主及工会合作，建立标准化的职业介绍流程，确定培训课程体系，并提供费用补贴。

在货币的国际竞争力方面，很难想象其他国家欢迎压低美元汇率的举措。当小国参与其中时，可以放心地忽略它们。美国是全世界举足轻重的大国,其他国家几乎肯定会做出反应,将本国货币与美元一起压低。另外,德国还有一个优势,它不再拥有自己的货币,可以合理地推诿责任。如果德国的汇率较低,那么大可以认为这反映了欧元区伙伴国的情况,而不是德国政策制定者的利己操纵。[21]如果德国有贸易顺差,那么世界上其他国家的任何不爽都会被其他竞争力较弱的欧元区国家抵消。

不过,我们可以提出一个最有力的反驳观点:半个世纪以来,德国制造业工作岗位占总就业人数的比例一直在下降,就像美国一样。1970年的数值达到40%,如今这个比例还不到20%。(比较图9-2和图8-2,找出其中的显著差异。)不管德国有什么其他优点,也只能为本国制造业就业的下降提供有限的保护。

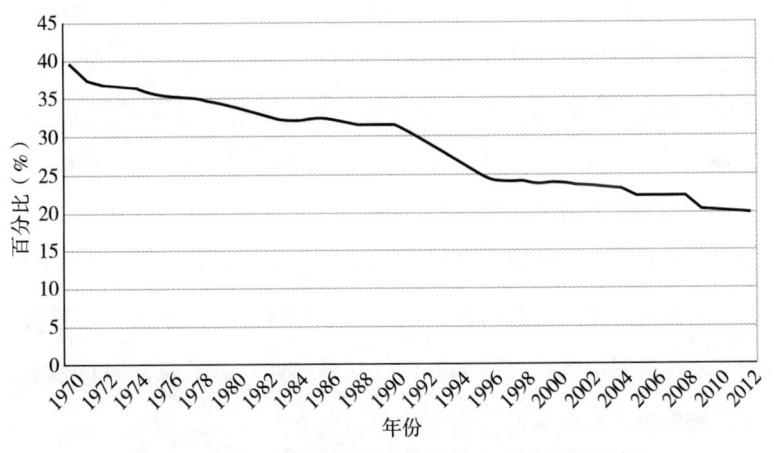

图9-2 1970年以来德国制造业就业占总就业百分比

资料来源:U. S. Bureau of Labor Statistics, Percent of Employment in Manufacturing in. Germany, retrieved from FRED, Federal Reserve Bank of St. Louis; https://fred.stlouisfed.org/series/DEUPEFANA。

第九章 特朗普的"成功"

如果问题是长期的而非周期性的，是技术（特别是制造业中常规工作的自动化）而非贸易带来的结果，那么解决方案就是让工人不仅在制造业，而且在服务业领域更多地从事非常规的工作。餐馆厨师、家庭护理、安防保卫和心理顾问等岗位需要情景适应能力、人际交往能力和口语交流能力，但不一定需要高等教育。适应、合作和沟通的重要性使得这些工作相对安全，不会受到自动化的影响。[22]可以肯定的是，旧金山一家名为动力机械的新公司已经开发出了一种机器人，不仅可以翻转汉堡，而且可以从头开始制作汉堡包。不过，汉堡包的大规模生产属于典型的常规工作，很难想象纳帕谷名为法国洗衣房的高端餐厅会将菜品采用机械化生产。在日本，由于出生率下降和人口快速老龄化，家庭医疗问题尤为突出，本田公司开发了一款自主的仿人机器人阿西莫，能够为老人拿食物、开关灯。但是，在这个机器人还不能转动门把手或折叠餐巾纸的时代，它们能否帮助人类解决更复杂的需求，提供情感上的援助，以及应对老年护理的道德困境，一切都还不确定。另一家名为武士之镜的硅谷公司正在开发配备传感器、麦克风和激光的轮式机器人来充当保安。可惜，这家公司的产品K5之所以出名，是因为在斯坦福购物中心撞倒并碾伤了一个儿童的脚。公司的网站吹捧机器人胜任"枯燥单调"的巡逻，同时也承认"决策最好留给真人"。[23]

教育家认为，非常规工作所需的情境适应能力、人际互动的便利性和沟通技能，在很大程度上受到从幼儿期开始的教育影响。人际交往、协作和沟通的能力在人们年幼时就已形成，表明在这一领域的投资回报率很高。[24]但即使在最理想的情况下，教育投资也需要经过时间才能得到回报。从接受早期教育直到进入劳动力市场，这段历程是必不可少的。制造业就业率因常规工作的自动化而下降的问题，是在过去几十年的时间里发展起来的，这意味着它同样需要几十年的时间来解决。

尽管以上讨论了许多问题，这些却都不是美国在2016年举世震惊的大选后准备采用的路线。新一届国会及政府对联邦官僚机构和各种训令持批评态度，他们更倾向于削减而不是扩大儿童早期教育。他们对上届联邦政府解决问题的能力持怀疑态度，对地方性政策兴趣不大。对2016年上台的政治家来说，由联邦政府介入职业环节并规定培训课程，是非常讨厌的。

新一届政府希望通过限制性贸易政策和放松国内管制带来优质的制造业就业岗位，如果这些承诺是假的，那些失望的人下一步会转向哪里，我们无从知晓。是回到政治中心，还是转向一个更激进的极端选择呢？

第十章
断裂边缘

欧洲独特的民粹主义与美国的民粹主义既有明显相似之处，也有重要的区别。2016年，英国举行关于欧盟成员国资格的公投，整个过程凸显了欧美民粹主义的一致性和差异性。以奈杰尔·法拉奇为代表的脱欧运动从根本上讲是反精英、反移民和本土主义的。法拉奇是一个股票经纪人的儿子，很难说他是出身寒门。他可能不像时任首相卡梅伦和伦敦市长鲍里斯·约翰逊那样上过牛津大学，但大宗商品交易员的身份无法让他成为工人阶级的代言人（当然人们可能会对特朗普做出同样的评价）。尽管如此，作为英国独立党的领导人，这一切都没有阻止法拉奇将自己定位为"与被剥夺权利的群众结盟的局外人"。他鼓励媒体报道自己对香烟和啤酒的嗜好，以此来渲染自身的平民人设，就像汉堡包和垃圾食品成为特朗普媒体宣传的主打噱头一样。

法拉奇和特朗普一样，他们的立场是主流政治家所不能接受的，首要的就是移民问题。他的言辞论调和宣传形象像极了特朗普，充满了刻意挑衅的味道。法拉奇发布过一幅煽动性的海报，标题是"断裂边缘：欧盟辜负了所有人"，描绘了非白种人的移民和难民大批涌向英国海岸的景象。无论是亲欧盟立场还是反欧盟立场，保守党和工党的活动家都谴责这幅海报是排外和种族主义的。[1]法拉奇则用恐怖主义的威胁为他自己辩护："在过去的两周里，人们揭开了杜塞尔多夫的爆炸阴谋，这是一个非常非常令人担忧的大规模袭击计划，这是巴黎和布鲁塞尔恐怖袭击事件的延续。"他强调："这些人都是在去年冒充难民进入德国的。当'伊斯兰国'宣布将利用移民危机让他们的圣战恐怖分子在欧洲大陆泛滥时，他们可能是认真的。"[2]法拉奇脱欧组织的其他材料更具煽动性，其中有一张臭名昭著的照片，上面是圣战者的形象，标题为"伊斯兰极端主义是对我们生活方式的真正威胁：趁我们还没有看到奥兰多式的暴恐袭击，现在就行动起来吧"。[3]

虽然法拉奇的信息没有任何滑稽可笑之处，但是主流媒体普遍斥之为小丑。在2015年的一次电台采访中，法拉奇承认受到了童年时代伊诺克·鲍威尔访问他们学校时给予的启蒙影响。鲍威尔是20世纪60年代民族主义的煽动者，1968年，他在演讲中猛烈抨击英国的大规模移民，引用了古罗马诗人维吉尔《埃涅阿斯纪》中的话——"台伯河上将泛着鲜血的泡沫"，举国为之哗然。英国公投结果表明，被法拉奇的小丑形象吓跑的知识分子，不应该如此轻率地拒绝他或他的反移民主张。

公投的结果是，有52%的人投票脱离欧盟，这简直和特朗普的胜利一样令人惊讶。英国公投与美国大选还有一点相似之处是，大多数民意调查都弄错了,因为有名望的选民犹豫不决,不愿意承认他们实际上支持那些不受人尊敬的立场。留欧派支持者抱怨最终结果只反映了少数人的意见,就像蓝州(通常支持民主党候选人和民主党政策的州)选民喋喋不休地嚷嚷特朗普失去了大众选票一样。由于只有72%的英国注册选民参加了投票,52%的脱欧票意味着只有37%的合格选民支持退出欧盟。问题是留欧派的支持者没有那么容易被动员起来。法拉奇特别在意的是英国在欧盟内部得不到经济上的利益,普通的脱欧支持者不以为然,但他们都被法拉奇关于英国被蹂躏的末日预言刺激了。脱欧派讲述了一个简单易懂的故事,而留欧派什么故事都没有,天平自然就发生了倾斜。

  英国的不同之处在于,一个反精英、反移民的有专制倾向的政治家,没有成为主要政党的领导人。法拉奇以个人情况为由,辞去了英国独立党领袖的职务。召集公投的保守党首相卡梅伦在统一党内的努力失败后,被另一位支持留欧的主流保守党人特雷莎·梅取代(虽然她在上任后接受了公投结果)。这种与美国的对比,反映了政治体制的差异。保守党成员以多数票决定两名党魁候选人,但这两名候选人首先由保守党议会成员而非整个政党提名,这使得政党的叛离者很难实现翻盘。[4]

  如果说英美在体制和结果上存在差异,那么潜在的不满却基本上是相同的。在一个经济增长记录可以用"不均衡"来形容的国家,空气中弥漫着经济的不安全感,并不足为奇。英国经济在二战后的黄金时代增长缓慢。爱德华·希斯做出了最不英式的英式决定,将英国带入欧洲共同体;撒切尔夫人领风气之先取消了令人窒息的各类监管,同意英国加入欧洲单一市场。这些举措使得英国的经济表现相对于欧洲平均水平而言得到了改善。欧盟成员国的身份使生产者面临外国竞争,打破了由关税和限制性法规创造的舒适环境。竞争淘汰了弱小的公司,迫使幸存下来的公司更加努力地经营发展。[5]为了保住工作岗位,工会被迫同意在工作规则和车间组织方面进行提高生产力的改革。

分析家们对英国作为欧盟成员国身份的相对重要性和撒切尔夫人改革存在争议,但对最后的结果没有质疑。[6]1958—1973年,英国的人均GDP仅增长了50%,法国、德国和意大利则至少翻了一番。但从20世纪80年代中期开始,也就是加入欧盟和进入撒切尔夫人时代后,英国的人均产出增长速度超过了欧洲大陆三大经济体中的任何一个。[7]

在美国,不平等现象的加剧是一种长期趋势,主要反映了替代劳动力的技术变革。相反,英国不平等的加剧是在20世纪80年代突然发生的,代表收入不平等程度的基尼系数从1979年的0.25上升到1992年的0.34,此后又趋于平稳。在短短十几年内提升的基尼系数表明,造成这种现象的主要因素不是逐步的、持续替代劳动力的技术变革。相反,它与撒切尔夫人的政策有关,比如瓦解工会力量、国有资产私有化以及限制社会开支。撒切尔夫人时代,工会的议价能力大幅下降,工会调节CEO薪酬的能力降低了,工会向雇主施压的能力以及要求他们与工人分享收入的能力也被削弱了。[8]如第八章所述,撒切尔夫人削减福利国家的政策导致对穷人的公共支持变少，同时，市政住房私有化和其他因素也加剧了人们的住房负担。[9]

然而，在20世纪80年代的这波激增之后，英国的不平等程度大致保持了稳定。甚至有迹象表明，在公投前夕，不平等程度还有所下降。[10]那么，为什么不平等，或者至少是对不平等的看法，对英国选民来说如此重要？

答案之一是，尽管不平等的程度总体上趋于稳定，但它具有突出的区域性影响。与美国一样，英国也经历了制造业就业岗位的减少。1978—2008年，英国制造业工作岗位减少了约400万个，在经合组织成员中降幅最大。[11]与此同时，服务业的就业岗位，特别是金融和其他商业服务业的就业岗位相应增加，其举足轻重的分量足以使总体不平等现象不至于加剧。然而，新的服务业就业岗位与它们所取代的制造业就业岗位分布在不同的地方。制造业一直集中在英国中部地区和其他传统工业区，而金融和商业服务领域的高薪工作则不成比例地分布在伦敦和其他大都市中心。

因此，英国生活水平的地区差异在欧洲首屈一指。伦敦的时薪中位数比东米德兰地区高出50%以上。[12]伦敦人不仅消费更多，而且预期寿命也更长。考虑到他们的收入增长是由金融和其他服务业驱动的，伦敦人对现状相当满意，而东米德兰地区的居民则认为出现了严重的问题。[13]

这些问题之所以到2016年才凸显出来，是因为它们被巨大的信贷热潮掩盖住了。低收入家庭能够像美国人一样贷款买房，并将贷款用于其他支出。住房贷款占家庭收入的比例从十几年前的

100%上升到2008年的160%。[14]北岩银行（前身是北岩建屋互助会）开发了如今已声名狼藉的共同抵押贷款业务，它允许贷款人在没有存款的情况下购买房屋，贷款额度可以达到其财产价值的125%，或者是其收入的6倍。这只是当时流行做法中最恶劣的例子。很显然，共同抵押贷款只有在房价上涨的情况下才是可持续的。因此，当这一业务在2007年达到顶峰随后开始下跌时，不那么稳健的北岩银行成了150年来第一家遭遇挤兑的英国银行。

2010年成立的保守党-自由党联盟试图通过加强公共财政来恢复民众的信心。削减开支的政策严重影响了贫困地区居民所依赖的公共和社会服务。与此同时，经济从金融危机中恢复的速度很慢，这可能是由于前述政策的拖累，也可能是由于从金融危机中复苏总是缓慢的。

对处在收入水平底层的人来说，经济增长的幅度实在太小，无法弥补金融危机带来的损失。2016年4月，典型工人阶级家庭的年收入仍比危机前低345英镑，与美国的情况相符。在"水涨船未高"的情况下，人们对不平等的怨恨达到了沸点。一旦金融危机导致中产阶级和工人阶级收入损失，往往会刺激人们脱离现有政治体制，典型的是向民族主义方向发展。毫不奇怪，2016年的情况就是如此，当时家庭收入低于2万英镑的人支持脱欧的可能性是家庭收入高于6万英镑者的两倍（62%：35%）。

正如在美国一样，民族主义也根植于身份政治认同。法拉奇和脱欧运动者非常明白，他们正是依靠反移民情绪推波助澜的。脱欧派人士对多元文化主义、社会自由主义、女权主义、全球化和环保主义感到不舒服，他们认为这些东西是世界主义的、欧洲大陆的和非英国的。民粹主义是对长期以来同质的社会群体受到外来者挑战的一种反应。在这种情况下，外来者指的是女权主义者、同性恋者、"外来"文化，特别是移民和欧洲人。

具体来说，民粹主义的反应表明，英国社会传统上占主导地位的群体希望重新夺回控制权。从社会角度看，控制权在宗教少数群体和少数族裔手里；从实践角度看，控制权在那些平庸刻板的欧盟官僚手里。一半的脱欧选民同意，最重要的考虑是"关于英国的决定应该在英国做出"。另有 1/3 的人宣称，他们投票的主要动机是让"英国能够重新控制移民和自己的边界"。[15] 53% 的白人选民选择了脱欧，近 60% 的基督徒选民也是如此。其他民粹主义的例子表明，当某个在位群体经济上陷入劣势时，他们的反应最为激烈，他们最容易感到自己的核心价值受到威胁。英国的情况也是如此，大多数全职或兼职工作的人选择留欧，而大多数没有工作的人则投票脱欧。

英国脱欧选民对移民尤为敌视。根据保守党阿什克罗夫特的民意调查，54% 的选民承认不喜欢移民，80% 敌视移民的选民投票支持离开欧盟。虽然在表示不喜欢多元文化主义和社会自由主义的选民中，同样有 80% 的选民倾向于投票支持离开欧盟，但实际上对这些价值观的厌恶情绪并不占主流。[16] 因此，反移民是脱欧派考虑的决定性因素。[17]

反移民的情绪由来已久。1845—1850 年的爱尔兰大饥荒发生后，爱尔兰移民大量涌入利物浦，反爱尔兰人的歧视就加剧了。

20世纪60年代，法拉奇的启蒙者——保守党议员伊诺克·鲍威尔，谴责印度和巴基斯坦移民与英国的生活方式格格不入，同时他利用人们对移民的恐惧作为动员反对英国加入欧洲共同体的手段，他认为欧洲共同体威胁到了英国的主权。如今，对移民、多元文化和欧洲的批评者们指出移民流入量激增，延续了前辈们不甚光彩的传统。

不过从时间维度上，需要做一些解释。1994—1995年，英格兰和威尔士的移民人数超过了国内人口增长的规模。1998—1999年，每年的净移民人数约为20万，是人口自然增长的两倍多。[18]此时，大多数移民来自欧盟以外，其中许多来自曾经的英联邦国家。然而，随着托尼·布莱尔在2004年决定允许欧盟8个新的中欧和东欧成员国公民不受限制地进入英国劳动力市场，这种情况发生了改变。英国劳动力市场短缺，布莱尔得到了企业的支持。该政策是他将工党重新定位为对商业友好并支持全球化战略的一部分。[19]向新的欧盟8国敞开大门的决定，实际上是政府更广泛举措的内容之一，其中包括为寻求旅游、贸易、工作机会的年轻人和季节性农业劳动力提供更多的许可签证。[20]

专家们预测，每年来自新欧盟国家的移民只有5 000人，最多1.3万人。[21]这些预测的前提是，英国以前很少有来自东欧的移民，而且新移民往往会追随他们前辈的足迹。专家们假设东欧人更有可能想留在德国和奥地利工作。但这些研究并没有预料到，只有爱尔兰和瑞典会跟英国一起向新的欧盟国家敞开大门，其他国家则援引了欧盟规则允许的7年豁免条款限制移民自由流动。因此，那些可能更愿意在德国工作的移民就转移到了英国。早期的移民流向哪里，后来的移民就跟到哪里。这些研究也没有考虑到中欧和东欧工人受教育程度相对较高的事实，教育可以提高人们的适应能力，鼓励他们流动。

如此一来，2004—2006年，每年有超过5万名来自欧盟8国的移民进入英国，仅2007年就有11.2万名。这显然不符合工党成员的期望，因为他们已经对全球化和自动化带来的就业威胁感到焦虑。布莱尔作为新工党的领袖，满怀全球主义，热衷于建立对商业的友好信誉，对普通民众的关切置之不理，使得心存怨念的工人们投入了法拉奇所在的英国独立党的怀抱。

身为反对派保守党的领袖，戴维·卡梅伦也试图利用英国社会对移民的担忧。他承诺将移民人数"减少到20世纪90年代的水平，也就是每年几万人，而不是工党统治下的每年几十万人"。[22]但卡梅伦软弱的努力缺乏商业支持，而且他也未能兑现承诺：2015年的净移民人数反而更多，达到33.3万人。对这些数字不满意的选民被吸引到其他选项中，其中最显眼的就是脱离欧盟。正如英国独立党移民事务发言人史蒂文·伍尔夫所描述的目标——"重新控制国家的边界"。

可以肯定的是，并非所有的证据都支持这种把工人阶级问题作为主因的判断。由于来自东欧的移民受教育程度相对较高，他们中的许多人并没有争夺低薪的体力劳动工作。[23]外国出生的居民比例也无法解释公投的投票情况。外籍居民的比例和该地区支持脱欧的选民比例实际上是负相关的。[24]这就好比说，对移民了解最

第十章　断裂边缘

少的地区，对移民的恐惧最大。

1995年以后，外国出生居民百分比增加最多的地区分布在东米德兰兹、默西塞德郡和泰恩-威尔郡（大致指纽卡斯尔周围地区）。这些地区很少有外国出生的居民，少量的移民就可以产生明显的差异，从而激起人们对身份的担忧。这意味着即使是有限的移民也会给人留下激进变革的印象。上述这些制造业密集的地区已经出现了各种各样的弊端，从失业到公共住房和医疗服务不足，这些问题都可以归咎于移民，可是由于移民的人数并不多，他们没有力量为自己辩护。鉴于布莱尔和卡梅伦的执政经历，工党和保守党都不敢声称他们有可靠的策略来解决欧盟内部的这些问题。

如果观察家们更密切地关注其他地方民粹主义政党的命运，他们可能就不会对移民问题在英国脱欧辩论中的突出地位感到惊讶。英国政治学教授马修·古德温在2011年指出，对移民的敌意是欧洲各地激进民粹主义政党的核心特征。[25]这一点在右翼民粹主义者中最为常见。2015年，90多万来自叙利亚、伊拉克和阿富汗等地的寻求庇护者和难民抵达欧洲海岸时，右翼民粹主义者们就打出了暴力反移民的旗号。其实这种模式在更早之前就已经显现出来了。正如古德温早就描绘的那样："纵观整个欧洲，现在有大量证据表明，最有效预测谁会支持民粹主义极端分子的因素，是看他们是否敌视移民。认可（这些政党）的公民，对移民及其影响深表关切：他们要么希望完全禁止移民，要么希望大幅减少移民数量。"[26]

2008年，瑞典斯德哥尔摩大学社会学教授延斯·吕德格伦利用欧洲社会调查的数据指出，93%的极右翼奥地利自由党选民倾向于采取减少移民或不接受移民（而不是接受部分或全部移民）的政策，而其他选民的比例为64%。[27] 丹麦（89%∶44%）、法国（82%∶44%）、比利时（76%∶41%）、挪威（70%∶39%）和荷兰（63%∶39%）的极右翼支持者和其他选民之间也存在同样的差距。换句话说，限制移民的愿望和对极右翼政党的支持之间的关联早在难民危机之前就存在了。难民的涌入只是增加了表达这种偏好的选民人数。

要证明欧洲对移民的敌意主要反映了对就业和不平等的担忧，是一项艰巨的任务，因为各国的经济条件存在巨大差异。在繁荣、低失业率的瑞典和经济较为困难的法国，反移民情绪与极右翼政治支持之间的联系都显而易见。很难说反对移民的反应是由那些被技术变革和全球化抛在后面的人推动的，因为自20世纪80年代以来，欧洲大陆不平等的上升幅度小于美国和英国，而且21世纪初的不平等程度还在降低。不平等程度与右翼民族主义、反移民政党的支持力度之间没有明显的联系：按欧洲标准，意大利和希腊的不平等程度是很高的，但极右翼组织北方联盟在意大利和金色黎明党在希腊的民意调查支持率只有个位数，而正统芬兰人党、奥地利自由党和瑞士人民党在三个相对平等的国家竞争，其民意调查支持率超过20%。[28]

人们希冀分辨出大衰退严重程度的跨国差异。因为德国是最成功地躲过危机的西欧国家（2011年德国人均GDP比2007年年底高出3%），民族主义、反欧盟的德国选择党（非极端右翼）在选举中只取得了有限的支持。但到了2017年,利用难民潮的反弹,德国选择党将其诉求从反欧元扩大到反移民和反伊斯兰选民,成为德国第三大政党,并在9月的议会选举中吸引了近13%的选票。相反,在爱尔兰、希腊、意大利和西班牙这4个人均GDP下降幅度最大的欧洲大陆国家,右翼民粹主义政党未能获得显著的支持。

一切都表明,经济领域的不满抱怨如此扎眼,是由其他因素形成的,比如身份认同政治。激进的右翼政党往往对自由民主、多元主义和少数人权利持怀疑或直接敌视态度。民意调查显示,右翼人士对与自己不同种族或族裔的移民尤为反对。他们表示特别抵制来自非欧洲国家的移民,对穆斯林表现出非同寻常的敌意。[29]这些模式可能反映了在同化北非和中东移民时所面临的挑战以及这些移民对主流文化的威胁。与上述观点一致的是,调查显示,随着时间的推移,人们对移民在就业、税收和公共服务等领域影响的关注度越来越低,但对文化生活影响的关注度越来越高。参与调查者对身份认同问题的描述正是如此。人们会想到法国,法国禁止戴头巾的穆斯林妇女在私人日托中心工作并参加学校郊游活动。法国议会在2010年通过了一项法律,禁止妇女在公共场合戴布卡罩袍和其他遮脸的头饰。人们可以发挥想象力,认为遮盖面孔妨碍了对潜在恐怖分子的识别,但更有可能的是,布卡是一个明显的信号,提醒人们注意一个庞大的宗教少数群体的存在,对"世俗"形成了挑战,而"世俗"是被写入法国宪法的概念[①]。

[①] 法兰西应为一不可分的、世俗的、民主的以及社会的共和国。——译者注

实际上，从土耳其和北非等地移民到法国、比利时、荷兰和德国的历史由来已久。在劳动力稀缺的20世纪五六十年代，西欧积极寻求从土耳其和北非吸引外来工人。这就再次提出了一个问题：为什么移民对文化生活影响的议题直到现在才凸显出来？答案之一是，从20世纪70年代初到2010年，荷兰的摩洛哥人和土耳其人的数量增加了10倍，而生活在德国的土耳其人的数量增加了4倍。答案之二是，宗教激进主义的兴起使同化过程更加困难。思想传统的穆斯林（头巾使传统穆斯林更加醒目）挑战了荷兰人的"开放性"观念以及法国人的"政教分离"观念。第三种解释是，"9·11"事件后，移民的存在引发了对国土安全的担忧，无论这种担忧是真实的还是想象的。

此外，还有从临时移民到永久居留的转变。20世纪五六十年代，在德国的外籍工人通常仅停留一段时间就会回国。他们遵守德国官僚所称的轮换原则，该原则仅允许他们在有限的时期内工作。只要欧洲经济繁荣，而且总是可以选择回国，返回原籍国就很有吸引力。[30]然而到了20世纪70年代，由于经济增长的放缓，回国和再就业的前景黯淡。随着失业率上升，西欧各国政府加强了对移民的壁垒。

这样临时移民变成了永久移民。永久移民希望带家人一起来定居也是情理之中，因为东道国的家庭团聚法允许他们这样做。外籍工人如果是单身男子，会被分配到公司的住房中。现在，他们在工人阶级的社区里住了下来。他们的孩子上学，他们的妻子做着家庭主妇该做的事。随着这种现象变得越来越普遍，欧洲社会被迫开始努力应对多样性和同化问题。[31]这是经济因素与身份政治相互作用的一个明显例子,经济增长放缓导致边界加强管制,反过来造成移民从临时性到永久性的变化,最终引发了民粹主义政党猛烈抨击的文化生活问题。

希腊也有来自阿尔巴尼亚、保加利亚、罗马尼亚、格鲁吉亚和俄罗斯的移民。在2015年难民危机之前,金色黎明党就试图利用这些移民。根据估计,多达10%的希腊人口是在外国出生的,或者至少在2009年希腊债务危机爆发之前是这样。[32]这是北欧边界强化管制后另一个意想不到的后果:移民被转移到南欧,因为那里的边境执法很宽松。

然而,希腊的民粹主义转向了左翼而不是右翼。主导因素是外部环境,即该国需要维系财政生命线,以留在欧元区和欧盟。欧盟委员会、欧洲央行和国际货币基金组织这些所谓的"三巨头"成员要求希腊实施严厉的紧缩政策作为援助条件。因而当主流政党受到危机的牵连,屈从于"三巨头"的条件时,民粹主义的反击立场就转向了左派,成为紧缩政策的坚定反对者。这种反应与其说是民众反对外国人(偏右翼的观点)——尽管"三巨头"毫无疑问是外国的,不如说是民众在反对精英(偏左翼的观点),他们既指责国内精英制造了混乱,也指责外国技术官僚加剧了混乱。

希腊的独裁历史也不利于专制主义右翼的发展,葡萄牙和西班牙的情况同样如此。很少有心怀不满的选民希望回到像1967—1974年军政府那样的残暴专制政权。因此,激进左翼联盟党受益于希腊共产党留下的反法西斯和反独裁的根深蒂固的传统。

然而，早期政府的腐败无能、"三巨头"实施的紧缩政策的负担以及对拥有海外资产的富人们逍遥法外的质疑，都足以引起民粹主义的反应。在2009年10月的选举中，激进左翼联盟仅赢得5%的选票。2015年1月，该党赢得了36%的选票，并被授权组建政府。这就是危机的力量。

希腊的军事独裁历史限制了金色黎明党的壮大，东欧的苏联统治历史则形成了不同的政治环境。在东欧，与民众对立的"其他人"是左翼政治家和现在已被否定的认同社会主义的政党。1990年之前，中右翼人物把具有左翼倾向的政治家和一些腐败的政党联系在一起，以寻求在反对派中确定自己的地位。由于精英属于左派，如果政客们试图渲染精英和民众之间的分裂，在今天看来这些政客就是右翼的。

东欧国家几乎没有因在历史上迫害少数民族而产生心理压力，因为一切行为都源自资本主义的矛盾。这种认识上的分歧意味着，在这里种族主义和反犹太主义仍然比在西欧更盛行，或者至少在公开层面更为盛行。从2015年开始，试图获得民族主义支持的右翼政客利用这些态度和偏见，将矛头重新指向难民和寻求庇护者。如今，咄咄逼人的民族主义可以被描绘成对正义和权利的重新申告。

这种历史联系甚至在德国体现得也很明显。此前在联邦德国，民族主义和歧视偏见的危险被编入了公立学校的课程中加以警示。民主德国则不然，他们认为纳粹的崛起不是源于反犹太主义的遗产，也不能归咎于民族主义的复苏，而是来自市场制度的矛盾。[33]

第十章　断裂边缘　　189

事实上，反犹太主义和民族主义都是当下应当避免的人的本性。与联邦德国不同，在民主德国接受教育的德国人并没有被灌输应当远离民族主义和反少数民族立场的思想和情感。在2015年的调查中，44%的来自联邦德国的人反对总理默克尔欢迎难民的政策，而56%的来自民主德国的人反对这一政策。[34]极右翼反穆斯林运动"爱国的欧洲人反对西方的伊斯兰化"是由一位在德累斯顿出生和长大的广告主管兼专业大厨卢茨·巴赫曼创立的，这并非偶然。

不仅仅是在英国，民族主义、反移民、反穆斯林的情绪也被引导到对欧盟的质疑中。欧洲单一市场规定了4种自由，劳动力流动自由是其中之一，这使得各个成员国很难单方面保证边界安全。[35]欧盟既成协议鲜明体现了多元主义和包容的核心价值观，是各成员国必须遵守的法律体系。既成协议包含关于正义、自由和基本人权的章节。政府如果削弱少数人权利或限制新闻自由，就会受到欧盟原行政部门欧盟委员会及其司法机构欧洲法院的制裁。2015年，波兰极右翼的法律与公正党投票通过了一项立法，该立法损害了波兰最高法院宪法法庭的独立性，并使波兰的公共广播公司受到国家控制，限制了新闻和媒体自由。欧盟委员会随即以"对话"的委婉名义展开了调查。大致在同一时间，委员会对匈牙利总理欧尔班·维克托的匈牙利政府发起了侵权诉讼，理由是其限制性的难民安置法与欧洲共同庇护制度相冲突，而且在匈牙利南部边境竖起了一道铁栅栏。如果成功起诉这些案件，该国就必须修改其国家法律，以便继续保持良好的欧盟成员身份，否则就会失去其在部长理事会的投票权并受到经济处罚，而部长理事会是对欧盟预算和其他类似事项做出决定的组织。[36]

因此，右翼、反精英、反当权派和本土主义运动将欧盟作为目标是很自然的结果。欧盟是一个精英性的项目，自"欧洲之父"让·莫内时代以来，知识分子和高级官员就把它强加给了不情愿的公众。它不够民主，因为重要的决定是由欧盟委员会的技术官僚做出的，他们不直接对国家议会或投票公众负责。欧盟委员会的工作人员来自28个成员国，不管涉及的是哪个国家，都由外国人主导。它的法治框架（2015年对波兰的调查就是在此框架下展开的）明确旨在限制狭隘的民族主义行为。

对于欧盟应该如何解决这些压力，目前还没有达成共识。可以预见的是，精英们已经在回应，他们认为遏制不满情绪的最佳办法是精简欧盟委员会和其他欧洲机构，使之能够更高效地运作。[37]问题在于，对欧盟持批评态度的民族主义者们很可能反对这个"更高效"的改变，因为他们反对的内容比这多得多。经济学家托马斯·皮凯蒂等欧盟支持者认为，击退民族主义威胁的最佳办法是纠正民主赤字，加强欧洲议会的决策权，并以欧元区大会作为欧元相关事务的补充。[38]但这样做意味着与外国人分享决策，这与那些民族主义者是相悖的。还有一些人认为，更快的经济增长是支持欧盟和皮凯蒂等人观点的最佳途径。[39]毫无疑问，更快的增长会有帮助。遗憾的是，对于如何最好地实现这一目标并没有一致的意见。

第十一章
围堵遏制

当主流党派无法充分解决经济不安全与身份政治融合在一起的难题时，民粹主义对社会的诱惑力和影响力是最大的。在某些情况下，政治机构可以推行相应的政策来回应选民对生活水平、公平问题、经济安全的关切，平息选民由于缺乏话语权而产生的不满。19世纪，美国政府针对运输费管制、利率管制和金本位制政策进行了调整，成功遏制了民粹主义的兴起。这些有限的政策调节，以及由美国人民党倡导的公投程序和直接选举参议员等政治改革，在一定程度上解决了农民和其他群体对社会现状的质疑，民粹主义的苗头刚刚冒出就被掐断了。主流政客也吸纳了民粹主义观点中一些拿不上台面的政治建议，例如限制来自亚洲的移民和对进口制成品征税。如果没有此类实质性的举措，政府那些有待商榷的政策会遇到更大的问题。

    在时运和良好体制的青睐下，美国的政策调整得到了民众的善意回应和积极接纳。19世纪90年代的经济加速增长不仅创造了新的机会，而且削弱了人们认为政治变革是零和博弈的看法。更有利的美国货币条件以及更良性的全球环境大大降低了通货紧缩的可能性。天时地利人和，称得上黄金年代。美国政治制度的去集权化性质在那时有效约束了联邦政府的权力。包括民粹主义在内，谁也没有成功组织起全国性的政治运动，但俄勒冈州和加利福尼亚州的改革者有效地在当地联合组织并推动了公民投票机制来增强民众的声音，致力于解决立法议员受金钱利益支配的问题。1913年，美国3/4的州最终同意修改宪法，而在此之前俄勒冈州和内布拉斯加州就已经再次绕开可能存在利益关联的州立法议员，推动实施了参议员直选制度。

  时间会证明美国这次是否还那么幸运，时间也会证明美国的政治体系是否还有能力做出有效的反应。更好的经济状况是好运气的标志。正如我们在第八章中所看到的那样，20世纪70年代，发达国家的生产力增长急剧下降。1995—2005年，生产力增长先是有所恢复，然后再次下降。可以设想，2005年之后连续几年的经济不正常发展状况使现在的经济增长潜力蓄势待发。1995—2005年，零售业、批发贸易和金融行业引领了复苏，背后的关键是新的信息技术的应用。理解这段复苏的秘密需要时间。同样，当下要弄清楚的是，如何将云计算、量子计算、人工智能以及其他最新的信息技术进步应用于信息技术行业之外的目标，这也需要时间。整个经济体系中的企业必须首先重组它们与客户的互动方式以及聘用工人的方式。[1]幸运的话，上述目标将很快实现。[2]经济的加速增长能够避免社会做出艰难的选择，钝化政治的极端主义倾向。

又或者，我们没有那么幸运。

对那些愿意耐心等待的人来说，有一套促进更快增长的简单方案。首先，要对人们基础的识字和计算能力进行投资，当然也包含投资于职业培训、大学教育和终身学习。其次，要放松过度的规制，同时也保留纠正市场失灵的监管。最后，需要健全和稳定的经济政策，创造一个有利的投资环境。这意味着不能像2007年之前那样以不可持续的方式刺激需求，但也要避免像2010年之后的欧洲那样采取过度压缩支出的政策。

不过，上述政策有一个共同点，即它们都不可能一蹴而就，而是需要时间来完成。培养更有技能和生产力的劳动力需要时间，更新资本存量需要时间，将原则转化为政策并围绕政策的实施形成共识需要时间。促进增长的整套方案就像是营养师的建议，要"吃得健康"。改善成长的环境就像改变人的饮食习惯一样，需要自律，需要关注细节，需要时间才能看到效果。并且，时间不会青睐那些寻求阻止民粹主义兴起的人。

如果不能实现更快的增长，那么分配方面的问题就成为最亟待解决的矛盾。在20世纪50年代到70年代中期促成社会平等的因素不太可能再次出现，这意味着我们需要新的思维。为工厂工人利益代言的工会将发现，把远程居家工作的人组织起来搞活动变得更加困难。在全球一体化市场的世界里，厂商将更难获取租金，因为工资较低的新兴经济体正在张开双臂欢迎外国雇主。资本的流动性使政府更难像二战后那样利用税收政策来平衡收入分配，因为富人和他们投资的公司现在可以将资产转移到税率低的司法管辖区。西方社会的民族、种族和宗教多样性,不仅展现了移民的累积效应,而且限制了政府的转移支付。技术变革的偏向不再有利于蓝领工人:技术水平较低的工人的常规工作正在以难以想象的速度被自动化生产方式取代,而技术水平较高的工人则负责监督自动化生产。

发达国家制造业供应链中大部分劳动密集型工作采取了离岸外包的方式,这提高了资本在 GDP 中的份额。因此,解决不平等问题的一个办法是确保资本被更广泛地分享。[3]比如,英国经济学家安东尼·阿特金森建议加强遗产税,防止大额资本通过集中索取权被传递给幸运的少数人,并用该项税收为每个公民提供资本补贴。[4]死去的人当然没有能力游说或逃往税率较低的司法管辖区,有钱的父母却都有可能做到。还需要注意,阿特金森建议的核心是资本的再分配,这隐含着很大的政治风险。它意味着将资本从较幸运的民族、宗教和种族群体转移给较不幸运的群体,这就与身份政治产生了冲突。

更温和的做法是,从公司入手,给公司提供税收优惠,鼓励其采用员工股票期权计划,给予工人投资这些计划的税收优惠。个人可以选择不参与退休和其他工资挂钩的储蓄计划,而不是必须加入。这些重新分配资本所有权的政策效果不会立竿见影,但能够给资本匮乏的个人带来希望,让他们相信,持股的分配会朝着更公平的方向发展。有希望,就会拥有一切。[5]

鉴于不平等反映了高收入和其他劳动收入的巨大差异,社会也可以选择是否直接解决这个问题。2013 年,瑞士就一项公投进行了表决，内容是将高管的薪酬限制在公司最低收入员工的12倍。选民否决了这一提案，认为该政策太过激进，也太容易被非薪资报酬和额外津贴规避。假如在美国，这项提案本身可能就超越了社会的底线。可以想象的是，如果不对类似的过激行为加以遏制，在各个国家甚至包括美国，左翼民粹主义者还会提出更多这样的建议。美国大公司CEO与其工人的平均薪酬比例高达200∶1。

要遏制此类过激行为，首先应使公司董事会和薪酬委员会置于更严厉的法律和行政约束之下。如果他们过于轻易地默许CEO的高薪要求，那么他们也会更随意地忽视对其他利益相关者的信托责任。监管机构应当要求公司披露高管股票期权计划的状况。只有独立董事才可以加入薪酬委员会。股东应当有权对高管的薪酬方案进行投票并行使否决权，就像2010年为应对金融危机而出台的《多德-弗兰克法案》赋予美国投资者的权利一样。[6]事实上，劳动收入份额增长最快的1%主要集中在金融业员工身上，不仅是高管，还有其他员工。这表明，限制金融业的发展，除了控制风险外，还有助于缓解薪酬的不平等，这也是《多德-弗兰克法案》的另一个预期效果。[7]以上讨论说明，《多德-弗兰克法案》以及至少类似的政策不可或缺。

在美国，高社会流动性历来被认为是抵消不平等问题的一个理由。这种论点认为，即使那些处于社会底层的人也有机会上升到顶层。由此可见，社会流动性的下降也是造成不平等问题日益受到关注的部分原因。经济学家迈克尔·卡尔和埃米莉·维默斯发现，自20世纪80年代初以来，美国的终身收入流动性显著下降。卡尔和维默斯使用了人口普查局开展的收入与分配方案设计调查的数据，调查跟踪了1981—2008年个体劳动者的收入变化。调查采用十分位进行分组，即第一组的收入位于1/10以下，第二组落在1/10～2/10，以此类推，共分为10个区间。有证据表明，80年代以后，一个人在其工作生涯中保持在收入分布的同一个十分位数区间的概率，对每个区间来说都上升了。如果你的第一份职业收入落在最低的区间（第1个区间），那么你上升到第4个区间的可能性小了16%；如果你起步在中间区间（第5个区间），那么你上升到最高的两个区间（第9、第10个区间）的概率小了20%。[8]

上述个体劳动者在工作生涯中面临的状况，放到代际流动中是同样适用的。近年的研究表明，父母的收入优势有50%会传给下一代。这种财富跨代延续方式的学术名词叫作收入代际弹性。对经济状况处于前50%的人来说，这种弹性高达2/3。[9]目前对收入代际弹性的估计也明显高于20世纪下半叶的数值。

美国经济学家拉杰·切蒂和他的合作者进一步表明，在美国，来自收入分配底层1/5家庭的孩子进入顶层1/5的概率分布差异很大。收入流动性高的地区有更好的小学和中学，它们能更好地培养儿童，从而使他们在经济上取得成功。这些地区的居住隔离现象不严重，意味着来自贫困家庭的儿童能够与具有不同经济背景的人交流，并获得在劳动力市场取得成功所需的社交技能。这些地区的单亲家庭较少，中产阶级较多，公民和宗教组织较多。虽然上述变量受到公共政策影响的程度不同，但研究结果至少都表明，投资于基础和中等教育、倡导反歧视和适当的分区法律、立法禁止居住隔离，能够提高经济流动性，从而改善不平等问题。[10]

在比较地区差异时，切蒂及其合作者并没有发现，在距离大学较近的地方人们接受高等教育的机会更多，收入流动性更高。物理空间距离的影响，在今天已经远不如二战之前关键。公立、私立、营利性教育机构的扩张降低了物理距离的重要性。[11]举例来说，加利福尼亚大学在20世纪50年代增加了4个一般性校区，60年代增加了5个，21世纪又增加了1个。这些校园的选址正是为了服务之前被忽略的社区。

然而，接受精英教育的机会仍然很重要。最能影响一个人从收入分配的中低阶层向顶层的1%转移的可能性的高等教育，是就读常青藤盟校。对那些关注收入和机会不平等的人来说，这是一个难题。因为正如切蒂在另一份研究报告所揭示的那样，那些来自收入分配最高的1%家庭的孩子就读常春藤联盟的可能性，是收入分配最低的1/5家庭的孩子的77倍。[12]

上述研究表明，似乎有必要取消各校招生委员会对校友子女的优惠待遇，即所谓的捐赠录取政策。[13]应当限制私立大学在税收方面享受的优惠减免，因为这些私立大学不断迎合富豪子女，以获得巨额捐赠。应当向纽约城市大学和加利福尼亚州的州立及社区学院系统（而不是大学）等中等水平的公立机构提供额外的资金。这类机构招收了数量庞大的低收入家庭学生，而这些学生毕业后，他们的收入流动性将相对提高。[14]

所有这些政策都可以让即将进入劳动力市场的年轻人更好地

做好准备,但对那些已经进入工作周期的人来说,如何帮助他们提高收入流动性仍是一个难题。在不同的时代和不同的地方,从俾斯麦时代的德国、爱德华时代的英国到20世纪30年代的美国,带有民粹主义色彩的经济变革提议都被政府公共计划遏制。政府的公共计划补偿了被替代的失业者,安慰了其他害怕同样命运的人。失业保险、医疗保险和养老保险解决了这一需求,再培训、求职和重新安置的援助也是如此。这些计划帮助工人应对他们自身能力不足的现状,从而化解身处创造性破坏时代的焦虑。在某些国家,这些计划的管理是自上而下的,而在美国等另一些国家则是高度分散的。在加拿大、英国和许多欧洲国家,医疗服务的提供与保险是由政府直接管理的;在美国,出于历史原因,政府的直接作用仅限于那些有特殊需要的人,比如老年人(医疗保健)、穷人(医疗救助)和军人(退伍军人管理局),以及为医疗保险费用过高的人提供补贴,并为大额医疗费用提供减税支持。[15]

基于历史和意识形态的原因,美国政府在提供社会保险方面的作用最为有限,而反对自由贸易和担忧制造业就业率下降的情绪在美国也尤为激烈,这并非巧合。美国人明白,如果他们因全球化和自动化而失去工作,他们很难从政府提供的失业保险、医疗保险和养老保险中得到多少帮助,也不会从再培训和重新安置方面得到多少帮助。民族、种族和宗教的异质性阻碍了社会提供广泛的援助,每个群体都拒绝为主要惠及他人的项目提供资金。

社会经济的隔阂与种族间的隔阂一样,逻辑是相通的。保险业不会在信息不充分的情况下做赔本生意。工作有保障的熟练技术工人明白，他们在为技术水平较低的、生活正受到全球化和技术威胁的工人提供保险和基本收入。上述说法暗示着双方的某种交换。虽然技术水平较低的工人不成比例地获得了社会保险福利，但发达经济体中技术水平较高的工人也在不成比例地从全球化中受益，因为他们的国家主要出口技术密集型产品。熟练技术工人还在不成比例地受益于补充其技能的新技术。有些高薪工人可能是在为他人提供资金转移，作为回报，他们得到了有利于经济开放和技术变革的社会共识。

换句话说，正如经济学家所言，全球化和技术进步可能是好事，但天下没有免费的午餐。俾斯麦明白这个道理，他推进医疗、伤残和养老保险是为了安抚因技术变革和进口而失业的西里西亚纺织工人，向他们证明德意志帝国是坚强的后盾。劳合·乔治和新自由党人也是基于这一原因采用失业保险来抵御造船、工程和铸造行业工人推动的关税改革压力。当富兰克林·罗斯福意识到一点时，他一方面试图根据1934年《互惠贸易协定法》的授权撤销美国十多年来的进口管制，另一方面也对国家福利进行了历史性的扩张。[16]当约翰·肯尼迪明白这个道理时，他签署了1962年的《贸易扩张法案》以削减50%的关税，但同时推行了一些为因外贸而失业的工人提供就业培训、求职援助和特殊收入支持的计划，从而争取到了工会领袖的支持。[17]21世纪的政治家，特别是美国的政治家，未能做出类似的政策改革，因为他们要么缺乏勇气，以至被政府的顽固派反对者吓倒，要么在简单的逻辑判断上发生了失误。

第十一章　围堵遏制

除了以上相对温和的政策改革方向外，还有一些更宏大的主张。假如非技术工人的工作岗位永远消失，并且不是每个人都能获得必要的技能，那么大家就会认同"为所有人提供基本收入"的建议。这是2016年6月瑞士人在公投中考虑的另一项内容。虽然投票没有明确规定金额，但组织者提出，大概是每个成年人每月约2 500瑞士法郎，或大约2 500美元。按2016年美元计算，几乎与第五章所述的汤森计划或第九章所述的朗的共享财富计划所提出的津贴数额完全相同，似乎冥冥中自有定数。[18] 瑞士公投的结果是提案被否决，77%的人投了反对票，理由是成本太高（这项计划将耗费该国GDP的4%~5%），人们还担心无条件的援助会助长社会惰性。不难预见，此类提案在其他地方也会遭到同样的反对。[19]

民众无法获得使他们具备就业能力的技能，人类的工作岗位已经永远消失……对这些假设进行质疑是很有必要的。[20] 此外，还有必要重新设计教育和培训机制，传授工人们21世纪工作所需的适应能力、人际交往能力和口语交流能力，使他们做好准备从事非传统的自动化工作。这就意味着人们从幼年开始，不仅要注重识字和计算能力，还要强化培养同理心、同情心和其他人类的特质。到目前为止，机器难以模仿类似的能力，而在与老人、病人、婴儿等人群的交往中，这些特质都是至关重要的。

当然，如果社会通过教育和培训提高工人生产力的能力受到限制，而雇主可以选择使用机器人工作并愿意支付这些被替代的工人一笔可接受的工资，那么解决方案就是补贴工资和工作。这个方案的成本将比无条件的基本收入更低，也更容易被社会接受。它会给人们带来有工作的满足感。工资补贴范围也可以通过税法扩大到工人或雇主。即使是像美国这样传统上对社会公共工程持怀疑态度的国家，也有类似的经验。例如，美国联邦政府提供了一个低收入家庭福利优惠计划，只要低收入家庭在工作，就可以减免他们的税收，甚至可以给他们退税（负税负）。这个税收抵免计划实际上是美国仅次于医疗补助和食品券之后的第三大社会福利。类似地，美国向雇用某些类型的低技术工人的公司提供工作机会税收优惠，从而使雇主可以更经济地雇用这些工人。[21]

同样流行的观点是，包括比尔·盖茨在内的许多人也曾建议对机器人征税，以达到公平竞争的目的。[22] 为什么人类要纳税，而机器人却可以免于征税？对机器人征税产生的收入也可以用来资助有社会价值的项目。

但是，有人会问：机器人和普通机器的界限在哪里？ATM 是不是机器柜员？如果是，ATM 是否应该缴税？所有的机器都应该缴税吗？

抛开定义问题不谈，稍加思考就会发现，其实机器人的主人并没有免于征税。如果机器人是利润的来源，那么它们的企业所有者就要交税。如果这些利润最终以股息和资本收益的形式出现，那么这些收入形式的接受者也要交税。如果他们不交税，那么解决的办法就是对企业利润和个人所得税进行改革。

与此同时，消费者也从机器人承载的新技术所提供的廉价商品和服务中获益。从这个角度来看，对机器人征税最终与对技术进步征税没有什么不同。同时，这也与对国际贸易征税没有区别。对国际贸易征税，限制了一个国家将其能够以最廉价、最有效的方式生产的商品转化为能够在国外以更低廉价格生产的商品的能力。因此，对贸易征税会从整体上降低居民的购买力和生活水平，对机器人征税也起到了相同的效果。[23]

上述种种宏大计划，以及其他诸如失业保险和就业培训等更传统的干预措施，在族裔、宗教、种族和经济多样化的社会中，都必须面对社会团结被不断侵蚀的问题。在居民缺乏相同信仰体系、社区基础、收入平等且上升机会渺茫的国家，血缘关系的机械纽带和法国社会学家涂尔干强调的作为社会团结源泉的共同价值观将不再紧密地联系在一起。由于高技术和低技术产业位于不同的地区，彼此不相关注，再加上现在政治信仰不同的人分聚在红州和蓝州，经济间相互依存的有机联系（涂尔干强调社会团结也根植于共同的经济利益）不再具有以前的约束力。[24]从某种意义上说，这个问题在欧盟甚至更加严重，尽管"团结"是《欧盟基本权利宪章》的六大支柱之一，但大多数民众仍然顽固地自我认同为西班牙人或意大利人，而不是欧洲人。

在这种情况下，不平等和社会凝聚力的匮乏相互助长。如果收入差距不是来自个人能力，而是来自继承、家庭关系和接受精英教育的机会，那么这些差距就会理所当然地被视为不公平。上述看法反过来又会破坏人们对同胞和整个社会的信任。[25]结果，政府得不到信任，也无法实施减少不平等的计划，进而又会使不平等更加严重，进一步侵蚀信任和团结。

异质性社会应该怎么打破这个恶性循环呢？答案之一是联邦制。对政府和彼此信任度高的美国人可以聚集在蓝州，而对外界信任度较低的人则聚集在红州，两者都可以推行自己中意的政策。蓝州可以提供更高的最低工资和更多的教育、培训及搬迁的公共支持，而红州则相反。如果加利福尼亚州人想启动一个单一付费医疗计划，并通过对资产超过2 000万美元的居民征收财富税，以及对公司的全球利润按其在加利福尼亚州发生的销售份额征税来筹集资金，美国宪法允许他们这样做。[26]这与20世纪初面对经济变化和政治话语权不足时，俄勒冈州和加利福尼亚州的改革者在州级层面推动直接民主的策略并无二致。米克·马尔瓦尼的观点应该是很权威的，他是特朗普的预算管理办公室主任。当国会在2017年辩论废除《平价医疗法案》时，马尔瓦尼说道："如果你所住的州想要强制要求每个人都有生育保险，包括60岁的妇女，这没问题。"如果你不住在这个州，"那你可以想办法改变你所居住的州……改变……州立法机构和州法律。为什么我们要指望联邦政府来尝试解决我们的地方问题呢？"[27]

不过联邦制也有其局限性。比如提供强大的国防、保障国家边境安全、管制移民等决策只能在国家层面进行。就欧洲而言，这些事情只能在欧洲层面进行。只要国家允许各州之间自由贸易（在欧洲来说，只要欧盟是一个单一市场），贸易政策也是如此。只有在限制各州之间贸易的情况下，不同的贸易政策才是可行的，否则货物将通过政策最自由的州进入国内，形成新的贸易标准。因此，分权并不能解决进口竞争对劳动力的替代问题，它也不能

第十一章　围堵遏制

调和社会对移民的不同态度。

不同的州仍然可以采取不同的方法来解决工人被替代失业的问题，比如提供一定的再培训计划，但效果有限。因为在一个州接受再培训的工人可以在另一个州寻找工作，而另一个州却不用分担培训新技能的成本。环境政策也是如此。加利福尼亚州可以制定更苛刻的环境标准，海风的作用能够让空气变得更加清新，而处于下风口的其他小州会发现，采取严格环境政策的成本会更高。

按照个人喜好形成的聚居也会限制持不同观点的人们之间的互动，从而进一步削弱社会整体的信任和团结。人们更难在联邦级别就提供公共商品和公共服务达成一致。美国社会学家詹姆斯·科尔曼有一句名言："熟悉会产生信任，而不是蔑视。"[28]我们在第一章中提到了具有高度民族语言多样性的社区在卫生、教育和基础设施等集体产品上花费较少。不同的群体混合得越充分，他们在地理空间上杂处的程度越深，这些影响就越弱。[29]第九章和第十章中也提供了类似的观察，即外籍居民最少的地区，其本地人对移民的信任度最低。

最后，我们要谈谈移民这个棘手的问题。从狭义的经济角度看，发达国家增加移民的理由是无可挑剔的。移民本身也受益匪浅：发展中国家的非技术工人和技术工人移居到发达国家后，他们的收入购买力会提高10倍，因为那里更好的基础设施、技术和合同履行情况使他们的生产力更高。[30]很难说有其他办法可以让移民群体在一夜之间获得如此巨大的收入收益。此外，作为接收方的发达国家也从中受益。这些国家通常资本充裕,劳动力稀缺,抚养比很高,劳动力增长缓慢。甚至在某些情况下,如日本和意大利,劳动力根本没有增长。[31]

狭隘地从经济角度反对移民增长并不令人信服。虽然移民消耗了公共服务,但他们也要纳税,总的来说他们的贡献大于索取。[32]外国援助似乎是移民的替代方案:促进经济发展的援助可以减少迁徙的动机,顺带使援助国对关闭边境感到不那么内疚。这两种动机在德国发展部2017年公布的非洲马歇尔计划中都很明显。但是,即使是最乐观的评估也无法证明发展外国援助的方式可以在转瞬之间将当地人民的生活水平提高10倍。[33]尽管额外的贸易优惠可以扩大到发展中国家,但全球市场的准入机会不足以使其把收入提高到发达国家的水平。当地的政府机构是问题所在,而且出于历史原因,这一点将难以改变。

有人会反对说,移民带来的不仅仅是他们的人力,还包括该国低生产力背后的文化输出。[34]不过,文献表明关于此类不利影响的警示完全没有证据。[35]相反,从成功同化的历史经验,特别是美国的历史经验来看,美国成功同化了一拨又一拨的移民,将他们的生产力提高到本地人的水平。这否定了只有勤奋和努力的人才有能力移民的非随机选择理论。

也许现在对移民群体的同化更难,因为现有移民群体的宗教、种族或民族与本地人有很大的不同,但每一代人都会认为当下的同化更难。在美国,19世纪的爱尔兰人和意大利移民也持同样的论点,然后是东欧人和亚洲人。当移民总量达到了一定水平时,同化就更难了。移民会聚集在自己的社区里，强化传统的价值观，并减少与本地人的接触。可是，假如这个说法正确的话，社会就会反对无限制移民，而不是反对目前的移民规模。从经济意义上讲，移民水平显然没有扰乱同化。[36]居住和经济上的隔离使移民难以适应东道国的做法，东道国应该关注：推行住房政策，让移民与当地人有更多的互动；推行工作培训和非歧视性的就业政策，让移民与其他工人有更多的接触；推行教育政策，让移民的子女与当地人的子女来往，接触东道国的风俗。

除了这些经济上的讨论外，还有一个人道主义的观点，那就是要接纳更多来自局势动荡的发展中国家的难民。

当然，这些经济和人道主义的观点长期以来都与分配和身份问题，换句话说，与民粹主义政治有很大关系。在非技术移民的地方，大量移民的到来很可能会对技术水平较低的本地人的工资产生一定的影响，或者至少让人担心会产生一定的影响。[37]这种影响在发达国家尤为严重。因为在这些国家，来自低薪国家的进口竞争和以技术为导向的技术变革同样使技术水平较低的人处于不利地位，并扩大了不平等。[38]社会矛盾的矛头因此指向了移民，使社会对新移民关上大门。这比指责发明家和投资者带来的技术倒退影响更大。

增加教育和培训是应对技术水平较低的本地人就业压力的有效举措，也是经济学家经常建议的解决非技术性劳动力对技术变革和全球化负面影响的方法。它提醒人们，仅仅关闭移民的大门并不能缓解工人阶级生活水平的压力，并不能扭转本土主义情绪对不平等现象加剧的煽动，因为关闭外来劳动力的大门并不能消除技术和贸易的不平等影响。它提醒人们，额外的移民给那些想要增加教育和培训资金的人造成了两难的境地，因为在民族、宗教和种族混杂的社会里，要培养对政府和他人的信任，以维持民众对这些项目的支持，是更加困难的。这再次表明，反对居住和经济隔离的政策应该是优先事项，因为这些政策促进了各群体之间的互动，建立了信任，从而抵消了多样性增加对社会集体提供教育、培训和其他服务的意愿的负面影响。[39]

还有人建议改革移民制度以应对经济和身份问题。特朗普在2017年曾提出，美国的移民政策应该脱离家庭团聚议题的干扰，转而采用加拿大式的激励教育和培训的积分制度。这种政策使得移民的技术水平更高，因此不会压低非技术性工作的工资。不过这种削弱人道主义动机的做法很难得到普遍认可，因为它不是在帮助最贫穷的人，而是在惠及拥有高学历的相对优势人群。或者，各国可以转而采用固定期限的客座工人制度，就像美国和墨西哥在1942年为缓解战时劳动力短缺而实施的布拉塞洛计划，以及20世纪五六十年代德国的外籍劳工制度。[40]由于劳工停留的时间有限，他们不会倾向于拖儿带女，或是建立自己的礼拜堂和民间组织。发展中国家有大量的农民工和软件工程师，发达国家可以通过轮换定期合同制度轻松满足对劳动力的需求。

然而，我们有充分的理由怀疑这种计划的可行性。德国雇主反对为每两年一次的新工人培训支付费用，并向当局施压，要求让在职者留下来，最终导致外籍劳工制度崩溃。布拉塞洛计划于

1964年被废除，因为有人抱怨为农民提供的工资和住房不符合标准。无论是对劳工部还是农业部，这些问题本身都不被认为是需要优先解决的问题。墨西哥的农场工人缺乏类似工会这样的公民和经济组织，无法为自身争取利益。[41]如果当局有足够的力度履行定期合同，并要求雇主遵守适用于其他工人的同等工资和安全标准，类似于布拉塞洛计划的制度可能会发挥作用。但是，外籍工人没有获得公民身份的途径，而且仅在有限的时间内受国家保护，这表明他们的待遇不会被视为优先事项，他们也没有什么倡导者和渠道来推动自己的主张。

最后还有一个问题：什么样的政治制度能够最有效地应对民粹主义的威胁？传统的答案是像美国那样的总统制。美国是典型的"赢者通吃"社会，在这种制度下，民粹主义运动很难在政治上与既有政党抗衡。迎合中间选民的被提名人有动力在大选中向政治中间派靠拢，并避开"我们与他们"对立的分裂性政策。

可惜近年的经验表明，无论规则多么合理，美式制度仍然会发生危险的意外。在经济不安全和身份认同有争议的背景下，在对手互相争夺的情况下，一个非传统的政治家容易利用反精英、本土主义的情绪，夺取主要政党的提名。面对弱小的对手，再加上国外势力的掺和，被提名人在不转向政治中间派的情况下赢得选举并非不可能。

在美国的"赢者通吃"制度下，即使投给另一党派的选民比例高达49%，这49%的民众在大选结束后也可能没有政治发言权。事实上，在美国选举人团制度下，主要在州级层面以"赢者通吃"

的方式分配选民,也就是说在某州得到普选多数的候选人得到该州所有选举人票。绝对多数的选民有可能在行政部门没有话语权,就像2016年美国大选发生的那样。在选举人团制度下,各州总统选举人的数量相当于每个州的国会议员人数,每个州有多少众议院议员就有多少选举人票(众议院议员数量由该州人口在全美人口中的比例决定),再加上每个州固定的两个参议员选举人票,这样设计的目的是增强人口稀少的农业州的代表性,保证小州也能在国家事务中发出声音。但这个制度实际上加剧了城乡差距,而城乡差距通常是民粹主义政治的特征,也正是2016年美国大选的特征。改革选举人团制度也许很有趣,但很难设想3/4的州立法机构(必然包括一些较小的农村州)会同意修改宪法的此项规定。[42]

随后是"买家懊悔"的问题。即使主流共和党人对特朗普总统的行为产生了很大的保留意见,他们也会犹豫是否要弹劾他,因为这样做会让人对特朗普获得党内提名的过程产生疑问,进而质疑党派本身的诚信。在美国的体制下,民粹主义领导人一旦上任就很难被赶下台。一个强大的政治体系就像一辆无人驾驶的汽车,必须能够自动修正路线。在美国,定期产生分立政府的中期选举是主要的路线修正机制。但由于总统有权任命美联储董事会成员长达14年,最高法院大法官也是终身制,所以之前设定的路线可能无法纠正。

近年的经验表明,在应对民粹主义的兴起时,荷兰的比例代表制和法国的两阶段大选制显得更有力量。在荷兰的制度中,政党在议会中的席位大致与他们在普选中所占的比例成正比,保证了不同宗教和地区的声音能够得到倾听。政府采取联合执政,其他政党可以拒绝与极端主义政党结盟。既然选民知道某个党派不会成为决策联盟的一部分,就会放弃他们的选票,转而支持与该党对立的政党。正是这些动机限制了选民对海尔特·维尔德斯所在的自由党的支持,自由党在2017年竞选时的口号充满了种族主义和反穆斯林的言论。在法国的制度中,为数众多的候选人在第一轮中竞争,但只有两个领先的得票者进入第二轮。即使某个极端主义者在第一轮中赢得了多数票,其他主流候选人的支持者也有动力在第二轮中团结在其竞争对手周围,从而维系政治的中间立场。2017年的法国总统大选中,极右翼政党国民阵线领袖玛丽娜·勒庞在这个制度下蒙羞失败。[43]

法国的制度并不完美。如果非民粹主义的候选人进入了第二轮,但是其政治主张过于偏左或偏右,那么对政治光谱另一端的选民来说,由于其支持者没有进入第二轮,他们就可能不会把票投向前者。比例代表制同样也有弊端。联盟是脆弱的。政府的更替率很高,如果选举频繁,官员们可能会把更多的精力放在竞选而不是治理上。当议会中有许多小团体时,政府不稳定,政策难以取得进展,可能会滋生对主流党派和领导人的不满,这种挫折感可能会助长更极端的替代方案的萌生,正如意大利在20世纪20年代的情况。德国议会代表权的最低门槛和不信任投票的约束制度虽然有一定效果,但并不能完全消除这些问题。

总而言之,所有的政治制度都是不完美的。然而,有总比没有好。

第十二章
欧洲再见

欧盟经常成为民粹主义者攻击的目标,这不足为奇。欧盟缺乏政治理论家所说的"输出合法性"。[1]欧盟无法提供在全球金融危机之后所需的经济物品,因而失去了欧洲大众的支持。经济体本身面临增长乏力的窘境,欧盟行政部门及欧盟委员会的技术官僚们推行的放松管制和紧缩政策使问题更加恶化。这些政策承诺实施轻度管制并建设一体化金融市场,为后来的金融危机埋下了隐患。欧盟委员会和欧洲央行坚持将削减希腊等国家的预算作为对其援助的条件,进一步加剧了欧洲社会的不平等。同时,欧盟未能确保其外部边界的安全,也未能执行成员国分担难民安置负担的规章,反而使自身成为移民问题恶化的催化剂。

如果说经济困难、不平等和移民是民粹主义反应的主要触发因素,那么欧盟可谓占全了这三个条件。像匈牙利总理欧尔班·维克托这样的右翼民粹主义者,为了利用专制主义和本土主义倾向,可以指责欧盟委员会和德国等成员国政府在移民问题上的软弱。欧尔班可以通过抨击"欧洲精英政客故意（而且仍在）将数百万移民带到欧洲"，对时任德国总理默克尔等人进行毫不掩饰的攻击，以此来煽动他的追随者。[2]此外，包括希腊的阿莱克西斯·齐普拉斯在内的左翼民粹主义者，可以指责欧洲机构——欧盟委员会、欧洲央行和其他成员国（同样也包括德国）顽固执行破坏增长的政策，并将政策调整的负担完全转嫁到了工人阶级肩上。这些左翼民粹主义者指责欧盟政策导致"社会不平等……急剧上升（希腊在欧洲社会不平等指数排名中位列第一），失业率增加至原来的三倍，工资下降，养老金被大幅削减，福利制度几乎崩溃。在这5年期间，唯一没有受到损害的是希腊的有钱人"。[3]齐普拉斯可以声称，这一切都是欧盟委员会、欧洲央行、国际货币基金组织以及对希腊提供财政援助的谅解备忘录的过错。

如此看来，这些组织、官员和政府成为民粹主义泄愤的对象并非巧合。欧洲央行和欧盟委员会是技术官僚机构，由来自精英机构的拥有高级学位的专家管理。德国拥护欧盟的自由民主、多元主义和法治等基本价值观，使其成为具有专制主义、本土主义和民族主义倾向的政客的攻击目标。由于德国（发生过恶性通货膨胀）的历史原因，柏林也是保守的货币和预算政策的倡导者，这使得德国官员对破坏预算的民粹主义领导人持批评态度，反之亦然。

欧盟同样缺乏"输入合法性"，也就是说，他们缺乏基于决策过程的合法性。欧洲央行是全球范围内政治上最不可靠的央行。欧洲央行行长经常拒绝出席各国议会，不管是出于原则性考虑还是因为参加一国的听证会就意味着他需要参加欧盟内 19 个国家的全部听证会。[4]关于救助和债务重组的决定是通过政府间的谈判做出的,而在谈判中,大国往往事先就进行核心谈判和商议,只是在最终谈判中向其他国家展示一个既成事实。欧盟委员会的决定由国家元首所组成的欧洲理事会投票裁决。理事会需要以 2/3 的多数票为标准通过或驳回提议,但由于选票是按国家大小加权的,小国时常感到没有发言权。例如 2016 年关于派驻员工的决定,该决定对雇员在被公司派遣(或"派驻")到其他欧盟国家工作的同时继续在原籍国缴纳社保费的现象做出了更严格的约束。尽管有多达 12 个的较小成员国在投票裁决中表示反对,但欧盟委员会在拥有理事会 2/3 投票权的大国支持下,一意孤行地通过了该项提议。

欧洲一体化一直是一个由技术官僚设计执行的精英项目,各国议会和公众极少有参与的机会。单一市场和货币(欧元)都是精英项目的代表。公众虽然也比较支持经济一体化,但其原因是希望将经济一体化作为促进政治合作、避免战争的一种方式。比方说,东欧国家往往表现出加入欧盟的强烈意愿。尽管如此,欧盟所设计执行的经济项目没有一个是从下游国家冒出来的,也没有一个是公众自发支持的产物。建立一个劳动力内部自由流动的单一市场缺乏群众基础,用欧元取代本国货币的政策也没有获得来自民众普遍的拥护。只有在少数情况下,领导人决定采取行动时,才会举行全民公决。事实证明,并非所有欧洲人都平等受益,而当一些人发现他们根本没有受益时,前述举措很容易被认为是强加给民众的精英项目,从而受到民粹主义的批评。

此外，对各国民众来说，在欧盟掌握话语权的精英必然是外国人，因为欧盟是由来自超过20个国家的技术官僚组成的。所以，欧盟委员会以欧洲的名义颁布的规章制度很有可能被抨击指责为不适合各国的国情。如果欧洲央行的货币政策对德国人来说太宽松，对意大利人来说则太过严格，那么可以说，这是因为该政策是由另一个国家的官员所在国的私利支配的。如果他们的政策不能为其国民带来积极的结果，那么该政策背后的技术官僚就会被认为践踏了民众的意志。

实际上，民众的意志就是国家的意志。大多数欧洲人首先认同的身份仍然为法国人、德国人或意大利人，其次才是欧洲人。2015年春季的一项欧洲民意调查显示：52%的欧盟居民主要以国籍来定义自己；仅有6%的人首先将自己定义为欧洲人，其次才是国籍；仅有2%的人将自己仅定义为欧洲人。[5]其余40%的人完全以国籍来定义自己。

欧洲共同的文化、历史和经济利益是最常被提及的因素，这些因素使欧盟国家之间产生了社群感或是身份认同。接受过良好教育的中上阶层对文化、经济和历史因素的共同认知最为普遍。教育不仅传授了共同的历史和文化知识，而且受教育程度越高、越富裕的人越能利用欧洲一体化带来的经济机会（因此他们相信存在共同的经济利益）。受过良好教育的人最有能力根据其他国家的机会进行迁移。出于同样的原因，他们不仅从欧洲内部的自由贸易中获得了过多的利益，而且从全球化中获得了过多的利益。然而这也意味着，受教育程度较低和收入较低的人因欧盟的福利削减和紧缩政策而受到了更多的伤害。

这样一来,有效的欧盟政策所必需的整体团结,不可避免地会与欧洲人继续以国籍认同的现实发生冲突——他们还是只与自己的同胞团结。近年发生的事件,特别是欧元危机和难民危机,只能让后果更加严重。它们加剧了成员国之间的对立,加深了国际分歧,并使旧的成见死灰复燃。希腊人是不负责任的顽童,德国人是冷面无情的债主。荷兰财政部长杰伦·迪塞尔布卢姆(欧元集团前主席)突发冷箭,指责花钱大手大脚的南欧人把钱浪费在酒精和女色上面,[6]引发了南欧国家的众怒。

同时,欧洲的危机也加剧了各国内部的分裂,因为大都市精英和工人阶级对欧元和难民持有不同的态度,他们也因为危机政策受到了不均等的影响。正如前文引述过的齐普拉斯的批评,"机构(欧盟委员会、欧洲央行和国际货币基金组织)"制定的希腊危机解决方案伤害了希腊的普通公民,却放过了富人。

面对这些国家内部和国家之间的紧张关系,欧洲领导人进退维谷,一直无法决定要前进、后退还是停滞不前。前进意味着更深入的欧洲一体化,由欧洲层面选出的官员执行共同的经济和外交政策,并由一个有实权的欧洲议会负责;退步则意味着放弃欧洲梦,将政治和政策重新国家化,这就步入了英国的后尘;停滞不前,意味着需要咬紧牙关,寄希望于接下来会有最好的结果,但历史表明这种策略的成功概率并不高。2017年春,欧盟委员会主席让-克洛德·容克讨论了以上各种选择,透露出正在欧洲政坛蔓延的困惑。不过他没有选择提前卸任。

对欧尔班等民粹主义政客的论调,如果存在更好的反驳方式,那就是不要把"更多欧洲化"和"更少欧洲化"定义为非黑即白的对立选择。在某些情况下,例如为了确保欧盟外部边界安全,一个国家采取行动与否会对其他国家产生很大的影响。这里的选择不是在"更多欧洲化"和"更少欧洲化"之间,而是在"更多欧洲化"和"无欧洲化"之间。如果希腊不能确保边境安全,那么匈牙利将修建一道铁丝网,其他国家将恢复护照管制,卡车将在边境口岸被延误,火车将被拦下检查护照,没有《申根协定》,没有单一市场,最终也就没有欧洲。

欧洲政策需要集中化,至少需要极其有力的协调。这不仅适用于边境安全,而且适用于银行监管。在金融方面,一个国家的政策对其邻国的溢出效应也是强大的。它还适用于外交和安全政策,因为单个欧洲国家太小,无法单独行动。除英国人外,大多数欧洲人认为,欧盟与其说是经济增长的引擎,不如说是维持欧洲地缘政治影响力的工具。在 21 世纪的世界里,单个欧洲国家都因规模太小而变得无足轻重。[7]

但这也是欧盟缺乏"输出合法性"的另一个表现,因为它未能重申欧洲地缘政治的内在关联,也未能保证公民的安全。后者的失败尤其令民粹主义政客恼怒,因为对他们来说,强力宣示权力和保护自己不受外来威胁是政治的本质。因此,欧盟在这一领域的失败为其民粹主义诋毁者提供了一个有说服力的论据。

然而,在其他一些领域,并不需要"更多欧洲化"。例如,没有足够的理由要求所有欧盟成员国都采用欧元。各国货币政策,尤其是小国货币政策的跨境溢出效应根本没有那么大。丹麦央行允许克朗对欧元贬值的决定可能会让与丹麦出口商竞争的德国和法国公司的生活略微困难一些，但只是略微困难。换句话说，我们不会听到柏林和巴黎对丹麦货币政策的大声抱怨。同样，并不是每一个欧盟成员国都加入申根区，免签证才能发挥作用。各国应当可以自由选择加入或退出。

以上讨论的问题都不存在争议，有争议的地方是财政和难民政策。欧盟自作聪明地决定，应该对其成员国，特别是欧元区国家的财政政策实行强有力的集中监督。欧盟通过了《稳定与增长公约》和一系列的辅助程序，保证了监督的效力。各国政府在向本国议会提交预算草案之前，必须向欧盟委员会提交预算草案。如果它们没有达到预定的财政目标，将受到罚款和制裁。这种做法几乎必然会引起民粹主义的反应。在社会和政治领域，除了有关把钱花在谁身上、花在什么地方的相应决定，没有什么比向谁征税、如何征税和征多少税更敏感的政策了。这些都应当是国家的特权，因为只有在国家层面团结一致才能为集体目的提高税收。因此，欧盟由布鲁塞尔的技术官僚对国家预算进行监督是一个难以消除的痛点。

对预算的集中监督，是在德国的坚决要求下通过的。这是德国放弃马克而改用欧元的条件。德国人骨子里相信，财政上的挥霍会导致通货膨胀。因此，为了确保欧元的稳定和保护欧洲央行免受通货膨胀的压力，以侵犯欧元国家的国家财政主权为代价的财政权集中极有必要。

德国的理由简单明了，却经不起推敲。欧洲央行是由长期任职的独立的中央银行家管理的，正是因为他们在经济上比一般的政治家更保守，所以才被选中。近20年来，欧洲央行在这些保守的央行行长的指导下，尽管出现了国家预算赤字，但始终保持了他们对维持价格稳定的承诺。实际上，全球金融危机的结果提醒了我们预算赤字和通货膨胀之间并不存在一一对应关系。相反，当赤字增加时，通货膨胀率就会下降，而且随后也不会出现通货膨胀爆发的迹象。

此外，国家财政政策产生巨大跨境溢出效应的证据也很微弱。其实逻辑并不复杂，比如，法国的过度赤字将提高法国国内的支出，并使法国从德国吸纳更多的进口，从而刺激德国经济和通货膨胀。同时，由于欧元区是一个一体化的货币金融区，法国的赤字将推高其国内及国外的利率，这些较高的利率往往会缓和德国的支出和通胀。由于这两种对德国的抵偿效应的作用方向是相反的，它们对增长和通货膨胀的净影响微不足道。事实上，德国官员在拒绝本国实施扩张性财政政策的呼吁时，已经明确表明了这一点，他们认为，对其他欧元区国家的任何积极溢出效应（即对其他地方支出和经济增长的任何刺激）都是微乎其微的。除了欧洲央行外，所有人都承认这一点。[8]

当跨国溢出效应较小，但国家偏好不同时，最好的办法是将决策权留在国家层面。那么，对财政政策来说，适当的改革应该是"更少欧洲化"，而不是"更多欧洲化"，应当允许各国议会及其选民选择自己喜欢的财政政策。民粹主义政客们大肆宣扬那些对自己有利的观点，比如欧盟是紧缩政策的推动者，它阻止政府补偿技术变革和全球化的输家，也侵犯了社会不可剥夺的按自己的意愿征税和消费的权利。如果能够实现财政政策的"更少欧洲化"，以上民粹主义言论就自然消散了。

反对财政政策"更少欧洲化"的理由是，当事件因国家层面的政府管理不善出错时，后果是灾难性的。允许每个欧洲国家政府都有自己的预算政策，就像放任每个国家都拥有自己的核弹一样。像希腊和意大利这样的国家已经有了沉重的债务，留给它们犯错的余地很小。它们的银行持有政府债券，所以当政府拖欠债务时，银行系统就会崩溃。因为银行做的是跨境业务，在希腊或意大利发生的经济波动并不局限于希腊或意大利。在2008年的全球金融危机中，我们也看到了这种传染的威力和破坏的深度。在2010年希腊债务危机和银行问题爆发时，我们又见识到了这种威力。[9]

然而这仅仅意味着，财政政策回归国家的控制是有前提条件的。如果危险来自财政上不负责任所导致的债务违约，进而倾覆银行系统，那么银行应该是可以做好"防弹"准备的。具体来说，应该防止它们持有危险数量的政府债券。多年来，欧洲的政策制定者恰恰反其道而行之。他们始终幻想政府债券是无风险的。这些债券被赋予零风险权重，使银行摆脱了对其持有资本的要求。令人惊讶的是，即使在2012年重组之后，希腊政府债券仍获得了这种优惠待遇，当时私人投资者被剥夺了所持债券一半以上的价值。[10]银行抵制改变这一规则也是因为那样它们将不得不持有更多的资本。以此类推，各国政府之所以抵制财政政策回归国家控制，是因为一旦失去了现在的保护，它们将不得不支付更多的资金来资助和偿还其赤字。

鉴于上述妨碍财政政策回归国家控制的关键因素不复存在，政府将得到一些回报，它们对其财政事务将有更多的名义上的控制权。希腊将不再受到来自布鲁塞尔的压迫性监督。民粹主义政客将不再能够将自己国家的困境归咎于外国人。

这种变化对德国应该也很有吸引力。因为欧盟委员会规定了一项监督义务，即如果监督出了问题，德国有义务提供帮助，最终往往是由德国政府和长期受苦的德国纳税人来买单。[11]如果欧洲将其银行与主权债务市场脱钩，它将最终能够执行其"不救助规则"，即《欧洲条约》中规定成员国不应对其他成员国的债务负责的条款。[12]随着银行不再持有大量的政府债券，这一规则将要求债务不可持续的政府进行重组，而不是让该政府接受其他欧盟成员国的紧急救助。这意味着一国的财政风波将不再危及整个欧盟的金融体系，无论是希腊金融体系还是德国金融体系。这也意味着德国的选择等右翼政党将无法再攻击欧盟是剥削勤劳德国纳税人的"转移联盟"。

如果说财政政策的责任属于国家层面，那么与此形成强烈对比的是，只有在欧盟层面才能找到解决难民问题的办法。确保欧盟外部边界安全的政策只有在边境安全涵盖欧洲整个周边的情况下，仅在包括希腊和意大利在内的所有海岸线暴露的国家得到足够财政和后勤支持的情况下，才能发挥作用。《都柏林条例》（因其1990年在都柏林签署而得名）要求在难民首先登陆的国家处理庇护申请，使之成为一种国家责任和财政负担。在难民人数较少的时候，这种制度可能是可行的，但现在已经不适用了。除非德国和瑞典都接收难民，否则重新安置大量难民在政治上和经济上都是不可行的。

上文讨论的是欧盟应当通过加强协调来解决难民问题。然而现实和制约因素是，不同的欧洲国家由于其不同的历史和特性，对难民问题有不同的看法。20世纪中叶，德国和奥地利接收了大约1 400万难民，主要是二战后期和战后从中东欧国家逃离或被驱逐的德裔人。稍微有些年岁的德国人都有亲身经历和记忆，年轻人在学校里也会了解到。以战后时期为分水岭，后来的国家对难民危机的态度就大不相同了。匈牙利总统曾宣称："我们不希望再有人来。已经在这里的人，回家去吧！……不希望在我们中间看到与我们文化特征和背景不同的少数族裔。我们希望保留匈牙利应该有的原貌。"[13]

不是说德国人对重新安置难民没有抵触情绪，也不意味着接收来自中东和北非的难民会像安置本地德语使用者一样容易。它只是提醒人们，历史、文化和政策偏好的差异如何使做出协调反应的努力变得复杂。

欧盟委员会最初试图做一些协调性的工作。2015年9月，欧盟提出了《欧洲移民议程》，但没有得到很好的响应。它根据成员国的人口（权重为40%）、GDP（40%）、失业率（10%）和过去的庇护申请数量（10%）设立了一个强制性的分配公式。成员国承诺，每接收一名难民，欧盟预算将一次性划拨6 000欧元。只有在特殊情况下，比如发生自然灾害时，一国才可以选择退出。如果选择退出，需要向欧盟预算缴纳0.002%的GDP作为税款。[14]客观地说，欧尔班并不高兴。欧盟委员会理所当然地认为，所有欧洲国家都会对难民采取同样的欢迎态度。而现实是，根植于国家历史的认知差异将继续存在。

与其放弃欧洲整体协调的努力，不如加强处理难民问题的激励措施。比如，如果各国想限制其移民安置，那么就应当要求该国缴纳不菲的资金。如果其他国家相对吸纳了更多的难民人口，那么它们应该得到比委员会行动议程中6 000欧元更多的奖励。

就某个方案达成一致是很难的。可是在一个成员国偏好各异的欧洲，必须有一个对所有相关方来说都优于欧盟委员会"一刀切"政策的方案。批评者可能会认为在难民安置问题上讨价还价是不光彩的，并坚持认为各国应该表现出团结一致的精神，纯粹出于人道主义的考虑以及根据自己的能力接收难民。然而不幸的是，这不是真实存在的欧洲。

以这种方式看待问题，既不会走向"更多欧洲化"，也不会走向"更少欧洲化"，而是走向一个不同的欧洲。在某些问题上，比如单一市场和确保欧洲外部边境的安全，所有成员国必须共同努力来取得令人满意的结果，它们的努力必须得到有效协调。在其他问题上，包括欧元和免签证的申根区，一些国家可以加入，而另一些国家则可以继续留在外面，这样双方都会感到满意。在财政政策等其他问题上，相关的权限可以完全取决于民族国家的自主意愿。

值得注意的是,这不是欧洲联邦主义者(如德国前财政部长沃尔夫冈·朔伊布勒)所倡导的"双层欧洲"。双层欧洲是指,核心国家加速推进经济、金融和政治的深度融合,而外圈更谨慎的国家从一开始就落在后面,只会在那里嫉妒核心国家的特权。以前,这种双层欧洲或许有它的逻辑。当1994年朔伊布勒在为德国基督教民主联盟撰写的白皮书中提出这一观点时,人们可以想象,欧洲将是一个以法国和德国为中心、由其他国家包围而组成的联盟。[15] 今天,朔伊布勒的愿景缺乏一个功能性逻辑。一体化的程度是重叠的:它们并没有被分解成一个内核和外环。并非所有的东西都必须深度融合:由布鲁塞尔运行单一财政政策的逻辑并不比单一欧洲语言的逻辑更具说服力。这种双层欧洲的设想也引起了东欧国家和其他不愿参与一体化国家的强烈反对,因为它们害怕成为二流成员。

幸运的是,没有必要将欧洲分为"内""外"两大阵营。不同地区的分组可能会有重叠,但不一定重合。事实上,情况已经如此。丹麦在申根区,却不在欧元区;爱尔兰在欧元区,却不在申根区。所有采用欧元的国家都加入了欧盟的银行联盟,因为没有银行联盟的货币联盟是行不通的,然而并不是所有加入银行联盟的国家已经或必然会采用欧元。这可能不是那些顽固的欧洲联邦主义者所设想的向着经济、金融和政治联盟目标的急行军,不过,这是一种既保存欧洲一体化成果又承认国家特性和偏好差异的方式。

曾几何时,这种重叠分组的模式颇为时髦,人们称之为"弹性整合"。奇怪的是，这个词似乎已经过时了。谷歌的书籍词频统计器追踪书籍中的提及次数，显示该词的提及次数在2000年达到顶峰，大约是在欧元创立之时，但随后即开始下降。[16]

"弹性整合"的概念被搁置并非偶然。拥护者们想不出如何构建一个政治制度，让那些负责制定不同政策的人对自己的行为负责。他们想不出如何确保决策过程的合法性，能让不同国家的公民感到满意，让他们的声音得到倾听。例如，由于一些参与成员国没有充分保障边境的安全，如果申根区的居民对免签证区的运作感到不满，那么他们究竟应该向谁投诉，如何获得满意的结果，这些都是模棱两可的。欧盟建立的重叠俱乐部越多，这个过程就越不透明、越复杂，结果也越难令人满意。

一个可以想象的问责机制是欧洲议会。多年来有许多人呼吁加强它的权力。议会可以被赋予立法的权力，这是目前欧盟委员会享有的议程制定特权。需要欧洲议会批准的欧盟委员会提案和指令的范围可以被扩大。目前，大多数欧盟立法都是通过一个程序，欧盟委员会只需与议会协商，而议会仅有拖延的权力。[17]在极端情况下，欧盟委员会发布的所有指令都必须得到议会2/3成员或相关小组委员会成员的支持，而不是只需要得到在理事会拥有2/3投票权国家的国家元首和政府首脑的支持。[18]这样一来，所有欧洲人都将在欧盟决策中拥有发言权，因为所有重要的政党都在欧洲议会中拥有成员，不像现在这样，只有支持国家元首或其背后的联盟的选民才有发言权。

但是，如果欧盟的政策领域是由林林总总的国家组成的，这些国家同意在某些领域集中各自的国家特权,在其他领域却不同意,加强议会的权力就更难实现了。例如,为什么没有采用欧元的国家代表要对欧洲央行行长的任命进行投票?为什么非申根协定缔约国有权批准关于成员国共享多少额外情报和安全信息的决定?

托马斯·皮凯蒂建议成立第二个议会,可以称之为"大会",由采用欧元的国家代表组成。[19]这个欧元区大会将投票决定是否重组希腊的债务,是否延长救助贷款,或者对财政援助附加具体条件。目前此类决定都是由欧洲主要国家的财政部长和国家元首私下做出的。大会成员可以从欧洲议会中选拔,也可以直接从各国议会中选拔,或者如皮凯蒂所建议的那样,从两者中选拔。

欧元区大会充其量只是一个局部的解决方案,因为它又回到了双层欧洲的陈旧设计。大会的内部核心是深度融合,这些成员国在欧元区大会和欧洲议会都有代表,而其他成员国的代表只在欧洲议会任职。大会把深度一体化等同于欧元,而事实上,深度一体化对不同国家的不同人来说意味着不同的东西。对许多欧洲人来说,它意味着共同的安全和外交政策,而不是共同的货币和货币政策。[20]而且,这种做法假定各国事务繁忙的议员们有能力参加这个欧元区大会,假想各国议会将重新安排审议工作,使其代表成员能够参加。

事实上,欧盟在其诞生的最初20多年间就曾尝试过这种做法。由国家议员组成大会的设想存在缺陷,导致了从1979年开始实行独立选举的欧洲议会制度。[21]如果重新采用由任命或提名的国家代表组成的欧洲议会方式,是对这段历史的不尊重。就像美国回到

1913年前美国参议院的州立法任命制度一样，把挑选议员的权力归还给国家议员，而不是把这一权利交给选民。这与我们的需要背道而驰。

更好的办法是在现有的欧洲议会框架内开展工作。欧洲议会可以在与欧元相关的事务上获得更大的权力，但只有来自欧元区国家的议员才有权对这部分问题进行讨论和表决。同样来自参与国的另一组议员将有权对申根相关事项进行表决。议会将传递民众的声音，使欧盟委员会、欧洲央行和其他欧盟机构的技术官僚以民主的方式承担责任，只传递相关民众的声音，也就是那些同意在有关问题上放弃国家特权的国家的公民。

对欧洲议会的批评者会反对说，欧洲议会不能提供欧洲人所渴望的民主问责制。选民们并不关注议会，欧洲选举的投票率很少超过50%。议员们的工作远离选民，给世人留下的主要印象是奢侈的开支以及频频在布鲁塞尔与斯特拉斯堡的立法机构之间穿梭。但是，如果议会有更多的权力启动立法，批准或拒绝直接影响民众的指令和其他决定，选民就会有更多的理由去关注。他们将有动力选出更有效地代表自身利益的议员。[22]

还有一个更激进的举措是直接普选欧盟委员会主席。根据2009年通过的《里斯本条约》，欧盟委员会主席的候选人由各国国家元首从主要政治集团提出的候选人名单中选出，然后由欧洲议会确认。[23]这一过程使民众和主席之间存在两层隔阂。如果欧盟委员会主席由公众投票选出，委员会与民众之间的距离就会缩小。如果边境安全、国防和外交政策成为欧盟的重要权限，而这些领域是欧洲公民在投票时认为欧盟能够发挥作用的领域，那么委员会就必然会获得更多的决策权，因为国防和安全方面的决定必须由行政部门迅速做出。随着权力的增加，行政部门必须直接对投票公众负责。

然而质疑者会认为，没有一个候选人能在 27 个成员国中进行竞选（尽管美国总统候选人在美国 50 个州中的大部分或全部进行竞选）。他们会提出，语言障碍使这些候选人难以与其选民进行有效沟通（尽管人工和机械翻译都不是问题）。[24] 但是，欧洲人期望欧盟在边境安全、国防和外交政策方面有所作为，这意味着，为了重新获得和保持广泛的公众支持，欧盟将不得不建立更强大的行政机构，以有效地执行这些政策，并在必要时采取果断行动，而有了权力就必须有责任心。如果欧盟成员国能够严肃对待此事，尽力拉近执政者与民众之间的距离，直接选举是必然的选择。

这种政治再造是否足以遏制威胁欧洲的民粹主义骚动？在政治上，没有万无一失的事情。一个重要的先决条件是摒弃"一刀切"的原则，同样也拒绝"两刀切"的想法。对于某些嫉妒特定成员国特权的国家，如果得到保证，能够在部分微妙的问题上选择退出欧洲政策，那么这些国家的选民就不会倾向于支持批评欧洲项目的政党或领导人。这样只会加强欧洲议会的权力，使欧盟的技术官僚们承担民主责任。动辄抱怨精英闭门造车、不考虑民众意愿而做出关键政策决定的人，也会得到安慰。

这样做就足够了吗？或许不够，但这是一个开始。

第十三章
前景展望

对美国和欧洲民粹主义的比较不可避免地引出了一个问题：哪些国家最直接地面临着民粹主义的风险？从某种程度上说，答案显然是美国。美国粉饰了收入的悬殊。美国的文化推崇企业家，反对政府干预，因此这个国家几乎没有约束市场的力量。然而在鼓励创造性破坏的同时，它几乎没有对被破坏的受害者提供救助。它坚持认为，因全球化和技术变革而被替代的失业者需要自力更生，政府不应介入其中。当社会陷入低谷的时候，这种政策和态度的混合，必然会让人们产生对收入保障的高度焦虑、对普遍存在的不平等程度的不安以及对政治阶层的愤怒。

可以认为，这些态度是美国独特的个人主义和市场原教旨主义意识形态的产物。《纽约时报》在特朗普政府执政第一年的中期观察到，这位总统把推崇个人主义和市场原教旨主义的客观主义哲学代表人物安·兰德称为他最喜欢的作家，而兰德在1943年出版的《源泉》是他最喜欢的小说。[1]《源泉》的主人公霍华德·罗克是一个坚定的个人主义者,是"例外的人、创新者、知识巨人……没有被大多数人压制"。[2]最后一句描写是关键。正如兰德曾经说过的,"人是为了自己而存在的","绝不能为了别人而牺牲自己,也不能为了自己而牺牲别人"。人们可能会说,"嗯,兄弟之间也当如此"。对待集体物品也是如此,对待贸易调整、援助和社会保险也是如此。

当然,所有的思想意识都并非没有来由,美国人特有的对政府的反感和对个人主义的执念是有物质根源的。早期美国人对政府的敌意来自英国对北美殖民地的《航海法》和其他经济胁迫。他们对个人主义的推崇源于丰富的自然资源和起到"安全阀"作用的国境线①,这使得许多美国人实际上有可能靠自己的努力出人头地。对公共计划有效性的怀疑,反映了联邦政府有限的官僚能力。1812年第二次独立战争后,联邦政府从未面临来自国外的生存威胁,也从未面临提升其行政能力的国防需求。它们反映了在缺乏这种官僚能力的情况下所滋生的腐败和任人唯亲之弊。19世纪末20世纪初的进步党人对此进行了抨击,助长了民众对公共政策能力的怀疑,无论这些政策的意图多么良好,似乎都无法解决社会问题。

对联邦政府干预的抵制,反映了美国历史上黑人和白人之间以及南北之间的分化。从南北战争之后的重建时期到民权运动,

---

① 意思是通过国境线,既能够提供机会,也可以逃离,化解了美国的社会不满。——译者注

南方的商人和农民始终反对联邦政府介入经济，因为他们担心这会损害他们对黑人劳动力的控制。在20世纪30年代，他们反对新政，害怕新政会干扰他们既定的经营方式和现行的社会秩序。南方白人并不反对社会福利计划的去中央化，也不反对接受联邦的配套资金，只要这些方案的设计或至少是管理权下放给各州即可。可见，权力下放是新政的遗留问题，这个遗留问题甚至持续至今。例如，各州有权决定是否扩大医疗补助以覆盖奥巴马医改下的低收入家庭。

在实践中，这些州单独行动，可以在一定程度上解决居民对经济不安全和不平等的关切，但仅仅是在一定程度上。尤其是较小的州，它们很难独立组织和资助针对失业工人的再培训及重新安置计划，也很难向高收入者征收额外的税收，以实现收入分配的公平化，因为这些州只是庞大的全美市场的微小组成部分。与此同时，人们对联邦推行的社会福利计划的怀疑和反对声浪依然十分高涨。对拥有这种遗产的美国来说，组织调节性援助和补偿全球化与技术变革带来的伤害是一项令人生畏的挑战。

如同第一章和其他地方所强调的那样，分裂的历史还以其他方式限制了美国人资助集体物品的意愿，包括社会保险和经济保险。社会学家威廉·朱利叶斯·威尔逊指出："许多美国白人已经转而反对一种他们认为只重点惠及少数族裔项目的政策……白人纳税人认为自己被迫通过税收来支付许多少数族裔负担不起的医疗和法律服务。"[3]种族多样性的真实情况，也是民族和宗教多样性的真实情况。在其他方面，种族和宗教多样性是美国的一个优势，然而由于缺乏团结、误信福利计划的好处只有利于他人，美国社会因此更难以考虑收入再分配和提供公共产品，特别是难以组织社会保险以防止经济缺乏保障。

从这个角度看，美国民粹主义内在的矛盾性有深刻的逻辑。因全球化和技术变革而被替代的失业者没有分享到经济扩张的好处，政府也没能在这方面做更多的工作，他们感到苦闷，很容易受到民粹主义的蛊惑。但是，他们的观点也受到了意识形态的影响，这种意识形态告诉他们，政府就是问题本身，而不是解决问题的方案。据说有选民在一次市政厅会议上警告南卡罗来纳州的代表罗伯特·英格利斯，"让你的政府别插手我的医疗保险"，但这位选民并不知道医疗保险是一个政府项目。特朗普的魅力就在于此，他以民粹主义者的方式表达出公众对经济状况的愤怒以及政府未能解决问题的声音，可是他也反对在社会保险上增加支出、实施更多的贸易调节性援助以及对富人征收更高的税赋。特朗普所做的一切都带有浓厚的兰德主义色彩。可惜的是，这些组合政策并不会带来美好的结局。

作为对比，欧洲在遏制民粹主义的威胁方面有很多优势。从让-巴普蒂斯特·柯尔贝尔到俾斯麦，欧洲人更自然地承认国家在管理经济方面的作用。产业政策不是一个肮脏的词。解决分配问题的公共政策一直被认为是国家的合法手段。对政府干预经济的敌意并不是欧洲人固有的心理。基于所有这些原因，二战后西欧在混合经济或管理经济的方向上比美国走得更远。不可否认，欧洲对新自由主义完全没有免疫力。它已经放松了对市场的管制，开放了它的经济，与世界其他地区进行贸易。它鼓励技术变革，至少在某些情况下，允许国内领先企业破产。但在承认政府在管理经济变革中的作用方面，欧洲总是比美国走得更远。因此，大多数欧洲人并不像美国人那样，本能地厌恶向被替代的失业者提供贸易调节性援助以及向技术失业者提供培训的公共福利计划。

同样，这些都是意识形态发挥作用的结果。如第四章所述，社会民主主义作为一种经济、社会和政治哲学，可以追溯到19世纪60年代全德工人联合会和社会民主工人党的成立。虽然社会民主主义对不同的人来说有不同的含义，但其中一个定义是支持旨在促进平等和社会正义而实施经济社会干预政策的意识形态，包括积极的劳动力市场和财富再分配政策，由国家在市场经济和代议制民主的框架内实施。[4]这些观点认为，政策的根本目标是调节经济以纠正其可见的缺陷，并以促进团结和社会正义的方式改变收入分配格局。以上内容，美国任何一个政党的领导人都不会摆在台面上宣扬，众多的兰德主义追随者更不可能认可。社会民主主义是在欧洲发展起来的，用来替代敌视市场经济和代议制民主的更激进的工人阶级运动。美国历史上没有类似的运动，也没有产生这些运动的土壤。社会民主主义努力让欧洲社会团结起来，避免分裂。

同样起源于19世纪中叶的基督教民主主义在财政和社会上的理念更为保守，它不那么热衷于让国家在经济领域发挥更广泛的作用。[5]但是它也排斥个人主义（再一次与美国形成对比），同时又特别强调社会共识，并且与天主教神学一致，团结弱者并给予支持。因此，基督教民主主义支持通过国家干预的手段促进经济上的公正。[6]同样，这也不完全是美国任何一个政党的核心理念。

在欧洲，上述意识形态也有其物质上的根源。欧洲大陆是由中小型经济体拼凑而成的，甚至连其中最大的经济体德国也比不上美国。暴露于世界市场的小国在本质上很容易受到来自外部的经济和其他方面的冲击。它们需要政府承担缓冲的功能，因此在这些国家往往有庞大和活跃的公共部门。[7]它们面临着必须迅速调整的压力，它们需要将不同的社会群体团结起来，这就是为什么这些国家有民族团结的历史，如第七章所述，其历史可以追溯到20世纪30年代。[8]在欧洲的部分地区，如北欧国家，它们具有种族和宗教同质性相对较高的优势，限制了"我们"与"他们"之类对立政治的出现，也很容易在提供社会保险和调节性援助方面达成一致。在其他的案例中，欧洲格外强调了尊重习俗和达成相互理解的重要性，例如荷兰政治决策的浮地模式，承认种族和宗教差异，但强调妥协和共识。[9]

还需要指出的是，正如第十一章所提到过的，欧洲的政治制度不太容易被民粹主义者和其他危险的非主流政治家俘获。这种情况曾在20世纪二三十年代发生过，为了防止这种情况再次发生，欧洲各国的选举制度进行了调整。美国在当时躲过了极端主义分子的祸害，值得庆幸，可是它也因此没有动力对政治和选举做出改变，最终的结果令人唏嘘。

当然，所有概括都有例外。比如东欧国家在许多方面都是例外。由于苏维埃社会主义共和国联盟长达半个世纪的影响，集体主义和某些形式的政府主导在东欧地区都留下了深刻的印记。这些国家接触到西方民主政治制度及其制衡机制的时间相对较短。它们的议会和法院还很稚嫩，它们的媒体没有经验，并不总是能够对强势的领导人进行约束。20世纪30年代的历史教训，很难说对它们在尊重个人权利、不同民族和宗教少数群体的议题上产生了什么影响。在二战胜利后的岁月里，几代人都过着远离西方民主的生活。当民粹主义领导人将侵略性的民族主义和对外国人及少数族裔的敌意作为号召力时，对20世纪30年代那段历史的模糊回忆也不会使其失去合法性，至少不会像德国那样。简而言之，欧尔班·维克托领导的匈牙利和雅罗斯瓦夫·卡钦斯基领导的波兰，是两个典型代表。

英国是另一个例外。英国从未按照典型的欧洲模式发展社会民主。[10]当然，和其他欧洲国家一样，英国在二战后朝着福利国家和管理经济的方向努力了很长时间。但从20世纪80年代开始，由于长期以来经济表现异常糟糕，人们普遍将其归咎于政府的制度安排，英国又急剧向另一个方向转变。在撒切尔夫人的领导下，英国比其他欧洲国家更快和更远地朝着放松管制、私有化和削减社会福利的方向发展。在2008—2009年的金融危机期间，英国也同样大幅削减了公共支出，以至现在它的政府总支出占GDP的比例是所有发达经济体中最低的，社会福利保险的筹资能力也因此受到很大限制。英国有劳资关系敌对的历史，并且是一个由英格兰人、威尔士人、苏格兰人和爱尔兰人组成的王国，这使得人们就社会问题达成共识的努力变得复杂。

此外，可以毫不夸张地说，英国对欧盟表现出了比以往更多的矛盾情绪。这反映了它作为一个岛国以及全球大国的地位，还反映了它与美国的所谓特殊关系。这种矛盾心理意味着，当反精英、反移民和本土主义情绪（也就是民粹主义）涌现时，由此产生的愤怒很可能会指向欧盟。虽然脱欧的结果基本满足了以上的情绪，但英国还没有找到一种方法能够在抨击经济不安全议题（例如，脱欧人士曾经承诺，要让英国的国民医疗服务体系获得神奇般增长的资金支持）的同时做到控制移民、维持在欧洲市场的国家特权以及实现更快的增长速度。和特朗普的政策一样，这种组合的前景着实堪忧。

更普遍的是，英国脱欧暴露了欧洲最脆弱的问题，即对欧盟缺乏信任。2014年，欧洲社会调查组织民众对欧洲议会的信任度进行0~10分的评分（其中0分表示完全不信任，10分表示完全信任），结果显示：12%的欧洲受访者回答为0分，超过2/3的受访者给予了5分或以下的评分，这表明民众的态度是很不积极的。一方面，对欧洲议会缺乏信任和对欧洲一体化持负面看法之间有很强的相关性；另一方面，在国家选举中支持民粹主义政党的行为和对欧洲议会缺乏信任也有很强的相关性。[11]欧盟不可避免地会成为民粹主义集中的攻击目标。欧洲一体化从开始就是一个精英项目，欧盟最重要的机构欧盟委员会和欧洲央行是由技术官僚领导的。作为一个由许多国家组成的联盟，它必然由外国人主导。它倡导政治自由、透明度、人权和少数族裔权利。它以关税同盟的形式起家，与自由贸易和外国竞争有着千丝万缕的联系。由于单一市场的关系，它关注为了工作而移民的权利，因此也与移民带来的所有经济和文化问题捆绑在一起。欧洲人认为它给各国经济强加了一系列不适合当地情况的规章制度，对那些曾拥有过辉煌历史的国家的民众来说，这些规章制度如今成为国家失去控制的象征。

基于上述各个方面的描述，欧盟很容易给人留下这样的形象：践踏国家价值观并凌驾于维系这些价值观所需的国家主权之上。它被视为全球化和世界主义的拥护者以及国家控制的敌人。简单地说，这正是法国国民阵线领导人玛丽娜·勒庞的政治纲领。"欧盟的世界充满了极端自由主义，是野蛮的全球化，被刻意地在各国之间制造出来。"玛丽娜·勒庞在 2017 年 2 月接受 BBC（英国广播公司）采访时认为："我相信这个世界已经死去。"[12]法国国民阵线 144 项竞选宣言的核心是承诺恢复"货币、立法、领土和经济主权"，准则是击退欧盟的干涉，限制外国人的存在和影响。勒庞发誓要退出《申根协定》，并建立一个 6 000 人的边境管制单位，还提出了一系列影响移民、外国人和穆斯林的新规定，所有这些都与欧盟的规则相悖。勒庞希望把合法移民限制在每年 1 万人的范围内，并坚持将非法移民立即强制驱逐出境；禁止其他欧盟国家的公司派员工到法国工作，同时在国内支付社保费用；取消配偶的自动入籍，并要求法国公民身份要么是继承而来的，要么是"有资格获得"的（如果有的话，也是一个毫不掩饰的资格筛查）。勒庞发誓要终止对无证移民子女的免费教育。她对胜利憧憬道："游戏时间结束了。"法国国民阵线的竞选宣言将限制在学校使用外语，取缔激进的穆斯林团体，关闭极端主义清真寺，禁止所有人在公共场合佩戴面纱。

虽然勒庞竭尽所能地与她的父亲——国民阵线的创始人让-玛丽·勒庞保持距离，并与他曾经关于种族主义和反犹太主义的历史言论划清界限，但我们不难看出她施政纲领的真正目标。她的目标就是多年来在国民阵线言论中占据突出地位的"外部威胁"。外部威胁来自其他大陆的移民，特别是不同种族和宗教的移民，他们可能被描绘成言行不得体的法国人，还可能是其他欧盟国家（主要是东欧国家）的国民，这些国家的工资和社会保险都很低。这些外部威胁也是欧盟的基本价值观。

勒庞的其他经济提案直接指向了欧盟及其一体化项目。她承诺废除欧盟禁止国家在公共采购中享有优先权的法律，同时禁止外国对战略产业的投资，保护因"不公平的外国竞争"而受损的法国公司。她提议法国用新的农业政策取代欧盟的共同农业政策，用新的法国货币作为欧元的"补充"（不管这意味着什么）。她主张在法国宪法中增加法国公民在雇佣、住房和社会福利方面的正式"国民优先权"，从而将对外国公民包括欧盟其他成员国公民的歧视制度化。在所有倡议中登峰造极的是，她提议在上任后6个月内就是否继续留在欧盟进行全民公投，提出了法国是否继续参与欧洲计划的问题。

最终，勒庞在法国2017年的总统竞选中未能获胜。反对她极端民粹主义的人聚集在另一位入围者——亲欧盟的马克龙周围，后者在第二轮选举中乘胜追击。许多所谓的专家欣慰地宣称，反欧盟的民粹主义浪潮已经见顶。也许有人会问：他们的乐观结论是否为时过早？在欧洲，各国的历史不同，并继续以不同的方式塑造着各国的态度和政治，大多数公民首先以国籍来定义自己的身份，其次才是欧洲人，这些混杂立场之间的张力是不可避免的。虽然欧盟不会消失，但对其政策及其合法性的民粹主义攻击也不会消失。

那么，哪里最容易受到民粹主义运动的影响，到底是在欧洲还是在美国？无法逃避的答案是，两者都有。无论是在欧洲还是美国，蕴含了民粹主义的社会脆弱性有深刻的历史渊源。个人主义和民众对政府的反感使美国人制定公共政策应对不安全、不平等问题的努力复杂化，给民粹主义者提供了温床，这种情况起源于19世纪甚至更早。在欧洲，一个世纪内的三场战争使欧盟及其主权职能在某种程度上的集中成为既定事实，尽管英国已经脱欧，但这一事实是无法倒退的。然而，这一事实很难与持久的民族认同共存，因此也无法与对国家政策高度自治的渴望共存，反过来又将继续赋予反建制、反欧盟的政客以权力，包括那些极端的、仇视伊斯兰教的、类似玛丽娜·勒庞的政客。

在上述两种情况下，所产生的问题都不容易解决。不过，"千里之行，始于足下"，了解这些问题至少可以成为将来解决问题的起点。

注　释

前言

1. Max Weber, "Die drei reinen Typen der legitimen Herrschaft," *Preussische Jahrbücher* 187 (1922): 1–12. 再版为"The Three Types of Legitimate Rule," in *Berkeley Publications in Society and Institutions* 4 (1958): 1–11。

第一章　民粹本原

1. Peter Wiles, "A Syndrome, Not a Doctrine," in *Populism: Its Meaning and National Characteristics*, ed. Ghita Ionescu and Ernest Gellner (Macmillan, 1969), 166.
2. 这种区分始于 John Judis, *The Populist Explosion: How the Great Recession Transformed American and European Politics* (Columbia Global Reports, 2016)。类似的表述还有 Jan-Werner Müller, *What Is Populism?* (University of Pennsylvania Press, 2016)。
3. 参见 Cas Mudde, "The Populist Zeitgeist," *Government and Opposition* 39 (2004): 541–563。像马克思主义者那样将"精英和人民"与"资本和劳动"联系和对立起来，是行不通的，因为民粹主义领导人往往是富有的商人。"民粹主义"强调个人魅力和成功，这意味着民粹主义领导人可以根据商业成就来宣示和巩固自己的权威。

4. Wiles, "A Syndrome, Not a Doctrine," 166.
5. 这段经典的历史来自 Lawrence Goodwyn, *Democratic Promise: The Populist Moment in America*(Oxford University Press, 1976)。亦可见于 Charles Postel, *The Populist Vision* (Oxford University Press, 2007)。
6. 《牛津英语词典》(*Oxford English Dictionary*)将技术官僚定义为"技术精英的一员"。见 https://en.oxforddictionaries.com/definition/technocrat。
7. 参见 Robert Johnston, *The Radical Middle Class: Populist Democracy and the Question of Capitalism in Progressive Era Portland, Oregon* (Princeton University Press, 2003), chs. 8–9。乌伦的加州同行约翰·海恩斯（John Haynes）博士是一位医生和房地产投机者，他花了过长的时间来推动他的竞选活动，然而最终是进步党候选人赫拉姆·约翰逊（Hiram Johnson）当选为州长。参见 Steven Piott, *Giving Voters a Voice: The Origins of the Initiative and Referendum in America* (University of Missouri Press, 2003)。
8. 这些话是特朗普的高级政策顾问斯蒂芬·米勒（Stephen Miller）说的，引自 Laura King, "Top Trump Aid Again Asserts Widespread Vote Fraud, Cites No Evidence," *Los Angeles Times*, February 12, 2017。
9. 如"Brexit Secretary David Davis Warns MPs: Don't Obstruct the 'Will of the People,'" *Sunday Herald* (Scotland), January 24, 2017。
10. 在参与 Ipsos MORI 调查的英国皇家经济学会成员中，91% 的人同意：从中长期来看，脱欧将对英国的 GDP 产生负面影响。参见 "Economists' Views on Brexit," Ipsos MORI, May 28, 2016, https://www.ipsos-mori.com/researchpublications/researcharchive/3739/Economists-Views-on-Brexit.aspx。
11. Henry Mance, "Britain Has Had Enough of Experts, Says Gove," *Financial Times*, June 3, 2016.
12. 参见 Benjamin Moffitt and Simon Tormey 的讨论，"Rethinking Populism: Politics, Mediatisation and Political Style," *Political Studies* 62 (2014): 381–397。
13. 参见 Michael Conniff, "Introduction," in *Populism in Latin America*, ed. Michael Conniff (University of Alabama Press, 1999), 9。

14. 还有德国在 20 世纪 30 年代的情况。不过当时的情形颇为复杂，因为在 1932 年之前，无线电由政治机构控制，减缓了纳粹的崛起，但此后由帝国宣传部控制。参见 Maja Adena, Ruben Enikolopov, Maria Petrova, Veronica Santarosa, and Ekaterina Zhuravskaya, "Radio and the Rise of the Nazis in Prewar Germany," *Quarterly Journal of Economics* 130（2015）：1885-1939。电台绝对不是民粹主义者的专利。富兰克林·罗斯福在其炉边谈话中利用广播直接向人民传递信息，也举世闻名。

15. R. Hal Williams, *Realigning America: McKinley, Bryan, and the Remarkable Election of 1896* (University Press of Kansas, 2010), 91.

16. Rudiger Dornbusch and Sebastian Edwards, "Macroeconomic Populism," *Journal of Development Economics* 32（1990）：247-277, quote from 247.

17. 考虑到下文所述的历史先声，也许更恰当的说法是：民粹主义在发达国家的"复活"。

18. 最近谷歌翻译已经转向人工智能，但这无关紧要。

19. 当煽动农民起义的企图失败后，俄国民粹派转而暗杀国家官员，这一策略在 19 世纪的美国民粹主义中并无先例。参见 Ronald Seth, *The Russian Terrorists: The Story of the Narodniki* (Barrie & Rockliff, 1967)。塞斯，又名"约翰·德维特"和"笨头特工"，20 世纪 30 年代在塔林大学担任文学教授。1942 年，爱沙尼亚被德国占领，他被英国情报部门空降到爱沙尼亚，任务是摧毁该国的页岩油厂。被俘后，他去做了德国的双面间谍，不过他的新效忠对象很快就被英国安全部门揭穿了。塞斯在战后的事业很成功，写了很多关于恐怖主义和间谍活动的书籍。他还以罗伯特·夏瑟姆（Robert Chartham）为笔名，出版了《高级情人的性礼仪》（*Sex Manners for Advanced Lovers*）（1969 年）和《感性夫妻》（*The Sensuous Couple*）（1971 年）等自助励志书籍。

20. 学者 Margaret Canovan, 在 *Populism*（Harcourt Brace Jovanovich, 1981, 17）中将布赖恩描述为"半民粹主义者"。关于布赖恩对外国人和少数群体的态度，详见第二章。

21. 这并没有减少罗斯福在 1937 年遇到的反对和阻力，当时他试图扩大政府规模并敲打美国联邦最高法院，后者控诉他煽动"个人统治"和"专制政府"。参见 William Leuchtenburg, *The FDR Years: On Roosevelt and His Legacy*（Columbia University Press, 1997）。关于罗斯福对外国人和宗教少数派（尤其是犹太人）的态度，参见 Richard Breitman and Allan Lichtman, *FDR and the Jews*（Belknap Press of Harvard University Press, 2013）。

22. 一个例子是 Ray Dalio, Steven Kryger, Jason Rogers, and Gardner Davis, "Populism: The Phenomenon," *Bridgewater Daily Observations*, March 22, 2017。

23. 参见 Alan Murray, "The Pro-Business Populist," *Fortune*, February 26, 2017。

24. 这个定义来自 Giovanni Capoccia, *Defending Democracy: Reactions to Extremism in Interwar Europe*（Johns Hopkins University Press, 2005），11。因此，俄国民粹派转向暗杀国家官员，暴露了他们是反体制的，而不是民粹主义的（见上文注 19）。

25. Postel, *Populist Vision*, 4。

26. 因此可以说，强调人民与移民和少数族裔对立的右翼民粹主义比将"人民"与精英并列的左翼民粹主义更有利于这种专制的、反体制的倾向——这种比较详见 Judis, *Populist Explosion*, and Müller, *What Is Populism?*

27. 关于描述反体制政客的经典策略，请参见 Juan Linz, *The Breakdown of Democratic Regimes*, vol. 1, *Crisis, Breakdown, and Reequilibration*（Johns Hopkins University Press, 1978）。

28. 对这些模式的分析来自 Luigi Guiso, Helios Herrera, Massimo Morelli, and Tommaso Sonno 未发表的手稿，"Demand and Supply of Populism," Einaudi Institute, Warwick University, Bocconi University, and Catholic University of Leuven, February 2017。

29. 参见 Manuel Funke, Moritz Schularick, and Christoph Trebesch, "Going to Extremes: Politics After Financial Crises 1870–2014," *European Economic Review* 88 (2016): 227–260。

30. 低信任社会中的这种反应倾向，在以下未发表的手稿中有所记载，

Nathan Nunn, Nancy Qian, and Jaya Wen, "Trust, Growth and Political Stability", Harvard University, April 2016。

31. Fareed Zakaria, "It's No Longer the Economy, Stupid: Our Identity Politics Are Polarizing Us," *Washington Post*, September 15, 2016.

32. 有些人认为这些黄金的发现及其时间是偶然事件,而另一些人则认为是之前的通货紧缩提高了黄金的实际价格和探矿的吸引力的结果。参见 Hugh Rockoff, "Some Evidence on the Real Price of Gold, Its Costs of Production, and Commodity Prices," in *A Retrospective on the Classical Gold Standard, 1821–1931*, ed. Michael Bordo and Anna Schwartz (University of Chicago Press, 1992), and Barry Eichengreen and Ian McLean, "The Supply of Gold Under the Pre-1914 Gold Standard," *Economic History Review* 47 (1994): 288–309。另一点额外的好运是,从 1895 年开始,国外出现了一系列的歉收,这不仅提高了美国谷物的价格,也减轻了他们对全球化的抱怨。

33. 本文探讨了通货紧缩、实际利率、投资和增长之间的联系,Barry Eichengreen, "The Proximate Determinants of Domestic Investment in Victorian Britain," *Journal of Economic History* 42 (1982): 87–95。虽然我在那篇文章里重点关注英国,但英国和美国的经济经历了同样的通货紧缩和通货膨胀,它们各自的价格水平被金本位制绑在一起。分析显示,经济状况的近一步恶化可能会使选举团向有利于布赖恩的方向倾斜,该分析见 Barry Eichengreen, Michael Haines, Matthew Jaremski, and David Leblang, "Populists at the Polls: Economic, Political and Social Factors in the 1896 Presidential Election," NBER Working Paper no. 23932, National Bureau of Economic Research, October 2017。

34. Leo Wolman, "Wages and Hours Under the Codes of Fair Competition," National Bureau of Economic Research *Bulletin* 54 (1935): 1–10.

35. 布赖恩的这句话来自给卡特·格拉斯的一封信,转载于 *Commercial and Financial Chronicle*, August 30, 1913, 569。这一评论似乎与传统的民粹主义者对中央银行的质疑与不安格格不入,但这样的观点忽略了一个事实，即美联储的结构正是用于安抚民粹主义者（下文将详述）。

36. 当然还有《美国复苏与再投资法案》，或称奥巴马经济刺激计划，在总统上任的第一个月就签署成为法律。我把它和 Barry Eichengreen, *Hall of Mirrors: The Great Depression, the Great Recession, and the Uses—and Misuses—of History* (Oxford University Press, 2015) 里的新政进行比较。

37. 参见 David Cameron, "The Expansion of the Public Economy: A Comparative Analysis," *American Political Science Review* 72 (1978): 1243–1261, 和 John Ruggie, "International Regimes, Transactions and Change: Embedded Liberalism in the Postwar Economic Order," *International Organization* 36 (1982): 379–415。关于经济波动与社会保险之间的联系，特别是在外部冲击和全球化方面的联系，详见 Dani Rodrik, "Why Do More Open Economies Have Bigger Governments?," *Journal of Political Economy* 106 (1998): 997–1022, 和 Alberto Alesina and Romain Wacziarg, "Openness, Country Size and Government," *Journal of Public Economics* 69 (1998): 305–321。在本书的后半部分，我们将讨论贸易工会和其他组织，工人们可以通过这些组织在不同时期就失业进行自我保险。但是，有些这样的组织对成员资格有限制（例如：仅限技术工人），这就对加入造成了障碍（即使如此，它们也需要公共补贴，见本书第六章对根特制度的讨论），或者提供的福利水平非常有限（如英国互助会的情况，见第三章）。尽管最近在学生贷款市场上有"创新"，但对于寻求再培训的失业工人来说，用他们未来的预期收入来借款显然是不可能的。

38. 阿尔贝托·阿莱西纳（Alberto Alesina）、礼萨·巴基尔（Reza Baqir）和威廉·伊斯特利（William Easterly）通过比较美国城市、大都市地区和城市化的县来记录这一点。他们认为，不同的族群可能对公共物品有不同的偏好（在目前的情况下，他们可能会受到经济变化带来的不同的迁移风险）。另一种情况是，如果其他群体也受益，每个群体从公共物品提供中感受到的好处可能会减少（例如，如果多数群体看到少数群体也受益于政府补贴的健康保险交易所，他们可能会减少支持）。参见 Alberto Alesina, Reza Baqir, and William Easterly, "Public Goods and

Ethnic Divisions," *Quarterly Journal of Economics* 114 (1999): 1243–1284。

39. Alberto Alesina, Edward Glaeser, and Bruce Sacerdote, "Why Doesn't the United States Have a European-Style Welfare State?," *Brookings Papers on Economic Activity* (2001): 187–278. 上文强调了这一方面。但也有可能当群体之间相互交流并通过接触建立信任时，这些差异的负面效应就会减少（见第十一章）。

第二章 美国纵览

1. 这句引自经典研究报告 John D. Hicks, *The Populist Revolt: A History of the Farmers' Alliance and the People's Party* (University of Minnesota Press, 1931) 的标题。

2. 这种修正主义观点的例子有 Anne Mayhew, "A Reappraisal of the Causes of Farm Protest in the U.S., 1870–1900," *Journal of Economic History* 32 (1972): 464–475; Steven Hahn, *The Roots of Southern Populism: Yeoman Farmers and the Transformation of the Georgia Upcountry, 1850–1890* (Oxford University Press, 1985); 以及 Adam Rome, "American Farmers as Entrepreneurs," *Agricultural History* 56 (1982): 37–49。

3. 参见 Hugh Rockoff, "The 'Wizard of Oz' as a Monetary Allegory," *Journal of Political Economy* 98 (1990): 739–760。这一解释并未得到广泛认可；也可参见 Quentin Taylor, "Money and Politics in the Land of Oz," *Independent Review* 9 (2005): 413–426。

4. 参见 Leon Fink, *Workingmen's Democracy: The Knights of Labor and American Politics* (University of Illinois Press, 1983), 和 Matthew Hild, *Greenbackers, Knights of Labor and Populists: Farmer-Labor Insurgency in the Late-Nineteenth-Century South* (University of Georgia Press, 2007)。

5. 龚帕斯显然是指美国劳工联合会具有影响力的领导人。

6. John Commons et al., *History of Labor in the United States* (Macmillan, 1935–1936).

7. 研究骑士团的历史学家芬克（Fink）写道："一场空前的罢工和抵制浪

注释 255

潮，一直延续到 1884—1885 年的再次萧条，并蔓延到成千上万此前没有组织起来的半技术工人和非技术工人中．"Fink, *Workingmen's Democracy*, xii–xiii。

8. Peter Lindert and Jeffrey Williamson, *Unequal Gains: American Growth and Inequality Since 1700*（Princeton University Press, 2016）.

9. Alexis de Tocqueville, *Democracy in America*（A. S. Barnes, 1851）.

10. T. J. Stiles, *The First Tycoon: The Epic Life of Cornelius Vanderbilt*（Knopf, 2009）.

11. 布赖恩本人对种族问题的看法很复杂，至今仍有争议。参见 Willard Smith, "William Jennings Bryan and Racism," *Journal of Negro History* 54（1969）: 127–149。

12. Mary Elizabeth Lease, *The Problem of Civilization Solved*（Laird and Lee, 1895）.

13. 参见 C. Vann Woodward, *Tom Watson: Agrarian Rebel*（Macmillan, 1938）。

14. Elliott Young, *Alien Nation: Chinese Migration in the Americas from the Coolie Era Through World War II*（University of North Carolina Press, 2014）, 103.

15. 虽然罗斯福在 1912 年因对主流政党不满而成立了进步党，或称公麋党，但他离开的原因只是无法确保自己获得共和党的提名。

16. Woodrow Wilson, "Inaugural Address, March 4, 1913," American Presidency Project, http:∥www. presidency. ucsb. edu/ws/index. php? pid = 25831. 同样，威尔逊以"国内还有很多事情要做"为由，强调美国在一战期间保持中立的优势，这与民粹主义主题相呼应。参见 Woodrow Wilson, "Inaugural Address, March 5, 1917," American Presidency Project, http:∥www. presidency. ucsb. edu/ws/? pid = 25832。

17. "弹性货币"这个词来自《联邦储备法》的正式名称。

18. Leonard Moore, "Historical Interpretations of the 1920's Klan: The Traditional View and the Populist Revision," *Journal of Social History* 24（1990）: 353. 同时参见 Leonard Moore, *Citizen Klansmen: The Ku Klux Klan in Indiana, 1921–1928*（University of North Carolina Press, 1991）。

19. 三 K 党与民主党的联系更多，因为在 1924 年的党代会上，三 K 党以纽约州长阿尔·史密斯（Al Smith）是天主教徒为由，反对其提名。
20. 参见 Thomas Piketty and Emmanuel Saez, "Income Inequality in the United States, 1913–1998," *Quarterly Journal of Economics* 118 (2003): 1–41。
21. 我自己对政治经济及其后果的分析见 Barry Eichengreen, "The Political Economy of the Smoot-Hawley Tariff," *Research in Economic History* (1989): 1–35。
22. 参见 Francisco Balderrama and Raymond Rodríguez, *Decade of Betrayal: Mexican Repatriation in the 1930s*, rev. ed. (University of New Mexico Press, 1996)。
23. 第一次使用"民粹主义"一词来指称反建制、专制、本土主义的政治人物（而不是用来指称 19 世纪 90 年代的美国民粹党），很明显是在 1935 年《纽约时报杂志》的一篇文章中，该文章讨论了朗和电台布道者托马斯·考夫林神父（Father Thomas Coughlin）（下文将详细介绍他）。参见 Francis Brown, "The Drums of Populism Are Heard Anew," *New York Times Magazine*, June 23, 1935。该观点来自 John Emerson, "A Short History of Populism in America," *Counterpunch*, November 5, 2013。
24. 引自 William Ivy Hair, *The Kingfish and His Realm: The Life and Times of Huey P. Long* (Louisiana State University Press, 1991), 188。
25. 参见 20 世纪中叶南方政治学者 V. O. Key 的 *Southern Politics in State and Nation* (Knopf/Vintage, 1949)。
26. 引自 Richard Cortner, *The Kingfish and the Constitution: Huey Long, the First Amendment, and the Emergence of Modern Press Freedom in America* (Greenwood Press, 1996), 29。
27. 税最终在 1936 年被美国联邦最高法院推翻，法院认为是对新闻自由的剥夺。
28. 这些实际上是贷款，是完全抵押的，但对朗而言，这是官僚主义的无谓努力。对他来说，像查尔斯·道斯（Charles Dawes）这样的财阀、前美国副总统以及复兴金融公司的负责人，都是这些贷款的利益相关者。

29. 正如第一章所指出的,不是新政,而是在他宣布竞选总统后不久,一颗刺客的子弹,结束了朗的政治野心。

30. 参见 Donald Warren, *Radio Priest: Charles Coughlin, the Father of Hate Radio* (Free Press, 1996)。

31. 受访者更倾向于回答"没有区别"。只有第三方支持者回答说,他们更倾向于根据考夫林的支持而投票给候选人。

32. Ira Katznelson, *Fear Itself: The New Deal and the Origins of Our Time* (Liveright, 2013). 一般而言,人们可以将富兰克林·罗斯福的回应视为说明现任领导人抓住公共和政治制高点,以此解决助长反体制政治情绪的问题,并击退民粹主义的挑战的重要性。参见下文相关讨论 Giovanni Capoccia, *Defending Democracy: Reactions to Extremism in Interwar Europe* (Johns Hopkins University Press, 2005)。

33. 联邦紧急救济署(FERA)于1932年由赫伯特·胡佛总统创建,当时名为紧急救济管理局,但在罗斯福时期进行了重组和扩大;1935年,它被公共事业振兴署(WPA)取代。

34. 这句话出自罗斯福的顾问之一雷蒙德·莫利(Raymond Moley)。Raymond Moley, *After Seven Years* (Harper, 1939), 305. 莫利的解释并非毫无争议;见下文讨论 Edwin Amenta, Kathleen Dunleavy, and Mary Bernstein, "Stolen Thunder? Huey Long's 'Share Our Wealth,' Political Mediation and the Second New Deal," *American Sociological Review* 59 (1994):678–702。

35. 参见 Claudia Goldin and Robert Margo, "The Great Compression: The U. S. Wage Structure at Mid-Century," *Quarterly Journal of Economics* 107 (1992):1–34。

36. 详见第七章。

37. 詹姆斯·里森(James Risen)和汤姆·里森(Tom Risen)充分描绘了特朗普与麦卡锡的类比关系,见"Donald Trump Does His Best Joe McCarthy Impression," *New York Times*, June 22, 2017。

38. Michael Rogin, *The Intellectuals and McCarthy: The Radical Specter* (MIT

Press, 1967); David Oshinsky, *A Conspiracy So Immense: The World of Joe McCarthy* (Oxford University Press, 2005).

第三章 卢德派与工人

1. 请注意，在此时期，技术变革使工业中相对熟练的工人处于不利地位——这与近几十年来的情况形成鲜明对比，现在技术含量较低的工人处于不利地位。这一点和对这种对比的解释将在第八章讨论。

2. 见 N. F. R. Crafts, *British Economic Growth During the Industrial Revolution* (Clarendon Press, 1985), and C. Knick Harley, "British Industrialization Before 1841: Evidence of Slower Growth During the Industrial Revolution," *Journal of Economic History* 42 (1982): 267–289。

3. 具体来说，这些行为恰逢拿破仑的大陆体系封锁最严格的阶段，英国与美国的贸易中断，使得棉花进口暂时无法进行。卢德派是以奈德·卢德（Ned Ludd，即爱德华·卢德勒姆）的名字命名的，据说他是莱斯特郡的一名织工，在1779年一怒之下砸毁了两台织布机。从1812年开始，抗议的手工织布工采用了这个名字，用它来签署他们的信件和宣言。

4. 最近有学者认为，包括卡尔·马克思在内的对19世纪议会圈地运动的批评者夸大了这一时期的影响，因为在18世纪中叶，获得开放土地的机会已经减少。见 Gregory Clark and Anthony Clark, "Common Rights to Land in England, 1475–1839," *Journal of Economic History* 61 (2001): 1009–1036。尽管如此，早期的圈地运动墙可能会增加农民工人的不安全感并因此具有象征意义。

5. 参见 Toke Aidt, Gabriel Leon, and Max Satchell 未发表的手稿，"The Social Dynamics of Riots: Evidence from the Captain Swing Riots 1830–1831," Cambridge University and King's College London, 2017; Bruno Caprettini and Hans-Joachim Voth, "Rage Against the Machines: Labour-Saving Technology and Unrest in England, 1830–32," CEPR Discussion Paper no. 11800, Centre for Economic Policy Research, London, January 2017。

6. 引文和转述见 J. L. and Barbara Hammond's *The Village Labourer 1760–*

1832: *A Study in the Government of England Before the Reform Bill*, new ed. (Longmans, Green, 1913), 240。

7. 参见 E. P. Thompson, *The Making of the English Working Class* (Pantheon Books, 1963); J. R. Dinwiddy, "Luddism and Politics in the Northern Counties," in *Radicalism and Reform in Britain, 1880–1850* (Hambledon Press, 1992), 371–402。

8. 参见 Maxine Berg, *The Machinery Question and the Making of Political Economy 1815–1848* (Cambridge University Press, 1982) and Haim Barkai, "Ricardo's Volte-Face on Machinery," *Journal of Political Economy* 94 (1986): 593–613。

9. Malcolm Chase, *Chartism: A New History* (Manchester University Press, 2007), 7.

10. Gaston Rimlinger, *Welfare Policy and Industrialization in Europe, America and Russia* (John Wiley & Sons, 1971), 89.

11. 也不能忽视托马斯·马尔萨斯（Thomas Malthus）的《人口原理》（*Essay on the Principle of Population*）（特别是1826年的第六版）的影响。马尔萨斯认为，收入支持鼓励生育，加剧了人口与农业的不平衡。

12. 自16世纪以来，教区一直负责收取每周自愿捐款以支持穷人，1597—1598年和1601年的法令要求教区参加强制性制度。一系列经济冲击促使议会采取行动，这些冲击（特别是修道院的解散）导致实际工资的减少和其他慈善资助来源的减少。参见 George Boyer, *An Economic History of the English Poor Law, 1750–1850* (Cambridge University Press, 1990)。

13. 与许多旨在限制移民的措施一样，这一措施颁布容易但执行难。《居住法》经过反复修改，引起了迁出非居民的教区与非居民被迁入的教区之间的法律纠纷，这与欧盟成员国之间关于安置欧洲以外难民的纠纷十分相似。参见 Michael Rose, "Settlement, Removal, and the New Poor Law," in *The New Poor Law in the Nineteenth Century*, ed. Derek Fraser (Macmillan, 1976), 25–44。

14. 在这些方面，19世纪和20世纪交接之际，以报酬丰厚、长期雇佣的体力劳动者为主要成员（同时也包括长期雇佣的农业工人）的互助会，比会员人数是其四倍之多的工会更为重要。参见 Pat Thane, "The Working Class and State 'Welfare' in Britain, 1880–1914," *Historical Journal* 27 (1984): 877–900。

15. 此处指的是工资的百分比差距，如 Jeffrey Williamson, *Did British Capitalism Breed Inequality?* (Unwin Hyman, 1985)。另见 R. V. Jackson, "The Structure of Pay in Nineteenth-Century Britain," *Economic History Review* 11 (1987): 561–570。

16. Benjamin Brown, *The Tariff Movement in Great Britain, 1881–1895* (Columbia University Press, 1943), 35. 出于这些原因被取消资格的部分代表第二天又重新进入会场，因此组织者召唤了警察。

17. 一些国家为了增加收入对精制糖征收进口税。如果制糖精炼商是一个强大的游说者，其政府则以出口补贴或奖励来抵消其被征税的影响。

18. 在没有这种联系的情况下，人们预计，生计取决于进出口贸易的码头工人是最不可能支持贸易保护的人。Brown, *Tariff Reform Movement*, 37。

19. 同上，第 45 页。

20. 引自 Peter Fraser, *Joseph Chamberlain: Radicalism and Empire, 1868–1914* (Cassell, 1968), 230。

21. 张伯伦当时是自由统一党的成员，该党在 1895 年大选后与保守党联合组成政府。自由统一党人在 1886 年因爱尔兰地方自治而从自由党分裂出来。统一党人坚持一个统一的英国，而张伯伦则冀图一个更大的全英联邦（下文将详述）。见 Fraser, *Joseph Chamberlain*。

22. 此处与第四章所述的俾斯麦的战略有异曲同工之妙。

23. 这在中央《济贫法》主管部门重启对户外救济的攻讦后更是如此，包括现在连体弱多病的老人也不例外。见 E. P. Hennock, *The Origin of the Welfare State in England and Germany, 1850–1914: Social Policies Compared* (Cambridge University Press, 2007), 214。关于德国类似的问题，详见第四章。

24. Bruce Murray, *The People's Budget 1909/10: Lloyd George and Liberal Politics* (Clarendon Press, 1980), 27. 此前，作为伯明翰的市长，张伯伦曾倡导

市政府发挥类似的扩张作用，引入公共的煤气、水和下水道工程。Sydney Zebel, "Joseph Chamberlain and the Genesis of Tariff Reform," *Journal of British Studies* 7 (1967): 131–157。

25. Fraser, *Joseph Chamberlain*, 231.

26. 引自 Travis Crosby, *Joseph Chamberlain: A Most Radical Imperialist* (I. B. Tauris, 2011), 1。

27. 张伯伦对德国崛起的重视程度可见一斑，他在1896年对帝国商会的一次演讲中，将自己的愿景描述为"全英关税同盟"。出自 Zebel, "Joseph Chamberlain," esp. 140。

28. 比较的对象是美国原住民、澳大利亚原住民和新西兰毛利人。平心而论，迪尔克对被英国殖民者剥削的原住民也有一些同情。参见 Bill Schwartz, *Memories of Empire*, vol. 1, *The White Man's World* (Oxford University Press, 2011)。

29. 张伯伦的竞选活动优先考虑工业实力和国家身份的结合，因此与经典的民粹主义主题产生了共鸣。这段话出自 Crosby, *Joseph Chamberlain*, 122。

30. Julian Amery, *Joseph Chamberlain and the Tariff Reform Campaign*, vol. 5 of *The Life of Joseph Chamberlain* (Macmillan/St. Martin's, 1969), 184–195. 这次有争议的演讲发生在1903年5月。

31. Crosby, *Joseph Chamberlain*, 163, 167.

32. 劳合·乔治曾被张伯伦早期的社会改革建议所吸引，前往伯明翰参加其全国激进联盟的第一次会议。参见 Bentley Brinkerhoff Gilbert, "David Lloyd George: Land, the Budget, and Social Reform," *American Historical Review* 81 (1976): 1058–1066。

33. 参见 J. M. Winter, "Military Fitness and Civilian Health in Britain During the First World War," *Journal of Contemporary History* 15 (1980): 211–244。

34. 此文也有类似的论述：Noel Whiteside, "L'assurance sociale en Grand-Bretagne, 1900–1950: La genèse de l'État-providence," in *Les assurances sociales en Europe*, ed. Michel Dreyfus (Presses Universitaires de Rennes, 2009), 127–158。

35. 这些健康保险子公司的目的是为了防止互助会（否则它们将成为政府补贴的唯一接受者）攫取业务。劳合·乔治的法案对获准的互助会的规定很有限，但受到商业保险公司的批评。最终，保险公司及其上门收取保费的大军取得了胜利。
36. 关于全民缴费型养老金计划的这些障碍，见 Leslie Hannah, *Inventing Retirement: The Development of Occupational Pensions in Britain* (Cambridge University Press, 1986) 和 John Macnicol, *The Politics of Retirement in Britain, 1878–1948* (Cambridge University Press, 1998)。

第四章　俾斯麦模式

1. 在这个后起的追赶型经济中，增长一旦开始就异常迅速，这是经济史学家亚历山大·格申克龙（*Alexander Gerschenkron*）在《经济落后的历史透视》（*Economic Backwardness in Historical Perspective*）（Harvard University Press，1962）中强调的一点，他还强调了德国政府在这一过程中特别积极的作用（见下文）。
2. Lorenz Stein, *Proletariat und Gesellschaft* (W. Fink, 1971; orig. 1848). 见 Christopher Clark, *Iron Kingdom: The Rise and Downfall of Prussia 1600–1947* (Belknap Press of Harvard University Press, 2006), 615–616。施泰因对君主制和国家在推进社会福利方面的作用的看法的影响远至日本，他曾就该国的宪法向其首相伊藤博文的政府提出建议。
3. 这些改革者的著作反过来又影响了公共知识分子的观点，如《新普鲁士报》（*Neue Preussische Zeitung*）的编辑、俾斯麦的知己赫尔曼·瓦格纳（Hermann Wagener）。参见 Erik Grimmer-Solem, *The Rise of Historical Economics and Social Reform in Germany, 1864–1894* (Clarendon Press, 2003)。
4. 俾斯麦领导下的北德意志邦联在 1867 年就已经实行了男性普选权制度。
5. 张伯伦对英国保护和社会改革的支持（如第三章所述），与共和党对关税和内战老兵养老金的支持也有相似之处，如 Theda Skocpol in "The Politics of American Social Policy, Past and Future," in *Individual and Social Responsibility: Child Care, Education, Medical Care and Long-Term Care in America,*

ed. Victor Fuchs（University of Chicago Press, 1996），309-340，另见第五章。不过，德国"钢铁与黑麦的联姻"更为持久，其社会保险体系也更为早熟。

6. 文中的引文出自 Gaston Rimlinger, *Welfare Policy and Industrialization in Europe, America and Russia*（Wiley, 1971），95。

7. 但是，城镇不得拒绝让目前有经济能力而将来可能变得赤贫的人居住。

8. E. P. Hennock, *The Origin of the Welfare State in England and Germany, 1850-1914: Social Policies Compared*（Cambridge University Press, 2007），23-24.

9. Peter Baldwin, *The Politics of Social Solidarity: Class Bases of the European Welfare State, 1875-1975*（Cambridge University Press, 1990），97-98.

10. 见 James Brophy, *Popular Culture and the Public Sphere in the Rhineland, 1800-1850*（Cambridge University Press, 2007），87。

11. Friedrich Engels, "Rapid Progress of Communism in Germany," *New Moral World* 25（December 13, 1844）.

12. 更准确地说，最终通过的宪法是由王室及其贵族盟友起草的，但须经议会同意。选举权是普遍的，须遵守一种投票制度，根据这种制度，代表权与缴纳的税款成正比，因而是有利于富人的。

13. Rimlinger, *Welfare Policy*, 100.

14. 同上，第105页。

15. 与英国相比，德国社会民主党成立较早，而英国的工党在世纪之交才成立。这有时被认为是德国率先发展社会保险的一个因素。该观点出自 Stein Kuhnle and Anne Sander, "The Emergence of the Western Welfare State," in *The Oxford Handbook of the Welfare State*, ed. Francis Castles, Stephan Leibfried, Jane Lewis, Herbert Obinger, and Christopher Pierson（Oxford University Press, 2010），61-80。

16. Rimlinger, *Welfare Policy*, 116.

17. 这句话引自 Volker Hentschel, "German Economic and Social Policy, 1815-1939," in *The Cambridge Economic History of Europe*, vol. 8, *The Industrial*

Economies: The Development of Economic and Social Policies, ed. Peter Mathias and Sidney Pollard (Cambridge University Press, 1989) , 793。

18. 美国类似的立法甚至更晚,在 20 世纪第二个十年才出现,我们将在第五章看到。

19. 福尔克等人注意到"反犹太主义"一词是如何由德国记者威廉·马尔在这一时期提出的。Avner Falk, *Anti-Semitism: A History and Psychoanalysis of Contemporary Hatred* (Praeger, 2008) , 41–42.

20. 1873 年铁矿石价格暴跌后,德国的钢铁制品生产商进一步受到铁路建设放缓的影响。到了 1878 年,大多数钢铁产品的价格已经跌到了 1873 年水平的一半以下。此外,普法战争后德国控制的阿尔萨斯富磷矿实际上无法采用,直到 19 世纪 70 年代末研发出消除杂质的托马斯转炉炼钢法之后这个问题才得到解决。在此之前,德国生产商被迫从西班牙和北非进口非磷矿石。Ivo Lambi, *Free Trade and Protection in Germany, 1868–1879* (Franz Steiner Verlag, 1963) , 76.

21. 参见 Steven Webb, "Tariffs, Cartels, Technology and Growth in the German Steel Industry, 1879 to 1914," *Journal of Economic History* 40 (1980) : 309–329。

22. Gordon Craig, *Germany 1866–1945* (Oxford University Press, 1978) , 86.

23. 1877 年,俾斯麦自 1863 年后的权力基础——自由党赢得了 27% 的选票,中央党赢得了 25% 的选票,保守党赢得了 10% 的选票。

24. Grimmer-Solem, *Rise of Historical Economics*, 200.

25. 根据俾斯麦最初的建议,年收入在 750 马克以下的工人(主要是小企业的雇员)不需要缴费,而收入在 750—1 200 马克的工人将缴纳 1/3,收入在 1 200 马克以上的工人将缴纳一半。萨尔州的煤铁大亨卡尔·费迪南德·施图姆赞成强制保险,以此来防范劳资纠纷的风险,以免他的资本密集型企业倒闭。1878 年,施图姆以国会议员的身份,向政府提交了一份强制性的老年和残疾保险计划。Hennock, *Origin*, 182.

26. 这些地区性保险协会反过来在帝国保险局的监督下运作。此外,俾斯麦的国家补贴也被取消了,这与大工业企业的偏好是一致的。Rimlinger,

Welfare Policy, 119.

27. 在医院治疗的情况下，权利期限延长至 26 周。在被保险工人死亡的情况下，如果雇主或其他工人负有责任，他的家属可以得到一笔一次性的"死亡补助金"。

28. Hennock, *Origin*, 196.

29. Hentschel, "German Economic and Social Policy, " 794–795.

30. 参见 Steven Webb, "Agricultural Protection in Wilhelminian Germany: Forging an Empire with Pork and Rye, " in *Selected Cliometric Studies on German Economic History*, ed. John Komlos and Scott Eddie (Franz Steiner Verlag, 1997) , 66–82。

第五章　走向联合

1. 1924 年，美国国会投票通过了一项奖金法案，在海外服役的军人每天补贴奖金 1.25 美元，在美国服役的军人每天补贴奖金 1 美元，但持有获得补贴资格证书的退伍军人直到 1945 年才能兑现这笔款项。

2. 这种流动的下层阶级在该书中有描述：Alexander Keyssar, *Out of Work: The First Century of Unemployment in Massachusetts* (Cambridge University Press, 1986)。

3. 这是在 1910 年时的情况。

4. Edwin Amenta, *Bold Relief: Institutional Politics and the Origins of Modern American Social Policy* (Princeton University Press, 1998) , 60.

5. 这句话出自 1884 年版的改革派杂志《世纪》，转引自 Anne Shola Orloff, *The Politics of Pensions: A Comparative Analysis of Britain, Canada, and the United States, 1880–1940* (University of Wisconsin Press, 1993) , 234。

6. 对这一论点进行的详尽阐述见 Amenta, *Bold Relief*, 57。

7. 哈里·霍普金斯在罗斯福政府时期密切参与了 AFDC 的管理，他曾在 1912—1915 年为改善穷人状况协会工作，该协会是纽约一个关注寡妇和儿童福利的慈善组织。

8. U. S. Congress, Senate, Conference on Care of Dependent Children, *Proceed-*

ings, 60th Cong., 2nd sess., 1909, S. Doc 721, 9.

9. 参见 Theda Skocpol, Marjorie Abend-Wein, Christopher Howard, and Susan Goodrich Lehmann, "Women's Associations and the Enactment of Mothers' Pensions in the United States," *American Political Science Review* 87 (1993): 686–701。反对意见主要来自私营社会机构，它们不欢迎国家支持的竞争。参见 Mark Leff, "Consensus for Reform: The Mothers'-Pension Movement in the Progressive Era," *Social Service Review* 47 (1973): 397–417。

10. 一些州还将资格范围扩大到离婚或被抛弃的妇女，在少数情况下，还扩大到未婚母亲。卡罗琳·莫林（Carolyn Moehling）表明，资格要求和其他规定因各州的地方条件而有所不同（例如，州政府还是地方政府负责提供资金）。参见卡罗琳·莫林未发表的手稿"Mothers' Pension Legislation and the Politics of Welfare Generosity," Rutgers University, January 2014。

11. 各州立法机构在进步时代的影响下，修改责任法以增强受伤工人的起诉能力时，雇主们的反对态度进一步缓和。参见 Price Fishback and Shawn Kantor, *A Prelude to the Welfare State: The Origins of Workers' Compensation* (University of Chicago Press, 2000)。

12. 有几个州的覆盖面较广，但只是个例。

13. Theda Skocpol, "The Politics of American Social Policy, Past and Future," in *Individual and Social Responsibility: Child Care, Education, Medical Care, and Long-Term Care in America*, ed. Victor Fuchs (University of Chicago Press, 1996), 314.

14. Paolo Coletta, "William Jennings Bryan and Currency and Banking Reform," *Nebraska History* 45 (1964): 31–58. 文中的引文来自第 41 页。

15. 参见 Sanford Jacoby, *Employing Bureaucracy: Managers, Unions and the Transformation of Work in American Industry, 1900–1945* (Columbia University Press, 1985) on these other changes in labor-management practices。

16. 战争劳工委员会（The War Labor Board）于 1918 年 4 月开始运作，对劳资双方的纠纷进行仲裁，以最大限度地减少劳动力供应的中断，以维持战争生产。它的裁决一般支持组织和集体谈判的权利。部分结果是，在战争过程中美国劳工联合会（AFL）的会员人数增加了50%。

17. Beth Stevens, "Blurring the Boundaries: How the Federal Government Has Influenced Welfare Benefits in the Private Sector," in *The Politics of Social Policy in the United States*, ed. Margaret Weir, Ann Shola Orloff, and Theda Skocpol (Princeton University Press, 1998), 126.

18. Orloff, *Politics of Pensions*, 277.

19. 此外，由于早先的公务员制度改革，可能有 75 000 名政府雇员领取了他们应得的退休金。

20. 参见 William Pratt, "Rethinking the Farm Revolt of the 1930s," *Great Plains Quarterly* 8 (1988): 131-144。

21. 这是对运动政治方面的传统解释，如 Richard Neuberger and Kelley Loe, *An Army of the Aged* (Caldwell, 1936)。

22. 按照汤森的设想，该计划将由联邦销售税提供资金。其后的方案将每月拨款提高至 200 美元，并以交易税或增值税取代销售税。由于该计划被抨击为奢侈浪费且资金不足，汤森随后在 1935 年建议将每月拨款降至 60 美元。

23. 1928 年，史密斯举家从中西部搬到了路易斯安那州，因为他的妻子患有肺结核，而什里夫波特市又有一所备受赞誉的疗养院。和查尔斯·考夫林一样，史密斯也是广播福音主义的先驱，朗也采用这种技术来宣传他的"共享财富"计划。史密斯以前曾为朗组织过"共享财富"俱乐部，与他现在监督的汤森俱乐部类似。

24. 有例在先：还有一个不太知名的美国老年保障协会，成立于 1927 年。

25. 与其他高失业率时期一样，最年轻和最年长的工人受到经济衰退的影响尤为严重。参见 Linda Levine, "The Labor Market During the Great Depression and the Current Recession," Congressional Research Service Report no. R30655, June 19, 2009。

26. 罗斯福的劳工部长弗朗西丝·珀金斯（Frances Perkins）参与了立法设计，她后来说，如果没有汤森派的压力，国会不可能对成为《社会保障法》的法案给予同样的关注。Frances Perkins, *The Roosevelt I Knew* (Viking, 1964), vi. 另一种质疑汤森派有效性，同时也没有完全否定他们的影响力的观点，见 Edwin Amenta, *When Movements Matter: The Townsend Plan and the Rise of Social Security* (Princeton University Press, 2006)。

27. 参见 Richard Vedder and Lowell Gallaway, *Out of Work: Unemployment and Government in Twentieth-Century America* (New York University Press, 1997)。

28. 下文强调了对耐用消费品和一般消费支出产生不利影响的因素，Peter Temin, *Did Monetary Forces Cause the Great Depression* (Norton, 1976) and Christina Romer, "The Great Crash and the Onset of the Great Depression," *Quarterly Journal of Economics* 105 (1990): 597–625。

29. 参见 Peter Lindert, "What Limits Social Spending?," *Explorations in Economic History* 33 (1996): 1–34, 以了解这个主题的不同变化。

30. 转引自 Charles Noble, *Welfare as We Knew It* (Oxford University Press, 1997), 77。后来，当商业界反对罗斯福时，他试图通过反对商业和金融的运动来动员公众的支持；如在第二章中提及的"我欢迎他们的仇恨"的演讲。但他在 1933 年的目标是要争取商界参与他的改革和恢复计划，而不是疏远它。

31. 参见 Sally Denton, *The Plots Against the President: FDR, A Nation in Crisis, and the Rise of the American Right* (Bloomsbury, 2012), ch. 28。

32. 在 1937—1938 年的经济衰退中，由于救济工作数量的增加，这种衰退趋势中断了，但只是暂时的。

33. Margaret Weir and Theda Skocpol, "State Structures and the Possibilities for 'Keynesian' Responses to the Great Depression in Sweden, Britain and the United States," in *Bringing the State Back In*, ed. Peter Evans, Theda Skocpol, and Dietrich Rueschemeyer (Cambridge University Press, 1985), 107–163. 第七章讨论了二战后的经验。

34. 1939 年对该法案进行了修订，规定为受抚养人和工薪阶层的遗属提供部分福利。

35. 此外，《社会保障法》为临时提供养老援助划拨了资金，但同样需要各州提供相应的资金并提交一份可接受的方案。
36. 《社会保障法》只为公共卫生划拨了少量资金。1956 年，《社会保障法》增加了残疾津贴。
37. Paul Starr, *The Social Transformation of American Medicine* (Basic Books, 1982) , 273.
38. 参见 Daniel Hirshfield, *The Lost Reform: The Campaign for Compulsory Health Insurance in the United States from 1932 to 1943* (Harvard University Press, 1970) , 44–46。
39. 有些人则更进一步，比如西海岸的钢铁制造商和造船商亨利·凯泽，直接与医生签订合同为他的工人及其家属提供医疗服务。
40. 1945 年，当哈里·杜鲁门总统提出一项可选择的国家健康保险计划时，美国医学会将白宫工作人员描述为"莫斯科赤党路线的追随者"。

第六章 直面失业

1. Benito Mussolini, "Fundamental Ideas," in *Fascism: Doctrine and Institutions* (Ardita, 1935) , 10. 这篇文章虽然署名墨索里尼，但一般认为是法西斯主义哲学家乔万尼·詹蒂利 (Giovanni Gentile) 的作品。
2. 最初的英国法西斯主义联盟在 1936 年成为英国法西斯主义者和国家社会主义者联盟（又称英国联盟）。
3. Robert Skidelsky, *Oswald Mosley*, 3rd ed. (Macmillan Papermac, 1990) , 1.
4. 这个论点的来源很多，论述最好的是 Charles Maier, *Recasting Bourgeois Europe: Stabilization in France, Germany and Italy in the Decade After World War I* (Princeton University Press, 1975) 。
5. 意大利也没有这么沉重的负担，尽管墨索里尼抱怨说，意大利虽然最终选择了与法国和英国站在一起，但未能接受更多的战争赔款。
6. 例如，见下文中的国际比较：Michael Kitson, "Slump and Recovery: The UK Experience," in *The World Economy and National Economies in the Interwar Slump*, ed. Theo Balderson (Palgrave Macmillan, 2003) , 88–104。

7. 这同样是斯基德斯基的结论。*Oswald Mosley*, 333.
8. 辩论详情见第三章。
9. 当代批评的一个例子是 Edwin Cannan, *An Economist's Protest* (Adelphi, 1928)。
10. 正如两位意大利的历史学家所总结的那样,"那些已经与农业脱离联系的、由熟练的城市产业工人所构成的核心群体相对较小。"Gianni Toniolo and Francesco Piva, "Interwar Unemployment in Italy," in *Interwar Unemployment in International Perspective*, ed. Barry Eichengreen and Timothy Hatton (Kluwer Academic Publishers, 1989), 225. 当墨索里尼的政府感到必须帮助失业者时,它将政府支出与公共工程项目的就业挂钩,以阻止出现人们抱怨的失业和不负责任的问题。
11. Robert Salais, "Why Was Unemployment So Low in France During the 1930s?," in *Interwar Unemployment in International Perspective*, ed. Barry Eichengreen and Timothy Hatton (Kluwer Academic Publishers, 1989), 255-256. 工会计划和劳动部批准的市政计划一样,都得到国家的补贴。国家补贴与有关计划的资源和支出成正比,但要满足一长串的先决条件。
12. 法国直到1958年才最终通过了强制性失业保险,这又是一个历史投下漫长阴影的例子。显而易见的是,即使是1936—1937年的布卢姆政府,尽管其怀有社会主义的愿望,也没能就全国性的失业保险计划达成一致。
13. 此外,正如林茨(Linz)和斯捷潘(Stepan)以及卡波西亚(Capoccia)所强调的那样,对这种对比有基于行为者的解释。这些作者强调了行政部门和关键政党领导人的代理权和所做(或不做)的决定。参见 Juan Linz and Alfred Stepan, eds., *The Breakdown of Democratic Regimes* (Johns Hopkins University Press, 1978) and Giovanni Capoccia, *Defending Democracy: Reactions to Extremism in Interwar Europe* (Johns Hopkins University Press, 2005)。
14. 正如 Skidelsky, *Oswald Mosley*, 333 中写道:"英国的议会机构……比许多欧洲大陆的同类机构合法得多。……英国的主要社会团体通过其政治和产业组织适当地融入了政治体系——除了边缘地带,没有可供动员的'群众'。"

15. 参见 Eric Waldman, *The Spartacist Uprising of 1919 and the Crisis of the German Socialist Movement* (Marquette University Press, 1958)。

16. 1931 年英国同时发生的因弗戈登兵变,其实更接近一次罢工,再次说明了两国之间的差异。

17. 意大利贴现银行的丑闻事件孕育了对墨索里尼法西斯联盟的支持,就像对银行危机的激烈反应经常孕育着对极端右翼政党的支持一样;参见 Manuel Funke, Moritz Schularick, and Christoph Trebesch, "Going to Extremes: Politics After Financial Crises, 1870–2014," *European Economic Review* 88 (2016):227–260, sec. 4.1. 关于银行危机,参见 Vera Zamagni, *The Economic History of Italy 1860–1990* (Clarendon Press, 1993), Gianni Tonniolo, "Italian Banking, 1919–1936," in *Banking, Currency and Finance in Europe Between the Wars*, ed. Charles Feinstein (Oxford University Press, 1995), 296–314, and Douglas Forsyth, *The Crisis of Liberal Italy: Monetary and Financial Policy, 1914–1922* (Cambridge University Press, 1993)。

18. 历史学家如福赛斯(Forsyth)在《危机》(*Crisis*)一书中认为,大部分艰难的预算提升其实已经由前几届政府完成,但仍然于事无补。

19. Bentley Gilbert, *British Social Policy 1914–1929* (Batsford, 1970), 66, quoted in Richard Garside, *British Unemployment 1919–1939* (Cambridge University Press, 1990), 36.

20. 不包括在内的有铁路工人(他们已经有自己的互助保险制度)、公职人员(他们被视为免于失业风险)、年收入超过 250 英镑的白领工人(他们可能积累了自己的存款),以及家庭用人和农场工人(一般情况下,他们可以依靠个人关系)。

21. 英国财政大臣菲利普·斯诺登赞成五月委员会的建议,内阁却没有同意。首相麦克唐纳提出了 10% 的削减建议,但只得到了 20 个部长中 11 个部长的支持。外国银行明确表示,他们是否提供紧急信贷取决于内阁能否大力支持,政府因此而垮台。

22. 由乔治·梅爵士担任主席的进口关税咨询委员会被授权调整最初的10%关税；该委员会很快将大部分关税提高到15%—35%。对英联邦和帝国的豁免也是临时性的；1932年在加拿大首都渥太华召开的帝国经济会议上，与会各方就永久性的优惠进行了谈判。

23. 参见 Barry Eichengreen, "Keynes and Protection," *Journal of Economic History* 44 (1984): 363–373。

24. 此外，就关税使消费转向英国商品和加强贸易平衡来说，它现在的影响仅是使浮动的英镑升值，消除了需求的转变，抵消了任何积极的就业影响。Barry Eichengreen, "Sterling and the Tariff, 1929–31," Princeton Studies in International Finance no. 48, 1981, International Finance Section, Department of Economics, Princeton University.

25. 这一遗产已在第三章中讨论。

26. 关于这种关系的证据见 Stephen Broadberry and Nicholas Crafts, "The Implications of British Macroeconomic Policy in the 1930s for Long-Run Growth Performance," *Rivista di Storia Economica* 7 (1990): 1–19。

27. 参见 Thomas Paster, "German Employers and the Origins of Unemployment Insurance: Skills Interest or Strategic Accommodation?," MPIfG Discussion Paper no. 11/5, Max Planck Institute for the Study of Societies, Cologne, 2011; E. Peter Hennock, *The Origin of the Welfare State in England and Germany, 1850–1914: Social Policies Compared* (Cambridge University Press, 2007)。

28. 此外，那些关心其缴费处置情况的工会成员，也有动力对普通工会成员进行监督。这种信念鼓励了一些城市从20世纪初开始向工会管理的失业计划提供补贴。对有效运行的工会基金进行补贴，对市政府来说是有吸引力的，因为除此之外，还有一个选择就是用于穷人救济。这些由市政府补贴的基金被称为"根特计划"，是以1901年率先采用这种方法的比利时城镇的名字命名的。然而，只有有限的几个德国城市采用了这种方法，见 Hennock, *Origin*, 327。

29. 这种经济波动，特别是1923年的经济衰退，耗尽了地方实体的资源，推进了工会的集中化和市政计划的发展。这还提醒了大家,最终只有中央政府才有印钞机作为支持这个制度的机制。考虑到早先的经验,政府现在是否会利用印钞机来达到这个目的是另一个问题。

30. 参见 Isabela Mares, "Is Unemployment Insurable? Employers and the Development of Unemployment Insurance," *Journal of Public Policy* 17 (1997): 299–327。

31. 例如,存在着赔款是否优先于其他信贷的问题——也就是说,受援国是否可以首先动用现有的税收,而给商业债权人留下残羹冷炙。参见 Albrecht Ritschl, "The German Transfer Problem 1920–1933: A Sovereign Debt Perspective," CEPR Discussion Paper no. 1155, Centre for Economic Policy Research, London, July 2012。赔偿也解释了为什么德国在 1932 年之前没有采取明显的贸易限制措施——尽管后来肯定采取了。赚取外汇以支付赔款决定了德国需要维持贸易关系。《凡尔赛和约》的商业条款剥夺了德国的贸易自主权,但这些条款在 1925 年到期。随着经济大萧条的加深,德国政府采取了一些不为人知的贸易限制措施,如冯·帕彭政府在 1932 年 9 月推出的木制品、猪肉和脂肪的配额。

32. 只有奥地利、波兰和捷克斯洛伐克这些德国的贸易伙伴情况更糟糕。

33. Employment Stabilization Research Institute of the University of Minnesota, *An Historical Basis for Unemployment Insurance* (University of Minnesota Press, 1934), 27. 同一份报告 (39) 显示,这一时期行政费用占支出的比例变化不大。

34. 这里的计算来自 Nicholas Dimsdale, Nicholas Horsewood, and Arthur van Riel, "Unemployment and Real Wages in Weimar Germany," Discussion Papers in Economic and Social History no. 56, University of Oxford, October 2004。

35. 参见 Paul Omerod and G. D. N. Worswick, "Searching for an Explanation of Unemployment in Interwar Britain: A Comment," *Journal of Political Economy* 90 (1982): 400–409。

第七章 调和时代

1. 这些案例并非完全不相关。鲍威尔1963年的口号是"信任人民",旨在表明公众对政治精英的疏远,华莱士在1976年的总统竞选中再次采用。
2. 更准确地说,有关时期是1919—1939年、1950—1975年和1976—2014年。在这三个时期,极右翼政党在20个民主国家的选举中分别吸引了7%、2%和6%的民众选票。极左翼或极右翼的政党被定义为主张改变政府体制的政党,这一定义沿用了Giovanni Sartori, *Parties and Party Systems* (Cambridge University Press, 1976)。这里使用的分类法来自德布罗姆海德(de Bromhead)等人在两次世界大战之间时期的分类法和冯克(Funke)等人此后的分类法。见Alan de Bromhead, Barry Eichengreen, and Kevin O' Rourke, "Right-Wing Political Extremism in the Great Depression: Do the German Lessons Generalize?," *Journal of Economic History* 73 (2013): 371–406, and Manuel Funke, Moritz Schularick, and Christoph Trebesch, "Going to Extremes: Politics After Financial Crises 1870–2014," *European Economic Review* 88 (2016): 227–260。
3. 见Sebastian Dullien and Ulrike Guérot, "The Long Shadow of Ordoliberalism: Germany's Approach to the Euro Crisis," European Council on Foreign Relations Policy Brief, 2012。
4. 具体来说,《基本法》只允许德国军队部署到国外执行具有国际授权的任务,即使这样也需要议会批准。
5. 参见Stephen Fisher, *The Minor Parties of the Federal Republic of Germany: Toward a Comparative Theory of Minor Parties* (Martinus Nijhoff, 1974)。
6. 就目前所能确定的情况而言,巴德尔和迈因霍夫集团成员的反应是,他们认为政治制度是由前纳粹分子与保守的新闻界合伙控制的。日本也有类似的组织,即日本赤军,参与了1972年的卢德国际机场扫射事件。
7. 参见e. g., Nicholas Crafts, "The Golden Age of Economic Growth in Western Europe, 1950–73," *Economic History Review* 48 (1995): 429–449。最近对黄金时期的关注,与我自己的研究相重合的是Marc Levinson, *An Extraordinary*

Time: The End of the Postwar Boom and the Return of the Ordinary Economy (Basic Books, 2016)。

8. 同样，这是 1950—1973 年的数据。这里和其他地方的增长数据来自格罗宁根增长项目，http://www.rug.nl/ggdc/historicaldevelopment。

9. 细节见 Barry Eichengreen, *The European Economy Since 1945: Coordinated Capitalism and Beyond* (Princeton University Press, 2008)。

10. 这些开拓性的发展体现了该国丰富的自然资源（高速吞吐的大规模生产方式是资源消耗型的）、庞大的国内市场（同样的方式也需要规模化）和高效的运输系统（将投入到工厂和产出到市场）。经典表述参见，Alfred Chandler, *Scale and Scope: The Dynamics of Industrial Capitalism* (Belknap Press of Harvard University Press, 1990)。

11. 本段余下部分关于欧洲的大部分内容同样适用于日本。

12. 详细情况，以及国际比较，见 William Form, *Blue-Collar Stratification: Autoworkers in Four Countries* (Princeton University Press, 1976)。

13. 这是美国经济学家、马歇尔计划战略家查尔斯·金德尔伯格（Charles Kindleberger）在描述欧洲增长奇迹时强调的因素。见 Charles Kindleberger, *Europe's Postwar Growth: The Role of Labor Supply* (Harvard University Press, 1967)。

14. James Silberman and Charles Weiss, "Restructuring for Productivity," World Bank Industry and Energy Department Working Paper no. 64, 1992. 对此持怀疑态度的观点来自 Jacqueline McGlade, "Americanization: Ideology or Process? The Case of the United States Technical Assistance and Productivity Programme," in *Americanization and Its Limits: Reworking U. S. Technology and Management in Postwar Europe and Japan*, ed. Jonathan Zeitlin and Gary Herrigel (Oxford University Press, 2000), 53–75。

15. 见 Nick Tiratsoo and Jim Tomlinson, "Exporting the Gospel of Productivity: United States Technical Assistance and British Industry, 1945–1960," *Business History Review* 71 (1997): 41–81。

16. 关于教育程度，见 Claudia Goldin and Lawrence Katz, *The Race Between*

Education and Technology（Belknap Press of Harvard University Press, 2008）。《退伍军人权利法案》同时也为退伍军人获得接受高中教育提供资金支持。对于那些不符合《退伍军人权利法案》的人，由州政府资助的公共机构为争夺人才，会通过商业投资，以近乎零学费的价格提供高等教育，并向移民的子女和有教养的人士敞开大门。

17. Robert Gordon, *The Rise and Fall of American Growth: The U. S. Standard of Living Since the Civil War*（Princeton University Press, 2016），544. 正如戈登所指出的那样，在早先的几十年里，教育程度的提高也是比较快的，这可能进一步推动了接下来的发展。

18. 由于缺乏单一的标准，因此在经济周期的时间点上也未达成完全一致。在此，我参考了下文，并进行了调整，Economic Cycle Research Institute, "Business Cycle Peak and Trough Dates, 21 Countries, 1948–2015," 2016。

19. 与20世纪20年代和30年代的波动性对比更大。这里的变化性是以15个西欧国家按10年汇总的实际GDP增长的变化系数来衡量的。

20. 美国商业周期分析师负责人维克多·扎诺维茨（Victor Zarnowitz）将1948—1969年的"经济相对高度稳定时期"与1929—1948年和1969—1980年的"经济相对低度稳定时期"进行了对比，结果表明前者的实际GDP增长率变化系数明显降低。见Victor Zarnowitz, "Business Cycles and Growth," in *Business Cycles: Theory, History, Indicators and Forecasting*, ed. Victor Zarnowitz（University of Chicago Press, 1992），203-231。

21. 这也提高了中央银行和政府采取有限逆周期货币和财政举措的有效性。由于对布雷顿森林体系票面价值的承诺意味着通货膨胀只能暂时超过美国的水平，因此刺激需求的措施主要是按计划增加支出，而不是增加工资需求，从而抑制了任何潜在的工资–价格螺旋。

22. 尽管石油输出国组织成立于1960年。一些阿拉伯国家宣布对美国、英国和联邦德国实施禁运，认为它们在1967年战争开始时为以色列提供了空中掩护，但禁运并没有得到有效执行，这些国家仍然在接受阿拉伯石油。

23. 《关贸总协定》是《关税及贸易总协定》的简称。同样，根据欧洲经济合作组织（后来的经济合作与发展组织，即经合组织）（最初的西方发达经济体俱乐部）的《自由化守则》，十多年来逐步放宽了限制为购买商品进口而使用外币的外汇管制。

24. 对比 David Autor, David Dorn, and Gordon Hanson, "The China Shock: Learning from Labor-Market Adjustment to Large Changes in Trade," *Annual Review of Economics* 8（2016）：205–240，并在第八章进一步讨论。

25. 对于银行和金融危机的定义，见 Michael Bordo and Barry Eichengreen, "Crises Now and Then: What Lessons from the Last Era of Financial Globalization?," in *Monetary History, Exchange Rates and Financial Markets: Essays in Honour of Charles Goodhart*, ed. Paul Mizen（Edward Elgar, 2003），2：52–91。

26. 记载于 Funke, Schularick, and Trebesch, "Going to Extremes"。

27. 在二战前后，收入分配中最高1%的高收入者占比下降，在所有这些地方都很明显。战后，该比例在日本和一些欧洲国家（如法国）稳定在较低水平，而在德国、瑞典、加拿大和美国则继续下降。见 Facundo Alvaredo, Anthony Atkinson, Thomas Piketty, and Emmanuel Saez, "The Top 1 Percent in International and Historical Perspective," *Journal of Economic Perspectives* 27（2013）：3–20。

28. Gordon, *Rise and Fall*, 609.

29. Kenneth Scheve and David Stasavage, *Taxing the Rich: A History of Fiscal Fairness in the United States and Europe*（Princeton University Press, 2016）. 类似的论点在更普遍的层面上，见 Walter Scheidel, *The Great Leveler: Violence and the History of Inequality from the Stone Age to the Twenty-First Century*（Princeton University Press, 2017）。

30. 这是截至20世纪60年代初的数据。见 Thomas Piketty and Emmanuel Saez, "How Progressive Is the U. S. Federal Tax System? A Historical and International Perspective," *Journal of Economic Perspectives* 21（2007）：3–24, fig. 3. 鲁博利诺（Rubolino）和瓦尔登斯特伦（Waldenström）进一步强化了这一点，表明这一时期更多的累进税制甚至减少了税前收入的不平等，似乎最高收入者扩大收入分配差距的动力减少了。见 Enrico

Rubolino and Daniel Waldenström, "Tax Progressivity and Top Incomes: Evidence from Tax Reforms," CEPR Discussion Paper no. 11936, Centre for Economic Policy Research, London, March 2017。

31. 蒂特穆斯（Titmuss）和威伦斯基（Wilensky）等作者在二战和随后的福利国家的兴起之间找到了因果关系。见 Richard Titmuss, *Problems of Social Policy*（H. M. Stationery Office, 1950），and Harold Wilensky, *The Welfare State and Inequality*（University of California Press, 1975）。

32. 下文分析了对二战最高收入群体维持较高边际税率的各种解释，见 Juliana Londoño Vélez 未发表的手稿，"War and Progressive Income Taxation in the 20th Century," University of California, Berkeley, September 2014。

33. 这也是作者的父亲作为合伙人的公司的故事。

34. 此外，这些创新在20世纪80年代才开始广泛推广。后来又出现了联网的信用卡读卡器，在零售交易中可以使用信用卡，而不需要人工干预或电话确认。

35. 正如"数控之父"约翰·帕森斯（John Parsons）所描述的那样，见 Russ Olexa, "The Father of the Second Industrial Revolution," *Manufacturing Engineering* 127（August 2001）。

36. 参见 Marc Levinson, *The Box: How the Shipping Container Made the World Smaller and the World Economy Bigger*（Princeton University Press, 2006）。

37. 下文对该问题进行了介绍，Lawrence Katz and Lawrence Summers, "Industry Rents: Evidence and Implications," *Brookings Papers on Economic Activity*, 1989, 209–275。

38. 伴随而来的是数量上的新力量：由于这些同样的战时趋势，美国非农业劳动力中的工会比例从1935年的13%上升到1953年的33%。参见 Brantly Callaway and William Collins, "Unions, Workers and Wages at the Peak of the American Labor Movement," NBER Working Paper no. 23516, National Bureau of Economic Research, Cambridge, MA, June 2017。

39. 见 Frank Levy and Peter Temin, "Inequality and Institutions in 20th Century America," Working Paper no. 07–18, Department of Economics, MIT, June

2007, and Samuel Bowles and Herbert Gintis, "The Crisis of Liberal Democratic Capitalism, " *Politics and Society* 11 (1982) : 51–93。

40. 它还规定任命一名工人和雇主双方都能同意的额外中立成员。德国的这项法案是在1950—1951 年煤炭和钢铁工业面临大规模罢工威胁之后立即通过的，这并非巧合。见 Ewan McGaughey, "The Codetermination Bargains: The History of German Corporate and Labour Law, " LSE Legal Studies Working Paper no. 10/2015, London School of Economics, March 2015。

41. 这项法案最后在1934 年被纳粹废除。

42. 该委员会在1881—1884 年召开会议，直到最后由于议会的反对（议会不会允许存在另一个与之竞争的权力中心）而被终止。

43. 参见 Gosta Edgren, Karl-Olof Faxen, and Clas-Erik Odhner, *Wage Formation and the Economy* (Allen & Unwin, 1973, orig. 1970 in Swedish)。

44. 经典参考文献来自 Peter Katzenstein, *Small States in World Markets: Industrial Policy in Europe* (Cornell University Press, 1985)。见同一作者的著作 *Corporatism and Change: Austria, Switzerland, and the Politics of Industry* (Cornell University Press, 1984)。

45. 参见 Douglas Schoen, *Enoch Powell and the Powellites* (Macmillan, 1977) 中的投票分析。关于鲍威尔遗产的更多信息，见第十二章。

46. 无论是用失业、残疾、健康和养老保险所覆盖的人口比例，还是用投入于这些目的的国民收入比例来衡量，都是如此。弗洛拉（Flora）和海登海默（Heidenheimer）构建了一个社会保险总体覆盖率的指数。对于欧洲国家，他们构建的指数在1950—1975 年上升了50% 以上。从较低的初始水平开始，加拿大的指数上升得更快，但美国的指数上升得更慢。参见 Peter Flora and Arnold Heidenheimer, *The Development of Welfare States in Europe and America* (Transaction, 1981)。

47. 数据来自 Christopher Pierson, *Beyond the Welfare State: The New Political Economy of Welfare*, 3rd ed. (Pennsylvania State University Press, 2007)。

第八章 物是人非

1. 这些是年度数字。在随后的 10 年中，生产力增长有所加快（下文将讨论），这通常归因于新一代信息和通信技术（互联网、个人电脑）的推动，此后生产力增长再次回落。这里的数据来自 Angus Maddison, *Monitoring the World Economy, 1820–1992*（OECD, 1995）。

2. Ray Fair, "The Effect of Economic Events on Votes for President: 1980 Results," *Review of Economics and Statistics* 64 (1982): 322–325. 两种解释之间并不存在不相容性。正如政治学家莫里斯·菲奥里纳（Morris Fiorina）对 1980 年大选的描述："首先，国民对国际事务的进程感到沮丧，特别是对美国在恐怖主义面前明显无能为力感到沮丧。其次，是对经济事务的进程深感不满。"见 Morris Fiorina, "Elections and the Economy in the 1980s: Short-and Long-Term Effects," in *Politics and Economics in the Eighties*, ed. Alberto Alesina and Geoffrey Carliner (University of Chicago Press, 1991), 17–40。引文来自第 17 页。

3. Sidney Weintraub, "Carter's Hoover Syndrome," *New Leader*, March 24, 1980, 5–6.

4. 参见 Charles Hulten, James Robertson, and Frank Wykoff, "Energy Obsolescence and the Productivity Slowdown," in *Technology and Capital Formation*, ed. Dale Jorgenson and Ralph Landau (MIT Press, 1989), 225–258。

5. 参见 Assar Lindbeck, "The Recent Slowdown of Productivity Growth," *Economic Journal* 93 (1983): 13–34。

6. 参见 Claudia Goldin and Lawrence Katz, *The Race Between Education and Technology* (Belknap Press of Harvard University Press, 2008)。

7. 在生产力放缓之后，总体教育程度继续提高，考虑到不仅男性而且女性的教育程度也在提高，美国的情况也是如此。

8. 即使是信息和通信革命也没有产生可比的效果。基于下文观点 Robert Gordon, *The Rise and Fall of American Growth: The U. S. Standard of Living Since the Civil War* (Princeton University Press, 2016)。

9. 1973 年后，发达国家的研发支出占 GDP 的比例略有下降。参见 Elisa Arond and Martin Bell, "Trends in the Global Distribution of R&D Since the 1970s: Data, Their Interpretation and Limitations," Economic and Social Research Council, 2009, esp. fig. 2。

10. 关于金融危机前的讨论，可以预见随后的分析，参见 Edward Leamer, "Foreigners and Robots: Assistants of Some, Competitors of Others," in *Social Dimensions of U. S. Trade Policy*, ed. Alan Deardorff and Robert Stern (University of Michigan Press, 2000), 19–52。

11. 自 20 世纪 70 年代以来，不平等的上升在英语国家和意大利最为突出，而在德国和法国则不那么突出。如果考虑到所有男性，包括那些零收入的男性，美国看起来更糟糕。如果考虑到女性和男性，则美国的情况好一些（因为女性劳动力参与率和相对工资在这一时期上升）。参见 Michael Greenstone and Adam Looney, "The Uncomfortable Truth About American Wages," *Economix* (blog), *New York Times*, October 22, 2012。

12. 德国是一个例外——这再次说明了第七章中强调的劳动力市场制度的作用。克莱顿（Clayton）和庞图森（Pontusson）分析了 1979 年和 1995 年工资分配中前 10% 和后 10% 的相对收入的百分比变化（一些国家的日期差异不大），结果显示，除德国和比利时外，其他地方的不平等现象都有所增加。参见 Richard Clayton and Jonas Pontusson, "Welfare-State Retrenchment Revisited: Entitlement Cuts, Public Sector Restructuring and Inegalitarian Trends in Advanced Capitalist Societies," *World Politics* 41 (1998): 67–98, tab. 1。

13. 见第三章的讨论。

14. Henry Ford, *My Life and Work* (Doubleday, Page, 1922), 79. 正如福特详述 (110)："成为各种职业的熟练工所需的时间大约如下——43% 的工作需要不超过一天的培训，36% 的工作需要一天至一周的培训，6% 的工作需要一至两周的培训，14% 的工作需要一个月至一年的培训，1% 的工作需要一至六年的培训。"

15. 收入差距则在 2013 年扩大到 63%。数据来自 Paul Taylor, Kim Parker,

Rich Morin, Rick Fry, Eileen Patten, and Anna Brown, *The Rising Cost of Not Going to College* (Pew Research Center, 2014)。

16. 例如，由于欧洲国家相对较高的最低工资支持了非毕业生的相对收入，情况就有所不同。见 Christian Dreger, Enrique López-Bazo, Raul Ramos Vicente Royuela, and Jordi Suriñach, "Wage and Income Inequality in the European Union," Directorate General for Internal Policies, European Commission, January 2015。

17. Daron Acemoglu, "Changes in Unemployment and Wage Inequality: An Alternative Theory and Some Evidence," *American Economic Review* 89 (1999): 1259–1278; Timothy Bresnahan, Erik Brynjolfsson, and Lorin Hitt, "Information Technology, Workplace Organization, and the Demand for Skilled Labor: Firm-Level Evidence," *Quarterly Journal of Economics* 117 (2002): 339–376; Eve Caroli and John van Reenen, "Skill-Biased Organizational Change? Evidence from a Panel of British and French Establishments," *Quarterly Journal of Economics* 116 (2001): 1449–1492.

18. 这些观察结果也可以与英国工业革命时期的偏向非技术劳动力的科技变革相呼应，第三章所述的从农业中释放劳动力，使非技术工人在制造业中就业。19世纪末和20世纪初的美国也是如此，当时美国成为技术领先者，接受来自南欧和东欧的移民。

19. 国际货币基金组织的一项研究使用信息技术在资本存量中的份额作为技术衡量标准，发现其与不平等呈正相关。参见 International Monetary Fund, "An Empirical Investigation of Globalization and Inequality," *World Economic Outlook* (International Monetary Fund, 2007), 31–65。

20. 技术变革的技能偏向也不能充分说明时机问题——为什么重返大学的增长在20世纪90年代放缓，即使计算机的应用进展迅速，仍然减少了人们对不平等加剧的担忧？参见 David Card and John DiNardo, "Skill-Biased Technological Change and Rising Wage Inequality: Some Problems and Puzzles," *Journal of Labor Economics* 20 (2002): 733–783。

21. David Autor, Frank Levy, and Richard Murnane, "The Skill Content of Recent

Technical Change: An Empirical Exploration," *Quarterly Journal of Economics* 118 (2003): 1279–1333.

22. 这被称为"斯托尔珀－萨缪尔森定理"（Stolper-Samuelson theorem），参见 Wolfgang Stolper and Paul Samuelson, "Protection and Real Wages," *Review of Economic Studies* 9 (1941): 58–73。

23. 参见 Elhanan Helpman, "Globalization and Wage Inequality," NBER Working Paper no. 22944, National Bureau of Economic Research, December 2016。

24. David Autor, David Dorn, and Gordon Hanson, "The China Shock: Learning from Labor-Market Adjustment to Large Changes in Trade," *Annual Review of Economics* 8 (2016): 205–240. 其他工作表明有关企业的回应是雇用更多的熟练劳动力，进行更多的研发、工程和设计。见 Ildikó Magyari 未发表的手稿，"Firm Reorganization, Chinese Imports and US Manufacturing Employment," Columbia University, January 2017。但这并没有帮助那些被外国竞争取代的非技术工人。一项关于北美自由贸易协定对蓝领工人影响的研究也得出了类似的结论。Shushanik Hakobyan and John McLaren, "Looking for the Local Labor Market Effects of NAFTA," *Review of Economics and Statistics* 98 (2016): 728–741. 而美国的情况也大致如此，其他发达经济体也是如此，只有少数例外，最突出的例外还是德国，那里的制造业不是由非技能劳动密集型产品组成，而是由资本品组成，对资本品的需求随着全球化而上升。Wolfgang Dauth, Sebastian Findeisen, and Jens Suedekum, "Trade and Manufacturing Jobs in Germany," *American Economic Association Papers and Proceedings* 107 (2017): 337–342. 该文揭示了德国并没有如上所述，呈现出工资不平等加剧的总体趋势。

25. 也有石油和相关商品的贸易，但这是另一种类型。

26. 计算机和半导体行业是个例外，不过这对技术含量较低的工人来说并不是件好事。参见 Susan Houseman 未发表的手稿，"Is American Manufacturing in Decline?," Upjohn Institute, October 2016。

27. 或者至少到目前为止，大多数移民的技术水平较低，正如第十一章所讨论的那样，美国的移民政策有可能改变。关于证据，参见 Lawrence

Mishel, Josh Bivens, Elise Gould, and Heidi Shierholz, *The State of Working America*, 12th ed. (Cornell University Press, 2012)。

28. Gianmarco Ottaviano and Giovanni Peri, "Rethinking the Effects of Immigration on Wages," *Journal of the European Economic Association* 10 (2012): 152–197, and Council of Economic Advisors, "Immigration's Economic Impact," Washington, DC, June 20, 2007. 下文中报告了更大的负面影响，George Borjas, *Heaven's Door: Immigration Policy and the American Economy* (Princeton University Press, 1999)，但即使这样，移民也只是非技术工人收入下降和不平等加剧的一部分原因。

29. Martin Ruhs and Carlos Vargas-Silva, "The Labor Market Effects of Immigration," Migration Observatory of the University of Oxford, May 22, 2016.

30. 更多关于英国移民的构成以及是否会随着脱欧而改变，见第十章。

31. 加拿大、澳大利亚和弗雷德里克·多克基耶（Frédéric Docquier）及其合作者所考虑的9个欧洲国家在区域一级同样缺乏相关性。Frédéric Docquier, Caglar Ozden, and Giovanni Peri, "The Labour Market Effects of Immigration and Emigration in OECD Countries," *Economic Journal* 124 (2014): 1106–1145.

32. 参见 David Card, "The Effect of Unions on the Structure of Wages: A Longitudinal Analysis," *Econometrica* 64 (1996): 957–979。

33. Stephen Machin and John Van Reenen, "Changes in Wage Inequality," Special Paper no. 18, London School of Economics, April 2007; Bruce Western and Jake Rosenfeld, "Unions, Norms and the Rise in U. S. Wage Inequality," *American Sociological Review* 76 (2011): 513–537.

34. 政府雇用的服务部门工人是一个例外，见 Bernhard Ebbinghaus and Jelle Visser, "When Institutions Matter: Union Growth and Decline in Western Europe, 1950–1995," *European Sociological Review* 15 (1999): 135–158。

35. 参见 Daron Acemoglu, Philippe Aghion, and Giovanni Violante, "Deunionization, Technical Change and Inequality," *Carnegie-Rochester Conference Series on Public Policy* 55 (2001): 229–264。

36. 参见 John DiNardo, Nicole Fortin, and Thomas Lemieux, "Labor Market Institutions and the Distribution of Wages, 1973–1992: A Semiparametric Approach," *Econometrica* 64 (1996): 1001–1044, and David Lee, "Wage Inequality in the United States During the 1980s: Rising Dispersion or Falling Minimum Wage?," *Quarterly Journal of Economics* 114 (1999): 977–1023。David Autor, Alan Manning, and Christopher Smith, "The Contribution of the Minimum Wage to U. S. Wage Inequality over Three Decades: A Reassessment," *American Economic Journal: Applied Economics* 8 (2016): 58–99, 在不改变基本结论的情况下, 发现较小的影响。

37. 累进税与较低不平等之间的联系在数据中也很明显。见 OECD, "Income Inequality and Growth: The Role of Taxes and Transfers," OECD Economics Department Policy Note no. 9, January 2012。

38. 关于增长放缓在福利国家预算紧缩中的作用, 见 Torben Iversen, "The Dynamics of Welfare State Expansion: Trade Openness, De-Industrialization, and Partisan Politics," in *The New Politics of the Welfare State*, ed. Paul Pierson (Oxford University Press, 2001), 45–79。The idea of welfare state overshooting is associated with Assar Lindbeck, "Overshooting, Reform and Retreat of the Welfare State," *De Economist* 142 (1994): 1–19。

39. 一般模式也有例外, 如加拿大和日本削减养老金替代率, 丹麦削减病假工资。参见 Evelyne Huber and John Stephens, *Development and Crisis of the Welfare State* (University of Chicago Press, 2001)。

40. "Sickness and Disability Schemes in the Netherlands," OECD, November 2007.

41. 这是第一章中用来解释美国的社会福利支出水平相对较低的逻辑。另见 Roland Bénabou, "Human Capital, Technical Change, and the Welfare State," *Journal of the European Economic Association* 1 (2003): 522–532。

42. 在不同国家和不同时期, 工会化率与福利支出之间存在正相关关系, 尽管为了找出这种相关关系, 必须控制影响福利支出的其他因素。参见 *The New Politics of the Welfare State*, ed. Paul Pierson (Oxford University Press, 2001), and Torsten Persson and Guido Tabellini, *Political Economics:*

Explaining Economic Policy (MIT Press, 2002)。

43. 现收现付养老金制度是指用目前在职者的缴款向退休者支付福利。

44. 这又是指20世纪80年代的趋势。Huber and Stephens, *Development and Crisis*, 209–210.

45. James Allen and Lyle Scruggs, "Political Partisanship and Welfare State Reform in Advanced Industrial Countries," *American Journal of Political Science* 48 (2004): 496–512. 两位作者以净额为基础（减去所得税等）构建养老金替代率，而不是像下文那样以总额为基础。Huber and Stephens, *Development and Crisis*. 因为美国没有国家计划，所以有17个国家而不是18个国家支付病假工资。

46. 这一点，见 Paul Pierson, *Dismantling the Welfare State? Reagan, Thatcher, and the Politics of Retrenchment* (Cambridge University Press, 1994)。

47. 引文中的这句话来自 Federal Reserve governor Ben Bernanke, "The Great Moderation," Remarks at the Meetings of the Eastern Economic Association, February 20, 2004, https://www.federalreserve.gov/boarddocs/speeches/2004/20040220。记录波动性下降的有影响力的分析有 Chang-Jin Kim and Charles Nelson, "Has the US Economy Become More Stable? A Bayesian Approach Based on a Markov-Switching Model of the Business Cycle," *Review of Economics and Statistics* 81 (1999): 608–616, and James Stock and Mark Watson, "Has the Business Cycle Changed and Why?," *NBER Macroeconomics Annual* 17 (2003): 159–230。

48. 参见 Karen Dynan, Douglas Elmendorf, and Daniel Sichel, "Can Financial Innovation Help to Explain the Reduced Volatility of Economic Activity?," *Journal of Monetary Economics* 53 (2006): 123–150。

第九章 特朗普的"成功"

1. 这里的引文来自"Donald J. Trump: Address on Immigration," August 31, 2016, https://www.donaldjtrump.com/press-releases/donald-j.-trump-address-on-immigration。

2. "New Television Ad: ' Donald Trump's Argument for America, ' " November 4, 2016, https://www.donaldjtrump.com/press-releases/new-television-ad-donald-trumps-argument-for-america.

3. Jeremy Diamond, "' Common Sense, ' Trump's Campaign Strategy from the Get-Go, " *CNN Politics*, November 18, 2016.

4. 论点来自 Robert Baldwin, "The Changing Nature of U. S. Trade Policy Since World War II, " in *The Structure and Evolution of Recent U. S. Trade Policy*, ed. Robert Baldwin and Anne Krueger (University of Chicago Press, 1984) , 5–30。

5. 银行的第一任行长威廉·琼斯（William Jones）是个银行股票的投机者，他鼓励州银行过度供应货币和信贷。琼斯的继任者是美国南卡罗来纳州前众议院议长和银行曾经的反对者兰登·切夫斯（Langdon Cheves）。在接替琼斯后，切夫斯收回银行的贷款，大幅收紧信贷，引发了1819年的恐慌。参见 Robert Remini, *Andrew Jackson and the Bank War* (W. W. Norton, 1967) 和 Paul Kahan, *The Bank War: Andrew Jackson, Nicholas Biddle, and the Fight for American Finance* (Westholme, 2015) 。

6. 第二章中对这一事件进行了详细的讨论。

7. Yian Mui, "Donald Trump Says Federal Reserve Chair Janet Yellen ' Should Be Ashamed of Herself, ' " *Washington Post*, September 12, 2016. 或者正如特朗普在2017年所说："我确实喜欢低利率。我的意思是，我不会把这当成一个大秘密。我认为低利率很好。" Josh Dawsey and Hadas Gold, "Full Transcript: Trump's *Wall Street Journal* Interview, " *Politico*, August 1, 2017.

8. Trump, "Address on Immigration. "

9. Robert Kaufman and Barbara Stallings, "The Political Economy of Latin American Populism, " in *The Macroeconomics of Populism in Latin America*, ed. Rudiger Dornbusch and Sebastian Edwards (University of Chicago Press, 1991) , 15–43.

10. "Trump: Address on Immigration. "

11. 参见 Danielle Kurtzleben, "Rural Voters Played a Big Part in Helping Trump

Defeat Clinton," *National Public Radio*, November 14, 2016。

12. 关于大学教育和流动性，参见 John Bound and Harry Holzer, "Demand Shifts, Population Adjustments, and Labor Market Outcomes During the 1980s," *Journal of Labor Economics* 18 (2000): 20–54。

13. 因此，凯瑟琳·克拉默（Katherine Cramer）和 J. D. 万斯（J. D. Vance）等作者为了解释这些投票模式，谈到了"乡村意识"及"乡村对经济和社会发展落后的怨恨"。Katherine Cramer, *The Politics of Resentment: Rural Consciousness in Wisconsin and the Rise of Scott Walker* (University of Chicago Press, 2016), and J. D. Vance, *Hillbilly Elegy: A Memoir of a Family and Culture in Crisis* (Harper, 2016).

14. 参见 David Autor, David Dorn, Gordon Hanson, and Kaveh Majlesi 未发表的手稿，"A Note on the Effect of Rising Trade Exposure on the 2016 Presidential Election," Massachusetts Institute of Technology, March 2017。

15. 参见 Arthur Miller, "'Will It Play in Peoria?' Public Opinion in Regional and National Politics," in *The American Midwest: An Interpretative Encyclopedia*, ed. Andrew Cayton, Richard Sisson, and Christian Zacher (Indiana University Press, 2007), 1707–1709。本段中的其他陈述也是基于这同一来源。

16. 这些计算基于 U. S. Energy Information Administration, *Annual Energy Review* (EIA, 2012), tab. 7. 7。

17. 令人惊讶的是，有关地区在从支持罗姆尼到特朗普的摇摆幅度最大的中西部地区的比例并不高。大卫·奥托尔（David Autor）和他的合作者按照 2000—2007 年中国的竞争强度对大都市地区进行了排名。他们排名前十的都市区中只有两个——芝加哥和密尔沃基——位于中西部，而且这两个地区都不是支持特朗普的堡垒。其余前十名都市区（或者更准确地说是通勤区），除了达拉斯之外，都在大西洋和太平洋沿岸。作者在列举时考虑了四十个最大的通勤区。David Autor, David Dorn, and Gordon Hanson, "The China Syndrome: Local Labor Market Effects of Import Competition in the United States," *American Economic Review* 103 (2013): 2121–2168。

18. Patrick Kline and Enrico Moretti, "Local Economic Development, Agglomeration Economies, and the Big Push: 100 Years of Evidence from the Tennessee Valley Authority," *Quarterly Journal of Economics* 129 (2013): 275-331. 对该证据进行的更广泛的研究出自 David Neumark and Helen Simpson, "Place-Based Policies," in *Handbook of Regional and Urban Economics*, ed. Gilles Duranton, Vernon Henderson, and William Strange (Elsevier, 2015), 5: 1197-1287。这些研究还发现，靠近学院或大学有助于区域的调整和发展，尽管实际上很难将一所充满活力的高等院校迁到一个萧条的社区。

19. 参见 Dean Baker, "The Necessity of a Lower Dollar and the Route There," Center for Economic and Policy Research, February 2012, tab. 2, 关于试图估计美元疲软对制造业就业的影响。

20. 关于工会的作用，参见 Cihan Bilginsoy, "The Hazards of Training: Attrition and Retention in Construction Industry Apprenticeship Programs," *Industrial and Labor Relations Review* 57 (2003): 54-67。在美国，人们可以在建筑业看到这种苗头，因为那里的工会相对强大，有助于传授新技术，但在其他行业则不然。参见 Susan Helper, "Supply Chains and Equitable Growth," Washington Center for Equitable Growth, October 31, 2016。

21. 特朗普的贸易政策顾问彼得·纳瓦罗（Peter Navarro）在 2017 年初提出了不同的观点。参见 Shawn Donnan, "Trump's Top Trade Adviser Accuses Germany of Currency Exploitation," *Financial Times*, January 31, 2017。

22. 有关讨论，请参见 David Deming, "The Growing Importance of Social Skills in the Labor Market," *Quarterly Journal of Economics* 132 (2017): 1593-1640。一个证据来源是 Per-Anders Edin, Peter Fredriksson, Martin Nybom, and Björn Öckert, "The Rising Return to Non-Cognitive Skill," IZA Discussion Paper no. 10914, Institute of Labor Economics, Bonn, July 2017。

23. Knightscope website, http://knightscope.com (accessed on January 31, 2017).

24. 参见 Sandra Mathers, Naomi Eisenstadt, Kathy Sylva, Elena Soukakou, and Katharina Ereky-Stevens, "Sound Foundations: A Review of the Research

Evidence on the Quality of Early Childhood Education and Care for Children Under Three: Implications for Policy and Practice," University of Oxford and Suttton Trust, 2014。

第十章　断裂边缘

1. 对法拉奇来说不幸的是，在同一天，巴特利和斯本选区的国会议员乔·考克斯（Jo Cox）遭到一个52岁的精神失常的选民致命的枪击和刺伤。据报道，行凶者喊道："为了英国！英国永远第一！"杜塞尔多夫炸弹阴谋指的是，在2016年10名恐怖分子策划从叙利亚旅行到德国进行自杀式爆炸和枪击袭击，后来该企图被挫败。

2. 法拉奇引自 Heather Stewart and Rowena Mason, "Nigel Farage's Anti-Migrant Poster Reported to Police," *Guardian*, June 16, 2016。

3. 该广告可参见 http://static1.businessinsider.com/image/575eb4e3dd0895ea098b463d-1200/leave.eu.jpg（accessed February 6, 2017）。

4. 这些规则是对传统保守党程序的改革，或者说是对传统保守党程序的"民主化"，在保守党程序中，党魁是由议员选举产生的。工党的程序传统上大致相似，将选举团的投票权分配给国会议员、选区分部和工会，但在2014年进行了改革，改成了对所有登记的党员支持者和被选举者开放的"一人一票"的初选制度，降低了叛离候选人的门槛，从而削弱了这些团体的议程设置权。参见 Agnès Alexandre-Collier and Emmanuelle Avril, "The Use of Primaries in the UK Conservative and Labour Parties: Formal Rules and Ideological Changes," Université Sorbonne Nouvelle Paris 3 and Université de Bourgogne, April 2017。

5. 第六章介绍了20世纪30年代保护主义抑制竞争的长期后果。证据表明，欧盟成员资格通过开放贸易，加剧了竞争，刺激了组织和技术升级，参见 Nicholas Crafts, "British RelativeEconomic Decline Revisited: The Role of Competition," *Explorations in Economic History* 49（2012）:17-29，和 Crafts, "The Impact of EU Membership on UK Economic Performance," *Political Quarterly* 87（2016）:262-268。

6. 对撒切尔夫人贡献的评价来自 Roger Middleton, "'There Is No Alternative,' or Was There? Benchmarking the Thatcher Years," School of Humanities, University of Bristol, March 2008。

7. 这种改善的程度不应该被夸大。在一定程度上，英国之所以成为领头羊，是因为欧洲其他三大经济体的增长减速。不过，英国的减速幅度较小，这表明欧盟成员身份和撒切尔夫人时代的改革产生了积极影响。参见 Nauro Campos, Fabrizio Coricelli, and Luigi Moretti, "Economic Growth and Political Integration: Estimating the Benefits from Membership in the European Union Using the Synthetic Counterfactuals Method," CEPR Discussion Paper no. 9968, Centre for Economic Policy Research, May 2014。

8. 撒切尔夫人时代影响工会的立法包括：1982 年的一项法令，规定工会如果藐视法庭将要承担法律责任，会被处以罚金和资产扣押；1984 年的一项法令，规定工会如果未经投票而举行罢工，须承担民事责任；1984 年的第二法案，收紧了工会设立政治基金的条件。参见 Sandra Fredman, "The New Rights: Labour Law and Ideology in the Thatcher Years," *Oxford Journal of Legal Studies* 12(1992): 22–44。

9. 撒切尔夫人时代出售市政住房的问题是，在购买者中户主有稳定工作的家庭占了很大比例，他们得到了很大的折扣，使得地方政府的租金收入减少，可用于向贫困租户提供住房和其他服务的资源减少。参见 Andy Beckett, *Promised You a Miracle: Why 1980–82 Made Modern Britain* (Penguin, 2015)。

10. 从 20 世纪 90 年代初到金融危机期间的这种稳定性，在基尼系数和收入分配第 90 和第 10 百分位数的相对收入中都有明显体现。危机后，这两项指标均有所下降，反映出高收入者的资产回报率降低。与此相对应的是，高收入阶层的不平等现象有所加剧，在 20 世纪 90 年代初至危机期间，收入最高的 1% 的人在所有收入中获得了更高的份额。Anthony Atkinson, *Inequality: What Can Be Done?* (Harvard University Press, 2015)。

11. Dirk Pilat, Agnès Cimper, Karsten Bjerring Olsen, and Colin Webb, "The Changing Nature of Manufacturing in OECD Countries," OECD Science,

Technology and Industry Working Paper 2006/09,提供了相关核算证据。

12. 该数据截至 2013 年。
13. "A Divided Britain? Inequality Within and Between the Regions," Regional Inequality Briefing Note, Equality Trust, London, n. d.
14. Philip Bunn and May Rostom, "Household Debt and Spending," *Bank of England Quarterly Bulletin* 54 (2015): 304–315.
15. "How the United Kingdom Voted on Thursday... and Why," Lord Ashcroft Polls, June 24, 2016.
16. 根据民调,只有约 1/3 的选民对多元文化主义和社会自由主义表示反感。来源同上。
17. 下文中报道的调查也得出了类似的结论,Miranda Phillips, Eleanor Attar Taylor, and Ian Simpson, "Britain Wants Less Nanny State, More Attentive Parent," *British Social Attitudes* 34 (August 2017)。
18. Jil Matheson and Carol Summerfield, eds., *Social Trends* 31 (UK Government, 2001), 36–37.
19. 这个被称为"第三条道路"的战略是,工党应该走中间道路,而不是把自己定位在左翼或放弃右翼,这是成功实施其改革主义议程的最佳途径。这在很大程度上要归功于 Anthony Giddens, *The Third Way: The Renewal of Social Democracy* (Polity Press, 1998)。
20. Erica Consterdine, "Managed Migration Under Labour: Organised Public, Party Ideology and Policy Change," *Journal of Ethnic and Migration Studies* 41 (2015): 1433–1452.
21. Christian Dustmann, Maria Casanova, Michael Fertig, Ian Preston, and Christoph Schmidt, "The Impact of EU Enlargement on Migration Flows," Report Commissioned by the Immigration and Nationality Directorate of the UK Home Office, 2001.
22. David Cameron, "A Contract Between the Conservative Party and You," April 30, 2010, https://www.facebook.com/conservatives/posts/118872268131511.
23. 见 Martin Ruhs and Carlos Vargas-Silva, "The Labor Market Effects of Immi-

gration," Migration Observatory of the University of Oxford, May 22, 2016, 以及第八章的讨论。

24. 该声明适用于英格兰和威尔士地区,苏格兰和北爱尔兰是特殊情况。

25. Matthew Goodwin, *Right Response: Understanding and Countering Populist Extremism in Europe: A Chatham House Report* (Chatham House, 2011).

26. 同上,第9页。

27. Jens Rydgren, "Immigration Sceptics, Xenophobes or Racists? Radical Right-Wing Voting in Six West European Countries," *European Journal of Political Research* 47 (2008): 737–765. See also Elisabeth Ivarsflaten, "What Unites Right-Wing Populists in Western Europe? Re-Examining Grievance Mobilization Models in Seven Successful Cases," *Comparative Political Studies* 41 (2008): 3–23.

28. 此处指的是这些国家截至2016年的最近一次选举。以基尼系数衡量的不平等数据来自经合组织2013年的数据。

29. 这种对穆斯林的敌意仅次于对罗马人的敌意。本段的比较基于欧洲社会调查,"Attitudes Towards Immigration and Their Antecedents," *ESS Topline Results Series* 7 (November 2016), figs. 2–4。

30. 参见W. R. Böhning, "Estimating the Propensity of Guestworkers to Leave," *Monthly Labor Review* 104 (1981): 37–40. On the *Rotationprinzip*, see Amelie Constant and Douglas Massey, "Return Migration by German Guestworkers: Neoclassical Versus New Economic Theories," *International Migration* 40 (2002): 5–38。

31. 参见Werner Smolny and Alexander Rieber, "Labor Market Integration of Immigrants—Evidence for German Guest Workers," Beiträge zur Jahrestagung des Vereins für Socialpolitik 2016: Demographischer Wandel, no. D22 C1, May 2016。

32. Panos Tsakloglou and Ioannis Cholezas, "The Economic Impact of Immigration in Greece: Taking Stock of the Existing Evidence," IZA Discussion Paper no. 3754, Institute for the Study of Labor, Bonn, October 2008.

33. 参见 Gregory Wegner, "The Legacy of Nazism and the History Curriculum in the East German Secondary Schools," *History Teacher* 25（1992）: 471–487。

34. 该数据截至 2015 年夏天，根据新社会答案研究所为德国"焦点在线"网站进行的一项调查：http: //www. focus. de/politik/deutschland/umfrage-fuer-focus-online-zeigt-fluechtlingspolitik-merkel-hat-die-mehrheit-der-deutschen-gegen-sich_ id_ 4966591. html。

35. 有困难不等于不可能。只有与欧盟不相邻的申根地区的成员国才允许不受边境管制的人员流动，即使是《申根协定》也有紧急豁免和逃脱条款。"单一市场"则只是限制了成员国限制工人流动的能力，而不是限制他们的家属和非工作的个人。

36. 这些处罚将由欧洲法院实施。2017 年夏天，欧盟委员会又启动了针对捷克、匈牙利和波兰政府违规的程序，因为他们没有遵守 2015 年欧盟关于收容难民的协议。

37. 这基本上是所谓的五大主席（欧盟委员会、欧洲理事会、欧元集团、欧洲中央银行和欧洲议会的主席）的结论。参见 Jean-Claude Juncker, in close cooperation with Donald Tusk, Jeroen Dijsselbloem, Mario Draghi, and Martin Schulz, *Completing Europe's Economic and Monetary Union*（European Commission, June 2015）。

38. Nicolas Demorand, "Thomas Piketty: ' Fillon et Macron ont commis les même erreurs, ' " *Franceinter*, February 12, 2017. 这些观点在第十二章进行了讨论和批判。

39. 这第三种充满希望（有人会说是不切实际的希望）的方法的一个例子见 Henrik Enderlein et al. , *Repair and Prepare: Growth and the Euro After Brexit*（Bertelsmann Foundation and Jacques Delors Institute, 2016）。关于如何最好地促进经济增长的分歧起源于 Marcus Brunnermeier, Harold James, and Jean-Pierre Landau, *The Euro and the Battle of Ideas*（Princeton University Press, 2016）。

第十一章　围堵遏制

1. Timothy Bresnahan and Pai-Ling Yin, "Adoption of New Information and Communications Technologies in the Workplace Today," in *Innovation Policy and the Economy*, ed. Shane Greenstein, Josh Lerner, and Scott Stern (National Bureau of Economic Research, 2017), 95–124.
2. 该案例源自 Lee Branstetter and Daniel Sichel, "The Case for an American Productivity Revival," Policy Brief 17–26, Peterson Institute for International Economics, June 2017。
3. 关于资本份额，参见 Olivier Blanchard, "The Medium Run," *Brookings Papers on Economic Activity* 2 (1997): 89–158, 和 Michael Elsby, Bart Hobijn, and Ayşegül Şahin, "The Decline of the U. S. Labor Share," *Brookings Papers on Economic Activity* 2 (2013): 1–63。在集中度不断上升的行业和部门，所谓的超级明星企业占据了主导地位，就此而言，劳动力占比的下降是最显著的，解决这个问题的另一种方式是更积极地利用竞争政策来限制它们的市场份额和权力。参见 David Autor, David Dorn, Lawrence Katz, Christina Patterson, and John Van Reenen, "The Fall of the Labor Share and the Rise of Superstar Firms," NBER Working Paper no. 23396, National Bureau of Economic Research, May 2017。
4. 参见 Anthony Atkinson, *Inequality: What Can Be Done?* (Harvard University Press, 2015)。
5. Brigitte Madrian and Dennis Shea, "The Power of Suggestion: Inertia in 401 (k) Participation and Savings Behavior," *Quarterly Journal of Economics* 116 (2001): 1149–1187. 在这里，我们也看到了美国在 2017 年朝着相反的方向发展，当时国会推翻了奥巴马政府的一项命令，该法令授权各州对公共雇员和其他工人实施可选择退出的方案。
6. 《多德-弗兰克法案》第 951 条包含了所谓的"薪酬建议"条款。2011 年，证券交易委员会随后修订了公司披露规则，规定至少每三年进行一次咨询投票。

7. Oliver Denk, "Financial Sector Pay and Labour Income Inequality: Evidence from Europe," OECD Economics Department Working Paper no. 1225, June 2015.
8. Michael Carr and Emily Wiemers, "The Decline in Lifetime Earnings Mobility in the U. S. : Evidence from Survey-Linked Administrative Data," Working Paper 2016-05, Washington Center for Equitable Growth, September 2016.
9. 从技术上讲，这指的是那些在第 50 到第 90 个百分位数的人。相关估计来自 Pablo Mitnik and David Grusky, "Economic Mobility in the United States," Pew Charitable Trusts, July 2015。
10. 见 Raj Chetty, Nathaniel Hendren, Patrick Kline, and Emmanuel Saez 未发表的手稿, "Where Is the Land of Opportunity? The Geography of Intergenerational Mobility in the United States," *Quarterly Journal of Economics* 129 (2014): 1553–1623. See also Raj Chetty and Nathaniel Hendren, "The Impacts of Neighborhoods on Intergenerational Mobility," Harvard University, May 2015。关于公共政策影响和对策，参见 Jonathan Rothwell and Douglas Massey, "Density Zoning and Class Segregation in U. S. Metropolitan Areas," *Social Science Quarterly* 91 (2010): 1123–1143。
11. 而现在，对于远程教育的出现，也可以提出同样的观点。
12. Raj Chetty, John Friedman, Emmanuel Saez, Nicholas Turner, and Danny Yagan, "Mobility Report Cards: The Role of Colleges in Intergenerational Mobility," NBER Working Paper no. 23618, National Bureau of Economic Research, July 2017.
13. 应该承认，高收入的父母有其他办法让他们的孩子在入学过程中占据优势。考虑到这一点，更进一步的建议是要求顶级学校通过抽签录取合格的申请者，从而抵消富裕家庭给予其子女课程和课外优势的能力。
14. 在这里，作者对收入流动性的衡量标准是底层 1/5 到顶层 1/5，而不是到顶层 1%。
15. 2010 年《平价医疗法案》的其他关键要素是，除了补贴之外，还包括所谓的"凯迪拉克税"（Cadillac policies）、强制要求个人投保，以及创建一个由联邦政府监管的医疗保险市场。

16. 《互惠贸易协定法》授权总统与外国（主要是拉美国家）谈判双边关税减免。关于它的意义，参见 Kenneth Dam, "Cordell Hull 未发表手稿, the Reciprocal Trade Agreements Act, and the WTO," Brookings Institution, 2004。

17. 参见 C. Michael Aho and Thomas Bayard, "Costs and Benefits of Trade Adjustment Assistance," in *The Structure and Evolution of Recent U. S. Trade Policy*, ed. Robert Baldwin and Anne Krueger (University of Chicago Press, 1984), 153–194。

18. 此外，每个孩子还有 625 法郎的补贴。

19. 在美国，这一想法得到了保守派政治家的支持，他们认为这是一种对穷人进行整体补助并最终取代其他政府项目的方式。

20. 如果机器人在劳动生产率低下的工作岗位上占据的比例越来越大，那么剩下的工人的生产率就会越来越高。但生产力的增长一直在放缓，而不是加速。而且如果雇主认为机器人比人类更有吸引力，他们就会加大对信息技术和高科技资本设备的投资，而事实上，现在这些部分的资本存量增长比以前更慢。未来事情可能会发生变化，换句话说，这可能是生产力风暴前的平静，正如本章开头所指出的，也可能不是。

21. 该目标群体包括残疾和失业的退伍军人、接受公共援助的贫困家庭成员、某些食品券领取者和长期失业者。工作机会税收抵免相对于赚取收入税收抵免具有优势。根据后者，工人每年只缴税或领取一次抵免，而工作机会税收抵免则持续补贴就业。此外，在工资补贴下，工人工作时间越长，实际获得的总福利越多，而在所得税抵免下，工人工作时间越长，家庭收入越高，获得的总福利越少。而且，与提高最低工资不同，工资补贴不会促使雇主转向更多的技术工人。参见 Employment Policies Institute, *The Case for a Targeted Living Wage Subsidy* (EPI, 2001), and Edmund Phelps, "Low-Wage Employment Subsidies Versus the Welfare State," *American Economic Review Papers and Proceedings* 84 (1994): 54–58。

22. 欧洲议会议员马迪·德尔沃在 2016 年 5 月的一份报告草案中，以及法国 2017 年总统选举中的社会党候选人伯努瓦·阿蒙也提出了这一想法。2017 年年中，韩国文在寅政府在这个方向上提出了一个适度的步骤，减少对自动化设备投资的企业的税收减免（同时保持其他形式的投资减免不变）。

23. "从整体上"是提醒人们注意那些讨厌但重要的分配考虑。它还提醒人们，在实践中直接补偿失败者的困难——我接下来要谈的问题——是一些人准备考虑对机器人征税等间接和昂贵的替代办法的原因。

24. 涂尔干在他的博士论文中发展了这些机械纽带和有机联系的概念，该论文为 Emile Durkheim, *The Division of Labour in Society* (*De la division du travail social* [Félix Alcan, 1893])。

25. 证据见 Eric Gould and Alexander Hijzen, "Growing Apart, Losing Trust? The Impact of Inequality on Social Capital," IMF Working Paper no. 16/176, International Monetary Fund, August 2016。

26. 这些想法来自 Emmanuel Saez and Gabriel Zucman 未发表的手稿，"A Blueprint for a Californian Tax Reform," University of California, Berkeley, March 2017。

27. Caitlin MacNeal, "Mulvaney: If Your State Doesn't Mandate Maternity Care, Change Your State," *Talking Points Memo*, March 24, 2017.

28. James Coleman, *Foundations of Social Theory* (Belknap Press of Harvard University Press, 1994).

29. Klaus Desmet, Joseph Gomes, and Ignacio Ortuño-Ortin, "The Geography of Linguistic Diversity and the Provision of Public Goods," CESifo Working Paper no. 6238, CESifo, Munich, January 2017.

30. 观察到的收入差异背后还有更多的东西，而不仅仅是简单的选择性（即，不仅仅是有特殊才能和动机的人移民的事实）。参见 Michael Clemens, Claudio Montenegro, and Lant Pritchett, "The Place Premium: Wage Differences for Identical Workers Across the U. S. Border," Working Paper, Kennedy School of Government, Harvard University, 2009。

31. 例如，Ethan Lewis and Giovanni Peri, "Immigration and the Economy of Ci-

ties and Regions," in *Handbook of Regional and Urban Economics*, ed. Gilles Duranton, Vernon Henderson, and William Strange (Elsevier, 2015), 5: 625-685。

32. Christian Dustmann andTommaso Frattini, "The Fiscal Effects of Immigration to the UK," *Economic Journal* 124 (2014): F593-F643; Organization for Economic Cooperation and Development, "The Fiscal Impact of Immigration in OECD Countries," *International Migration Outlook* 2013 (OECD, 2013), 125-189.

33. 还有一个事实是，来自最贫穷国家的移民较少，因为穷人一般都缺乏资金来进行迁徙，因此经济稍微发展就可以增加移民。需要说明的是，文中的论点并不是反对外国援助，只是反对把对外援助看成移民的替代品。

34. George Borjas, "Immigration and Globalization: A Review Essay," *Journal of Economic Literature* 53 (2015): 961-976.

35. Michael Clemens and Lant Pritchett, "The New Economic Case for Migration Restrictions: An Assessment," Working Paper no. 423, Center for Global Development, February 2016. 例如，从美国各州的比较来看，现有的证据普遍表明，在移民比例较大的地方，本地人的生产力更高。参见 Giovanni Peri, "The Effect of Immigration on Productivity: Evidence from U. S. States," *Review of Economics and Statistics* 94 (2012): 348-358。

36. 同样，这也是证据平衡的含义，比如前面的注释中引用的那样。

37. 最近的一项评估来自 Francine Blau and Christopher Mackie, eds., *The Economic and Fiscal Consequences of Immigration* (National Academies Press, 2017), 该书找到了美国本土出生的高中辍学者受到该类影响的证据，但结论是这些影响相对较小。

38. 我们在第八章中提到过这一点。

39. 该案例参见 Eric Uslaner, "Does Diversity Drive Down Trust?," Nota di Lavoro No. 69. 2006, Fondazione Eni Enrico Mattei, 2006。

40. Dani Rodrik, "Feasible Globalizations," in *Globalization: What's New?*, ed.

Michael Weinstein（Columbia University Press, 2005），196-213, and Javier Hidalgo, "An Argument for Guest Worker Programs," *Public Affairs Quarterly* 24（2010）：21-38.

41. 与此论点相关的是如下观点：联合农场工人工会只是在布拉塞洛计划被取消后才取得了重大进展。

42. 如果持有过半数选举人票（270张）的州同意将其投给即将赢得全国普选的候选人，那么州与州之间可能会存在某种契约。不过，在选举团中代表比例过高的较小州往往不会同意。还有一个问题是，这种契约是否会违反宪法规定，即"经国会同意，任何州不得与另一州达成任何协议或契约"。

43. 2017年法国总统大选第一轮结束后，《经济学人》杂志指出，如果同样的选票在美国式的选举团制度下投出，法国的18个地区被当作州来对待，勒庞的大量农村选票可能会让她获得胜利。"How Marine Could Have Trumped," *Economist*, April 29, 2017.

第十二章　欧洲再见

1. 参见 Ian Hurd, "Legitimacy and Authority in International Politics," *International Organization* 53（1999）：379-408, and for the European context Fritz Scharpf, "Economic Integration, Democracy and the Welfare State," *Journal of European Public Policy* 4（1997）：18-36。

2. Government of Hungary, "Prime Minister Viktor Orbán's State of the Nation Address," Budapest, February 10, 2017.

3. Hellenic Republic, "Prime Minister Alexis Tsipras's Speech to the Economist's Annual Financial Event in Athens," May 16, 2015.

4. 欧洲央行行长马里奥·德拉吉（Mario Draghi）偶尔会在欧元区大国议会前露面，但也表示自己"通常"不对各国议会负责。

5. European Commission, Directorate-General for Communication, "European Citizenship," *Standard Eurobarometer* 83（Spring 2015）.

6. 迪塞尔布卢姆的言论尤其具有攻击性，因为他是欧元集团的负责人，该集团由采用欧元的国家的财长组成。Maria Tadeo and Corina Ruhe, "'Women and Drink' Remark Prompts Call for Eurogroup Head to Quit," *Bloomberg*, March 22, 2017。

7. 同样，欧洲晴雨表的调查也证明了这一点，受访者被问道："欧盟对你个人意味着什么？"选项包括"和平"、"在世界范围内有更强的发言权"和"经济繁荣"，他们更多的回答是第一个和第二个答案，而不是第三个。

8. 参见 Maria-Grazia Attinasi, Magdalena Lalik, and Igor Vetlov, "Fiscal Spillovers in the Euro Area: A Model-Based Analysis," European Central Bank Working Paper no. 2040, March 2017。

9. 下文强调了这些联系 Tamim Bayoumi, *Unfinished Business: The Unexplored Causes of the Financial Crisis and the Lessons Yet to Be Learned* (Yale University Press, 2017)。

10. 更为复杂的是，政府债券还被豁免于集中度规则，该规则限制了银行资产组合中可投资于单一资产类别的份额。

11. 与这一观点相一致的是，关于如何使银行与主权债务市场脱钩（通过实施风险敞口限制和损失吸收要求）的最详细建议来自 German Council of Economic Advisors, *Annual Report* 2015/16: *Focus on Future Viability*, 2015。

12. 这是 2009 年在里斯本修订的《欧洲联盟运作条约》第 125 条，其中规定，"欧盟不对任何成员国的中央政府、地区、地方或其他公共当局、受公法管辖的其他机构或公共企业的承诺负责"。

13. 这里的引文是从匈牙利语翻译过来的，感谢 Sean Lambert, "Notable Quotes: Prime Minister Viktor Orbán," *The Orange Files*, https://theorangefiles.hu/notable-quotes-prime-minister-viktor-orban-by-subject。

14. 此外，都柏林体系没有变化，对一线国家的帮助有限。

15. 如下文所述 Karl Lamers and Wolfgang Schäuble, "More Integration Is Still the Right Goal for Europe," *Financial Times*, August 31, 2014。

16. 谷歌 Ngram 图，见 https://books.google.com/ngrams/graph?content=flexible+integration&year_start=1970&year_end=2008&corpus=15&smoothing=0&

share=&direct_url=t1%3B%2Cflexible%20integration%3B%2CcC0。2006年，大约在 8 个东欧和波罗的海国家被纳入欧盟的时候，这个词的引用出现了二次高峰。

17. 还有一种"共同决定"或"普通"程序，根据这种程序，议会必须批准委员会的立法倡议，但它只适用于某些领域。

18. 目前，欧洲议会只拥有通过谴责动议迫使整个委员会辞职的极端选项。

19. Stéphanie Hennette, Thomas Piketty, Guillaume Sacriste, and Antoine Vauchez, *Pour un traité de démocratization de l'Europe* (Seuil, 2017). 埃马纽埃尔·马克龙在 2017 年的法国总统竞选中提出了类似的建议。

20. 见注 7 和相关的讨论。

21. 欧洲议会 50 周年的官方历史以不同寻常的坦率承认了这些缺点。"第二个更严重的问题来自欧洲议会议员可以花在欧洲议会活动上的时间，因为他们最重要的承诺是对本国选民的承诺。在这方面，所提出的反对意见更多的是与利益有关，而不是与原则有关。一个机构的合法性怎能取决于成员的存在——无论其各自选民的代表性程度如何——而有时他们的承诺是有限的，甚至是不存在的。由于没有直接选举，即使是那些知道议会存在的欧洲公民也认为议会是遥远的，而其他人则完全不知道。有些人甚至不知道他们的国家议员担任着这个第二职务。" Yves Mény et al., *Building Parliament: 50 Years of European Parliamentary History 1958–2008* (European Communities, 2009), 36.

22. 还有一个问题是，按照国家议会的标准，欧洲议会的代表权更不均衡，每个代表国的投票年龄人口差异更大，因为马耳他、塞浦路斯和卢森堡等小国的代表人数远超比例。因此，要加强欧洲议会的合法性，就需要在各国之间进行一些重新平衡，以减少这种不平等，尽管各国议会的经验并不表明有必要完全实现每个代表所代表的人口平等。一些观察家建议设立一个下院，各国严格按人口分配代表权，而上院则给予人口较少的国家以略高于其在欧盟总人口中占比的席位（参考美国的做法）。不过这将进一步增加复杂性并使机构重复，而在这方面需要的恰恰是更少而不是更多的复杂性。

23. 然后，主席必须提名他的委员团队，他们作为一个小组进行投票表决。

24. 与此相关的反对意见是，虽然获得少数票支持的主席将缺乏合法性，但实际上没有任何候选人能获得多数票，而且普选可能为反欧盟的民粹主义者提供机会。这表明法国式的选举是必要的，即只有两个领先的候选人进入第二轮，或进行其他合适的选举安排。

第十三章　前景展望

1. 特朗普就任总统后，任命了国务卿和中央情报局局长，他们同样承认兰德的著作对其世界观的影响。James Stewart, "As a Guru, Ayn Rand May Have Limits. Ask Travis Kalanick," *New York Times*, July 13, 2017. 本段最后一句话出自兰德 1964 年的《花花公子》（*Playboy*）采访，也引自斯图尔特的文章。

2. Ayn Rand, "What Is Capitalism?," in Ayn Rand with Nathaniel Branden, Alan Greenspan, and Robert Hessen, *Capitalism: The Unknown Ideal* (New American Library, 1966), 18.

3. William Julius Wilson, *When Work Disappears: The World of the New Urban Poor* (Knopf, 1996), 193. 在第 159 页威尔逊描述了美国人对个人主义的偏爱如何延伸到对贫困和失业的个人主义而非结构性解释，进一步削弱了公众对社会项目的支持。

4. 这个定义来自 Julia Bläsius, Tobias Gombert, Christian Krell, and Martin Timpe, *Foundations of Social Democracy* (Friedrich Ebert Stiftung, 2009)。当然，所有这样的定义都是有争议的，参见 Michael Keating and David McCrone, eds., *The Crisis of Social Democracy in Europe* (Edinburgh University Press, 2013)。

5. 德国基督教民主党是第四章所述的中央党的后继者。

6. 参见 Karsten Grabow, ed., *Christian Democracy: Principles and Policy-Making* (Konrad-Adenauer Stiftung, 2011)。

7. 参见 Dani Rodrik, "Why Do More Open Economies Have Bigger Governments?," *Journal of Political Economy* 106 (1998): 997–1032, 和 Alberto

Alesina and Romain Wacziarg, "Openness, Country Size and the Government," *Journal of Public Economics* 69 (1998): 305–321。

8. 参见 Sabina Avdagic, Martin Rhodes, and Jelle Visser, *Social Pacts in Europe: Emergence, Evolution and Institutionalization* (Oxford University Press, 2011), and Martin Rhodes, "The Political Economy of Social Pacts: 'Competitive Corporatism' and European Welfare Reform," in *New Politics of the Welfare State*, ed. Paul Pierson (Oxford University Press, 2001), 165–194。下文的经典分析，重点强调了欧洲以及在小型开放经济体中开展合作的必要性，Peter Katzenstein, *Small States in World Markets: Industrial Policy in Europe* (Cornell University Press, 1985)。

9. 即使是"浮地模式"，也可以说是有其物质根源的，它是由于历史上需要社区合作修建挡住大海的堤坝（浮地就是一片片填海得到的土地）而产生的。

10. 这种差异有时被归结为早期的工会主义历史，工党最终崛起，并受到革命马克思主义的某种影响，作为回应，社会民主党在其他欧洲国家发展起来。Graham Johnson, "Social Democracy and Labour Politics in Britain, 1892–1911," *History* 85 (2002): 67–87。

11. 将政党归类为民粹主义，参见 Ronald Inglehart and Pippa Norris, "Trump, Brexit and the Rise of Populism: Economic Have-Nots and Cultural Backlash," Faculty Research Working Paper no. 16-026, Kennedy School of Government, Harvard University, August 2016。完整分析详见 Christian Dustmann, Barry Eichengreen, Sebastian Otten, André Sapir, Guido Tabellini, and Gylfi Zoega, *Europe's Trust Deficit: Sources and Remedies* (Centre for Economic Policy Research, 2017)。

12. Alasdair Sanford, "What Are Marine Le Pen's Policies?," *Euronews*, September 2, 2017, http://www.euronews.com/2017/02/09/what-do-we-know-about-marine-le-pen-s-policies.

13. "Les 144 engagements présidentiels," Front National, 2017, http://www.front-national.com/le-projet-de-marine-le-pen.

译后记

民粹主义如何成为理解当今世界的一把关键钥匙

北京大学经济学院副院长

张亚光

这本书是我在中信出版集团翻译的第四本译著，前三本分别为《千年金融史》、《美国商业简史》和《被扭曲的经济学》。众所周知，目前国内许多大学里面并不会将译著认定为学术成果，所以翻译之事，几乎完全是凭个人的兴趣和爱好。可是有过翻译经历的人都知道，学术著作的迻译是不折不扣的良心活，也是功夫活，不投入时间和精力是绝无可能成为合格品（更遑论精品）的。在"理性选择"驱使下，我暗下决心，译著就此打住，"三部曲"足矣，再也不做这种"费力不讨好的事"了。

然而，当出版社发来这本书的英文书稿并征询我是否愿意翻译的意见时，我还是没能抵挡住这本书的"诱惑"。原因有二。其一，从事社会科学研究者，鲜有未曾听过"民粹主义"一词的，但是又有多少人能够清晰地说出其概念、内涵和历史？至少对我来说，民粹主义就像是"熟悉的陌生人"，若即若离，忽远忽近，知道但不明了。我的研究领域是经济思想史，对学术概念和观点追根溯源乃应有之义，读完这本书，民粹主义的神秘面纱就渐渐被揭开了。其二，民粹主义从前更多是一个停留在纸面上的理论问题，而今天已经成为影响我们个体命运以至世界走向的现实问题。英国脱欧、特朗普当选、中美关系……在这些重大事件的背后，民粹主义起到了举足轻重的作用。这本书的英文版是牛津大学出版社在2018年出版的，时至今日，作者所阐释的理论和做出的判断不仅没有过时，反而显现出同现实的惊人契合。毫不夸张地说，民粹主义正在日益成为理解当今世界的一把关键钥匙。作为经济学领域的教学科研工作者，我很赞同求真和务实的方法论，这本关于民粹主义的著作，刚好同时满足了求真与务实的要求，求仁得仁，云胡不喜？至于会不会作为科研成果计入个人工作量，已经不重要了。

　　作者巴里·埃森格林是美国知名经济史学家、加州大学伯克利分校经济学教授、国际货币基金组织前高级政策顾问、美国艺术科学学院院士、美国国家经济研究局研究员、美国经济政策研究中心研究员、德国基尔世界经济研究所研究员。埃森格林在宏观经济史、国际金融货币体系、金融危机理论等领域做出过许多开创性的学术贡献，被视为国际经济政策史的奠基人。同时，他也是一位高产的财经类畅销书作家，《金色的羁绊》《镜厅》等著作在全球范围内都享有很高的声誉和可观的市场销量。正是由于埃森格林的学术背景和研究经历，这本书呈现出不同于政治学家著述的独特视角和鲜明特征。

首先是历史的维度。"民粹主义看似是一种新现象，其实历史由来已久"，作者在原书序言中的开宗明义奠定了本书以历史为线索的叙事基调，即"通过回顾美国和欧洲的历史，我希望厘清民粹主义产生的经济、社会和政治背景，探寻防止民粹主义生长的最有效对策"。全书总体上按照年代顺序展开，分别描述了美国、英国，以及欧洲大陆在不同时期出现的民粹主义思潮、活动和相关影响，历史脉络细致而清晰，像一幅画卷，既有泼墨写意，又有素描写真，民粹主义的形象和理路便跃然纸上。

其次是经济的基础。埃森格林先是一位经济学家，然后才是经济史学家。本书的主题虽然是"民粹主义"，但正文内容大量地讨论了经济增长、社会保障和收入分配等话题，并将经济因素作为影响民粹主义波动的首要变量来看待。作者的观点很明确："民粹主义是在经济动荡不安、民族认同感面临威胁、现有政治制度反应滞后的综合作用下产生的……政策制定者的首要任务是尽其所能重振经济增长……同样重要的是，社会经济增长的成果应当由社会大众广泛分享。"这一观点也印证了经济基础决定上层建筑这一经典原理。

再次是实证的支撑。这本书的可读性极强，每一章都有若干人物的政治故事和引人入胜的历史事件，因此不难理解此书的畅销。但与此同时，作者又是受过严格学术训练的经济学家，叙事的严谨性不容置疑。书中对历史的描述和回顾建立在大量的一手资料基础之上，其丰富程度令人叹为观止。更令人称道的是，作者从不妄加论断，轻易臧否，正文里出现的每个观点都有非常详细的文献回顾，特别是有前沿的严肃的实证计量研究作为支撑。这样的畅销书兼顾趣味性和学术性，很值得国内的经济学家们学习。

最后是哲学的思考。对于大多数经济学家（包括经济史学家）而言，主要工作是找出并检验若干变量之间的关系，很少会上升到哲学层面思考问题。埃森格林没有止步于对经济史的简单刻画和总结，而是将民粹主义与社会、文化、哲学联系在一起，从而进一步升华了本书的思想。"美国的文化推崇企业家，反对政府干预……几乎没有约束市场的力量……这些态度是美国独特的个人主义和市场原教旨主义意识形态的产物。"作者在本书最后一章的剖析可谓一针见血！书中还提到了一个颇具讽刺意味的故事——某选民在一次市政厅会议上警告南卡罗来纳州的官方代表："让你的政府别插手我的医疗保险"，但这位选民并不知道，医疗保险本身就是一个政府项目。这表现了存在于民粹主义者脑海深处的执念，短时间内难以改变。

值得一提的是，读者能够在这本书里面找到不少关于中国的论述，主要集中在中国与美国的贸易竞争以及对美国经济带来的影响方面，埃森格林对这一问题的态度是比较客观的。如果说这本书还有什么遗憾的话，我们并没有看到埃森格林关于民粹主义在中国演进历史的研究。实际上，埃森格林也没有打算在这本书中讨论这个问题，因为美国和欧洲的情况已经足够复杂了。真正的遗憾在于，中国学者的研究还有很大的空间。比如从学术史的角度来说，"民粹"这个词最早出现于何时？至今仍然缺乏严格的考据，未有定论。更进一步的深层问题是，传统中国何以没有兴起民粹主义或平民主义？中国和美国在制度、文化诸多方面都大相径庭，相信未来会有更多学者对这一主题进行更深入的研究。